키워드로 보는
정책학

최창현 | 김흥률

박영사

머리말

PREFACE

동서고금을 막론하고 정책이 국민들에게 미치는 영향력은 매우 강하다. 미국의 일본에 대한 원폭투하라는 국가적인 정책결정으로 인해 라셀이 인간 존엄성을 최고 가치로 하는 정책학을 주창한 바 있다.

현대사회는 불확실성과 혼돈 그리고 복잡성이 매우 높은 문제들을 대응성 있고 신속하게 해결할 것을 요구하고 있다. 오늘날 다양한 사회문제들을 신속하게 파악하고 해결하는 것은 정부가 정치적으로 국민의 지지를 얻는 중요한 방법이다.

이처럼 복잡하고 예측이 어려운 여러 가지 정책문제들을 정부가 해결하기 위해서는 정책문제의 진단에서 정책과정의 참여자와 참여자들 간의 정책 연결망 파악, 정책의제설정, 정책분석과 정책결정, 결정된 정책의 집행, 집행된 정책의 평가, 그리고 정책평가를 반영한 정책변동까지 매우 정교하고 세밀한 정책 과정이 필요하다. 따라서 정책문제를 다루는 정책역량은 정부의 역량을 대표하는 요소라고 할 수 있다.

정책학은 지역적이거나, 국가적이거나, 국제적인 문제들을 해결하여 공동의 이익을 보장할 수 있도록 통합적이고 종합적인 일련의 절차를 거쳐 더 나은 결정을 내리도록 돕는 것을 그 중심 목적으로 하는 학문 분야이다. 이러한 목적을 위해 다학제적 내용과 방법론들이 정책학을 구성하게 되었다. 오늘날 다양한 학문분야, 전문직종, 그리고 일반 생활 영역에 걸쳐서 점점 더 많은 사람들이 자신들이 직면하는 문제가 무엇이든 간에 정책학이 그 문제를 효과적으로 다루는 유용한 방법을 제공해준다는 사실을 깨닫고 있다.

머리말

PREFACE

학문으로서 정책학은 일련의 복잡한 과정과 절차에 걸쳐서 많은 개념, 이론, 유형, 모형, 다양한 정성적·정량적 분석방법, 지적·논리적 추론과 예측, 조사방법과 연구설계 등을 다루는 방대한 분야이다. 정책학을 공부하는 행정학도나 정책학이 제공하는 다학제적 문제접근방법들을 활용하려는 전문가, 또는 정책과 관련된 일련의 과정과 내용을 보다 더 잘 이해하고 싶은 일반 독자들에게 정책학의 자칫 산만하게 방대한 내용들을 보다 더 체계적이고 독자 친화적으로 읽기 편하게 저술해보고자 한 것이 이 책을 기획하고 저술하게 된 큰 동기이다.

이 책의 특징은 "키워드로 보는 정책학"이란 제목이 시사하는 바와 같이 기존 교재와는 달리 정책학의 주요 핵심 주제들을 키워드로 선정하여 정책학 전반의 체계적 내용을 키워드 하나로 수월하게 찾아볼 수 있도록 편성한 것이다. 또한 멀티미디어 시대의 추세에 가능한 한 조금이라도 부합하기 위해서 많은 그림과 표를 활용하여 독자들이 이해하기 쉽도록 집필하여 정책학을 공부하는 행정학도나 정책연구자, 일반 독자들에게 보다 실질적인 교재, 백과전서, 참고서적 등으로 유용하게 사용될 것으로 기대한다.

이 책의 출판 과정에서 많은 수고를 아끼지 않은 박영사 정연환 선생에게 감사를 드린다. 아울러 다소 생소한 편제를 가진 저서임에도, 저자들의 아이디어를 다듬어주고, 많은 그림과 표까지 포함한 원고를 정성껏 편집 작업해준 조보나 선생에게도 깊은 감사의 마음을 전하고 싶다.

2019년 8월
저자일동

차례

CONTENTS

차례

차례

차례

차례

차례

차례

중요 키워드 목차

중요 키워드 목차

중요 키워드 목차

keyword 01 정책의 정의와 구성요소[1]

정책대상 집단

정책목표

정책수단

1. 정책의 정의

정책의 개념은 학자들마다 다양하게 정의되고 있다. 이는 정책이 지속적으로 형성, 재형성, 변형, 수정되거나 때로는 거부되기도 하기 때문이다. 사실 정책은 목표를 향해 끊임없이 움직이는 미사일과 같다. 정책은 관찰되거나 만져지거나 느낄 수 있는 것이 아니다. 정책은 많은 정부기관과 관료 및 참여자들의 의도된 행동 및 행태의 과정이다. 정책은 정치와 마찬가지로 복잡하고, 무형적이며, 손에 잡히지도 않는다(Palumbo, 1988: 8). 이러한 이유 때문에 정책개념에 대한 합의를 이루기 어렵다.

정책은 정치와 유사한 개념이었다. H. Lasswell은 정책을 "사회변동의 계기로서 미래탐색을 위한 가치와 행동의 결합체"이며, "목표와 가치, 그리고 실제를 포함하는 고안된 계획"이라고 정의하였다(Lasswell,

1951: 11–13). 이는 정책이 가진 특성으로서 미래성, 목표성, 가치성, 현실성을 강조하고 있다. D. Easton은 정책을 "사회 전체를 위한 가치들의 권위적 배분", "정치체제가 내린 권위적 결정"이라고 정의하면서 정치체제의 권위에 주안점을 두고 있다(Easton, 1969). 또한 Y. Dror는 "주로 정부기관에 의하여 결정 되는 미래를 지향하는 행동의 주요 지침"이라고 하면서 공익성을 강조하고 있다(Dror, 1989). 그리고 Lowi는 정책을 "의도적인 강제"로 정의하면서 정책의 권력성을 강조하고 있다(Lowi, 1972).

이러한 정책은 계획(plan)보다는 하위의 개념이나 프로그램(program)보다는 상위의 개념이다. 정책은 법과도 다르다. 법 그 자체가 정책은 아니다. 법이 정책이 되기 위해서는 정부에 의해 의미가 부여되어야 한다. 이런 관점에서 정책은 "시민들의 바람직한 삶에 영향을 미치는 정부의 공식적 기본지침"으로 정의할 수 있다. 시민들과 관련된다는 측면에서 정책은 민주적, 가치지향적이어야 하고, 삶에 영향을 미친다는 측면에서 문제지향적, 미래지향적, 목표지향적, 수단지향적이어야 하며, 마지막으로 권한을 가진 정부기관의 활동이어야 한다는 것이다.

2. 정책의 구성요소

1) 정책목표

정책목표(policy goals)란 정책을 통해 달성하고자 하는 바람직한 미래 상태를 말한다. 따라서 정책목표는 의도적이고 미래지향적이며 공식적인 형태로 나타난다. 따라서 민주국가에서 정책목표는 정부에 의해 발의된 정책이 의회에 의해 심의되는 것을 의미하며, 이것은 정부의 업무 수행에서 포괄적인 지침이 된다. 정책목표는 공식·비공식 목표를 모두 고려해야 하고, 가식적인 목표보다 실질적으로 추구하는 목표에 관심을 가져야 한다. 또한 단기, 중기, 장기목표에 대한 이해도 필수적이다.

2) 정책수단

정책수단(policy instruments)은 정책목표를 달성하기 위해 선택된 프로그램(programs)이나 프로젝트(projects)를 말한다. 즉, 정책을 구체적으로 실현하는 활동이다. 가령, 우리나라 대북정책의 목표가 '평화와 통일'이라면 이를 실현하기 위한 프로그램들, 예컨대 '한반도 비핵화', '이산가족 찾기 프로그램' 등이 정책수단이 된다. 이러한 정책수단에는 법률, 서비스, 예산, 조세, 다른 경제적 수단, 설득(suasion) 등이 있다(Peters, 1996: 6-10). 정책수단은 목표에 대한 정책수단이지만, 이 정책수단은 다시 하위수단에 대한 정책목표가 될 수 있기 때문에 연쇄성과 계층성을 띤다. 또한 하나의 정책문제를 해결하기 위한 정책수단은 최소 1개에서 수개에 이를 수도 있다. 이때 정책수단들은 정책목표 달성을 위한 '우선순위 설정'에 놓이게 되고, 정부가 정책문제를 어떻게 수용하느냐에 따라 달라지게 된다.

3) 정책대상집단

정책대상집단(policy target groups)은 특정 정책으로 인해 영향을 받는 개인이나 집단을 말한다. 정책대상집단은 정책연구에서 매우 중요한 변수로 작용하며, 정책과 지속적으로 상호작용하게 된다.

일반적으로 정책목표가 설정되면 정책수단이 탐색·선택되고, 이 과정에서 정책대상집단이 구체적으로 나타난다. 정책대상집단은 정책과정에서 직·간접적인 영향을 받는 만큼 자신의 이해관계를 정책에 투입하기 위해 끊임없이 노력하게 된다. 정책대상집단은 크게 수혜를 보는 집단과 불이익을 당하는 비용부담집단으로 나뉘는데, 특히 기피시설의 입지선정 등과 같은 불이익이 예상되는 정책의 경우 정책순응의 확보는 매우 어려운 일로 등장한다. 따라서 정책대상집단과 관련하여 참여, 숙의민주주의의 실현, 거버넌스 구축 등은 매우 중요한 과제가 된다.

정책수단[2]

1. 정책수단의 정의

공공부문의 민영화와 각종 아웃소싱(outsourcing)에 기반한 정책수단이 확산되면서 정부 운용은 과거와 달리 각종 (비)영리조직이나 시민과 더불어 이루어지고 있으며, 이에 따라 새로운 정책참여와 시민중심의 거버넌스가 정책과정에 확산되고 있다.

2. 정책수단의 분류와 종류

정책수단은 학자에 따라 분류가 상이한데 Salaman은 '정부의 직접대출, 정부의 소비(direct gov't)', '규제(regulation)', '공기업(gov't corporation)' 등의 직접적 정책수단과 '사회적 규제(social regulation)', '보조금(grant)', '조세지출(tax expenditure)' 등의 간접적 정책수단으로 분류하고 있다.

Salamon(2002)의 연구를 바탕으로 정책수단에 따라 정책산물, 전달경로, 전달주체의 관점에서 재분류해보면 다음 표와 같다. 정부가 정책목표를 달성하기 위해 활용하는 정책수단을 직접생산으로부터 바우처 등 보조금까지 망라하고, 이에 따른 정책산물을 정의하고, 그것을 정부 서비스의 대상이 되는 국민에게 전달하는 주체와 전달하는 경로에 따라 구분할 수 있다.

✚ 표 2.1 정책수단의 분류와 종류

정책수단	정책 산물	전달 경로	전달 주체
직접생산	상품·서비스	직접생산	정부
공기업	상품·서비스	직접생산/대부 (loan)	준정부기관
사회규제	제한금지	규제	규제위원회, 정부기관
경제규제	공정가격	진입, 요금통제	규제위원회, 정부기관
손해책임법 (liability law)	사회보호	손해배상법	사법시스템 (court system)
계약	상품·서비스	계약, 현금지급	기업, 비영리조직
보조금(grant)	상품·서비스	교부금지급, 현금지급	지방정부, 비영리조직

출처: Salamon, L.(ed.) 2002: 21.

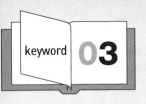

keyword 03 정책의 유형³

　　정책은 관점과 기준에 따라 여러 가지 유형으로 분류할 수 있다. 전통적으로 정책을 그 기능별로 분류하여 경제정책, 복지정책, 대북정책, 과학기술정책 등으로 분류할 수 있다. 정책을 담당하는 기관별로 정책을 분류할 수도 있을 것이다. 정책의 유형은 정책의 특성에 따라 범주화할 수도 있다. 아래에서는 정책의 특성에 따른 주요 정책유형의 분류에 대해 살펴본다.

1. 로위의 정책유형 분류

정책유형의 가장 대표적인 것으로 로위의 분류를 들 수 있다. 그의 정책유형 분류는 정책이 사회에 미치는 영향과 정책결정과정에 관여하게 되는 사람들 간의 관계에서 나타나는 특성을 기준으로 한다. 이러한 기준에 의해서 로위는 정책을 '분배정책', '재분배정책', '규제정책', 그리고 '구성정책' 등으로 분류한다(Lowi, Four Systems of Policy, Politics and Choices, 1972).

1) 분배정책

분배정책(distributive policy)은 공공서비스·권리·혜택 등을 사회의 특정 부문에 분배하는 것을 그 목적으로 하는 정책이다. 항만사업, 군수품 조달사업, 연구개발사업 및 농민 등과 같은 정책 수혜집단을 위하여 공공서비스나 혜택을 제공하기 위한 각종 정책이나 프로그램을 분배정책의 예로 들 수 있다. 분배정책은 정부가 국민들이 필요로 하는 재화나 용역을 산출하고 제공하는 것을 목적으로 한다. 공항, 지하철, 고속철도, 고속도로와 같은 사회간접자본의 구축이 분배정책의 예라 할 수 있다. 분배정책의 특징으로 다음과 같은 것들이 제시된다.

첫째, 분배정책은 국가 차원의 다양한 사업들이며, 도로, 공항, 지하철, 고속철도 사업들과 같이 상호 연계되어 있지 않고 개별적인 사업으로서 정부 차원의 세부사업 집합이다.

둘째, 분배정책은 규제정책이나 재분배정책과 달리 정책 수혜집단과 정책에 의해 피해를 보는 집단 간의 갈등이나 반목을 거의 찾아보기 어렵다. 사업에 필요한 예산 대부분이 일반 국민들이 부담하는 세금에 의존하기 때문이다. 간혹 정부의 특정 사업 유치를 위한 지방자치단체 간의 입지 선정 경쟁, 지하철, 고속철도 건설과정에서 나타나는 노선 및 정거장의 입지 선정과 관련한 후보 지역 간의 유치경쟁은 볼 수 있으나 대체적으로 정책 대상집단 간의 큰 갈등은 보기 어렵다.

2) 재분배정책

재분배정책(redistributive policy)은 소득에 대한 누진세율의 적용이라든가 생활보호 대상자에 대한 생활 보조금 지급과 같이 소득 이전을 목표로 하는 정책이다. 즉 소득이 많은 계층으로부터 누진적으로 세금을 징수하여 저소득계층에게 사회보장 차원에서 소득을 이전하는 정책유형이다.

재분배정책의 특징은 가진 자와 못 가진 자 같은 사회계층 간의 대립에 있다. 재분배정책의 대상은 재산권의 행사가 아니라 재산 그 자체이며, 평등한 대우의 문제가 아니라 평등한 소유의 문제라고 보는 것이다.

3) 규제정책

규제정책(regulatory policy)이란 사회 구성원이나 집단의 활동을 규제해 다른 사람이나 집단을 보호하려는 목적을 가진 정책유형이다. 규제정책은 규제 대상이 되는 개인이나 집단이 있기 때문에 정부의 규제정책의 내용에 따라 큰 갈등을 불러일으킬 수 있다. 규제정책의 특징은 정부에 의한 강제력에 있으며, 정부에 의한 강제력은 입법부의 의견을 필요로 한다.

4) 구성정책

구성정책(constitutional policy)이란 정부기관의 신설이나 변경, 선거구의 조정 등과 같이 정부기구의 구성 및 조정과 관련된 정책이다. 구성정책의 구체적인 예로는 정부의 새로운 기구의 설립, 공직자의 보수 책정, 군인 퇴직 연금에 관한 정책 등이 있다. 구성정책은 정부를 구성하고 운영하는 일과 관련이 있을 뿐만 아니라 선거구의 조정과도 관련이 있기 때문에 모든 정당이 큰 관심을 갖고 영향력을 행사하려 한다.

2. 앨먼드와 파월의 정책유형 분류(Almond & Powell, 1978)

앨먼드와 파월은 기능주의적 관점에서 정책을 정치체제의 기능을 기준으로 분류하였다. 정치체제의 기능을 체제 유지 기능, 총체적 정책결정 및 집행 기능으로 구분하는데 이 두 기능은 다시 각각 구체적인 체제 기능들로 세분된다. 체제가 존속하기 위해서 요구되는 능력으로는 추출능력, 규제능력, 분배능력 및 상징능력 등이 있으며 이들 체제능력은 정책으로 전환되어 작동하게 되며, 정책을 분류하는 기준이 된다. 아래에서는 추출정책과 상징정책에 대해 상술한다.

1) 추출정책

추출정책이란 정부가 체제 유지를 위해 필요한 인적·물적 자원을 사회로부터 갹출하는 정부의 행위를 말한다. 즉, 정부는 사회로부터 체제를 유지하기 위해서 세금을 추출하고, 국방을 위해서 국민들을 대상으로 병역을 부과하기도 한다. 이와 같이 사회로부터 체제의 유지를 위해 인적·물적 자원을 동원하는 유형의 정책을 추출정책이라고 한다. 추출정책은 정부의 체제 유지를 위한 기본 기능이며 이러한 기능이 결여되면 체제 유지가 어려워진다.

2) 상징정책

상징정책은 앨먼드와 파월이 제시하는 체제 유지 기능 가운데 하나로 정치체제의 정통성, 정당성, 신뢰성 등을 국내외적으로 확보하기 위한 정책이다. 정부는 정치사회화 과정을 통해 국민들로 하여금 정부에 대한 정통성, 정당성, 신뢰성 등을 증대시키려 한다. 상징정책으로는 국경일의 제정, 역사적 인물의 상징화, 정부정책에 대한 홍보, 훈·포장의 수여 등이 포괄적 의미에서 모두 상징정책에 해당한다.

정책의 상징성은 정책이 의도한 목표를 달성하는 데 매우 중요한 역할을 한다, 특히 오늘날 정책의 성패는 정책 대상집단의 지지와 호응에 크게 좌우되는 만큼 국민으로부터 정책에 대한 지지와 호응을 이끌어내기 위한 정부 차원의 상징적 전략을 흔히 찾아볼 수 있다.

3. 리플리와 프랭클린의 정책유형 분류 (Ripley & Franklin, 1982)

리플리와 프랭클린은 정책유형을 분배정책, 경쟁적 규제정책, 보호적 규제정책, 재분배정책 등으로 구분하고 이러한 정책유형이 정책형성과정에서 정치행태를 결정할 뿐만 아니라 정책집행의 성패에도 큰 영향을 미친다고 주장하고 있다. 아래에서는 경쟁적 규제정책과 보호적 규제정책에 대해 좀 더 살펴본다.

1) 경쟁적 규제정책

경쟁적 규제정책(competitive regulatory policy)이란 다수의 경쟁자들 가운데 특정 개인이나 집단에게 어떤 권리나 서비스를 제공할 것을 결정하는 정책을 말한다. 특정 기업에게 특정 항공노선의 항공 운항권을 부여한다든지, 특정 주파수나 채널을 배정하는 등의 행위와 같이 특정 재화나 서비스를 제공할 수 있는 권리를 잠재적 또는 실제적 경쟁자들 가운데 일정한 기준에 부합하는 개인이나 집단에게 부여하는 정책을 경쟁적 규제정책이라 한다.

경쟁적 규제정책은 특정 재화나 서비스를 제공할 수 있는 권리를 부여받는데 필요한 일정한 자격이나 기준을 설정하고, 그 권리를 향유할 수 있는 기간을 정해 다수의 경쟁 잠재력을 가진 집단들 간의 경쟁을 정례화하며, 일단 선정된 개인이나 집단들로부터 특정 재화나 서비스가 의도한대로 제공되고 있는지를 정부의 관리·감독기관이 정기적으로 감시하는 것을 특징으로 한다.

2) 보호적 규제정책

보호적 규제정책(protective regulatory policy)은 일반 국민들을 보호하려는 목적으로 개인이나 집단의 행위를 포괄적으로 제한하는 정책이다. 최저임금제의 도입, 각종 운송요금의 책정, 식·의약품에 대한 관리, 독과점 방지를 위한 공정거래법, 환경보호 관련 규제 등이 있다. 이러한 보호적 규제정책의 특징은 강제력을 수반하기 때문에 규제 대상이 되는 개인이나 기업 등 집단들로부터 규제의 정도나 내용에 대해 반발을 야기할 수 있다는 것이다.

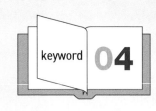

정책을 보는 관점[4]

현대 사회에서 국가는 일반 시민들의 일상생활에 큰 영향을 미친다. 정책을 이러한 국가 활동의 산물로 간주했을 때 정책을 설명하기 위해서는 먼저 국가의 역할을 이해하는 것이 요구된다. '국가의 역할'에 대한 논의는 국가란 무엇인가에 대한 '제도'와 '기능'으로 구분하여 살펴볼 수 있다. 일반적으로 민주주의 국가에서 제도는 입법, 사법, 행정의 철저한 권력분립에 의한 상호견제를 기본으로 하며, 국내외 위협으로부터 국가의 제도를 보호하기 위해 경찰과 군대를 운영한다. 전통적으로 국가는 최소한의 역할에 한정된 야경국가가 좋은 국가였다. 그러나 오늘날 국가는 산업화, 복지의 확대, 전쟁 등으로 인하여 행정국가화 경향을 띠면서 적극국가로 변모하였다.

1. 제도주의

제도주의(institutionalism)란 국가나 정부를 연구한 가장 전통적인 접근방법으로서 분석의 초점이 정부제도의 공식적 · 법적 기구에 맞추는 것이다. 여기서 정부의 공식적 · 법적 기구란 입법 · 사업 · 행정의 삼권분립 및 지방정부 등 국가의 정치체제를 말한다. 따라서 정부 외적인 집단, 가령 이익집단이나 언론, 전문가, 시민 등과 같은 요소들은 연구에서 배제되었다.

제도주의 입장에서 보면 정책은 헌법, 정부조직법 등과 같은 법률에 근거한 정부기관으로부터 나온다고 보며, 이러한 정부기관의 구조, 권한, 성격 등에 초점을 맞추어 연구가 이루어졌다. 그 결과 정부의 역할은 주로 입법부에서 결정한 정책을 집행하는 것에 국한되며, 정부는 법적·제도적 틀 안에서만 기능한다고 인식하였다. 그러나 제도주의는 정부의 역할을 지나치게 축소하였다는 비판과 함께 지나치게 정태적인 접근으로서 제도들의 변화와 역동성을 설명하지는 못한 한계를 드러냈다.

2. 다원주의

다원주의(pluralism)는 민주주의를 토대로 태동한 개념이며, 대표적인 다원론자 R. Dahl(1961)에 따르면 미국은 다양한 사회집단의 경쟁적 참여와 협상으로 정책을 결정하는 다원주의 국가이다. 그는 다원주의의 특징을 다음과 같이 설명한다(류지성, 2012: 118–119). 첫째, 서구 산업화된 사회에서 권력은 사회의 모든 집단들에게 골고루 분배되어 있으며, 둘째, 정치적 '힘(power)'이 없는 집단은 정책결정에 영향을 미치지 못하고, 셋째, 사회를 구성하고 있는 많은 집단을 지배하는 특정 집단이 존재하지 않는다. 이러한 논의는 오늘날 민주주의의 기본 가정으로 받아들여지고 있다.

다원주의에 관한 연구는 Dahl이 '뉴헤이븐'이라는 도시를 대상으로 저술한 '누가 지배하는가?(Who governs?)'가 대표적이다.* 그는 도시 내 정치적 쟁점(issue)을 중심으로 누가 승리하게 되는지를 분석했다. 그 결

---

* 다원주의 국가이론의 기원은 Hobbes, Locke 등과 같은 17세기 자유주의 사회계약론에서 찾을 수 있다. 사회계약론자들은 자연상태에서의 무질서와 폭력에서 개인들은 자신을 보호하고자 사회계약 혹은 자발적 합의를 통해 국가를 형성하며, 국가의 의무는 질서와 안전이 된다. 따라서 다원주의에서 국가는 사회 속에서 경쟁하는 집단과 개인사이에서 존재하는 중립적 중재자가 된다.

과 정책은 수많은 이익집단들 간의 요구, 경쟁 및 타협에 의해 산출되었고, 개인과 집단은 한정된 사회적 가치를 더 많이 향유하기 위해 끊임없이 이익표출을 하게 되며, 이 과정에서 대립·타협함으로써 정책이 만들어진다고 결론지었다. 여기서 한가지 재미있는 점은 뉴헤이븐에서 쟁점을 주도하는 집단이나 개인은 발견하지 못했고, 늘 승리하는 집단도 없었다는 점이다.

다원주의는 정치적 영향력이나 권력이 개인이나 소수 지배계급이 아닌 사회를 구성하는 다양한 집단에 폭넓게 분산되어 있다고 보고, 정부의 역할은 단지 집단 간의 이익대결과 갈등을 조정하는 중립적인 제3자에 불과하며, 이러한 과정을 통해 정책이 만들어지고 집행된다는 관점이다. 다원주의의 기본가정은 다음과 같다(류지성, 2012: 121-122). 첫째, 사회는 다양한 집단으로 모자이크되어 있다. 둘째, 사회는 개인이나 소수 엘리트가 지배하는 것이 아니라 그 정치적 위상이 언제든지 변화할 수 있는 경쟁적 집단으로 구성되어 있다. 셋째, 사회구성원들 간의 정치권력은 공개적이고 경쟁적인 정치과정을 통해 획득된다.

다원주의 사회에서 정책은 다양한 집단들 간의 경쟁·타협·협상의 산물이며, 여기서는 이익집단, 정당, 의회의 역할이 중요시된다. 그러나 많은 경우에 이익집단의 힘의 크기에 따라 정책이 결정되는 서구국가의 현실을 간과하고 있음은 다원주의가 지닌 한계이기도 하다.

3. 엘리트주의

엘리트주의(elite theory)는 사회는 권력을 가진 소수와 그렇지 않은 다수로 구성되며, 소수의 정치엘리트가 일반대중들을 통치한다고 본다. 따라서 정부의 정책은 소수의 정치엘리트들에 의해 만들어진다는 것이다.

이들 소수의 엘리트들은 사유재산권 존중, 개인의 자유 등과 같은 사회체제의 기본적인 가치와 체제 유지를 위한 일치된 견해를 가지고 있으며, 이러한 지배엘리트에 속하는 부류로는 정치인과 행정관료, 군부 리더, 정치적 영향력을 가진 귀족이나 왕족, 대기업의 총수, 정치엘리트에 복종하는 정치인, 야당지도자, 노동조합의 장, 기업가, 정치적인 지식인 등이 해당된다는 것이다(Bottomore, 1966: 14–15). 정치엘리트들이 공유하는 권력의 '원천'은 정부관료, 부, 기술전문가, 지식 등이며, Mills(1956)는 '제도적 지위(institutional position)'도 권력의 원천이 될 수 있다고 주장한다. 특히 Mills는 미국의 정치체제에서 권력엘리트는 정부, 기업, 군부 등에서 중요한 직책을 점유하고 있다고 주장한다.

엘리트주의에서 정책은 소수의 지배엘리트들의 산물이며, 지배계층들이 모든 정책과정을 장악하고 그들의 영향력을 행사하며 정책의 혜택을 누리게 되고, 다수의 피지배계층은 불이익만 받게 된다. 전통적으로 정치엘리트들은 폭력적인 수단, 경제 혹은 자원의 독점 등을 통해 지배계급으로 군림하였다. 그러나 만약 엘리트주의에서 주장하는 모든 사실들을 그대로 받아들인다고 하면, 우리가 추구하는 다원주의와 민주주의는 더이상 설득력이 없게 된다. 따라서 다원주의와 민주주의 속에서 엘리트주의가 공생할 수 있는 방안을 모색하게 되는데, 그것이 '민주적 엘리트주의(democratic elitism)'이다. 이것은 모든 사회적 쟁점에 엘리트들이 개입하는 것이 아니라, 엘리트의 주된 관심이 체제 유지적이고 보수적이기 때문에 이들의 위상이 흔들릴 우려가 있을 때만 개입한다는 것이다. 따라서 많은 경우에 일반 시민들의 요구도 정책에 반영되기도 한다는 것이다. 그럼에도 불구하고 오늘날 엘리트주의가 지속적으로 관심의 대상이 되고 있음은 부인하기 어려운 현실이다.

4. 마르크스주의

지금까지 설명한 정책을 보는 시각과 구별되는 관점으로 마르크스주의가 있다. 마르크스주의 관점에서 정책에 접근한 대표적인 학자로는 Miliband(1969)를 들 수 있다(류지성, 2012: 129–133). 그에 따르면 국가는 더 이상 중립적인 기구가 아니며, 지배계급을 위한 '도구(instrument)'에 지나지 않는다고 주장한다. 이러한 국가에 대한 접근은 마르크스주의 국가관이기도 하며, Marx는 "현대 국가는 모든 자본가 계층의 공통된 이해관계를 대변하기 위한 '위원회'(committee)와 같다"고 한 바 있다.

자본주의 사회에서 자본가들은 국가의 자본축적과정을 지원하기 때문에 그 위력이 절대적이게 되고, 따라서 국가는 자본가들의 '도구주의'로 전락한다는 것이다. 그러나 이러한 Miliband의 입장에 대해 N. Poulantzas는 구조주의적 입장에서 국가가 자본가들의 도구인 것은 맞지만 국가는 어느 정도의 '자율성'도 가진다고 하였다. 그는 첫째, "국가 관료들의 사회적 배경이 자본가 계급과 같다"라는 Miliband의 주장에 대해 중요한 이유가 될 수 없다고 주장한다. 그는 국가와 자본가계층 간의 관계에서, 국가는 단순히 정부기관의 집합체나 그것의 기능으로 설명될 수 있는 것이 아니며, 국가란 사회를 구성하고 있는 계층간의 관계에서 이해되어야 한다고 주장한다. 그는 구조주의적 입장이 계층들 간의 관계를 '결정론적'으로 접근하는 한계를 보일 수 있다고 지적하고, 국가도 '자율성(autonomy)'을 가진다고 하였다. 그는 자본주의 국가는 자본가 계층과 노동자 계층으로 양분된 계급사회이지만 국가는 자본가계층으로부터 자유로울 수 있는 '상대적 자율성'을 가지고 있다고 보았다.

이러한 마르크스주의 관점에서 국가와 정책을 설명하는 입장은 기본 제도주의나 다원주의, 엘리트주의 관점과는 상이하다. 국가정책에 대한 시각은 정책에 대한 폭넓은 이해도를 제공해 주고 있다고 할 수 있다.

5. 조합주의

정책현상을 설명하는 또 하나의 이론으로서 조합주의를 들 수 있다. 조합주의(corporatism)는 사회의 다양한 이해관계를 대표하는 국가권력의 양식을 설명한 이론이다. Schmitter(1974)는 조합주의를 사회조합주의(social corporatism)와 국가조합주의(state corporatism)로 나누고 있다. 사회조합주의는 자본주의가 고도화되면서 국가통제가 위기를 맞게될 때 국가권력은 조합주의적 특성을 띠게 되며, 이때 국가는 민간부문의 생산활동을 통제하게 된다고 주장한다. 즉, 사회조합주의 체제에서 국가는 노동자와 자본가와의 관계에서 비교적 독립적인 지위를 행사하며, '가격'이나 '임금'정책을 통해 이들 간의 관계를 조정한다는 것이다.

그러나 사회조합주의에서 국가는 사회집단 간의 이해관계를 대표(representation)하는 체제로서 노동과 자본 간의 권력을 공유함으로써 갈등을 최소화하고 사회집단들 간의 조화를 유지하는 것을 목적으로 한다. 이처럼 서구 유럽국가와 북미 다원주의 국가들에서 사회조합주의 현상이 나타나게 된 주된 이유는 민주정치의 '부패'에 기인하며, 국내 자본을 보다 더 안정적으로 축적시켜야 할 필요성 때문에 국가가 사회에 개입하고 다양한 사회세력과 협상을 하는 과정에서 출현하게 되었다는 것이다(Schmitter, 1974: 93-94; 류지성, 2012: 134-135). 따라서 사회조합주의는 사회에서 '기득권(predominant power)'을 가진 이익집단 대표들이 다원주의를 대체하는 것으로 이해된다. 결국 사회조합주의 체제에서 정책은 힘센 집단들의 선호(preferences)를 반영한 결과물이 된다.

그리고 국가조합주의는 사회조합주의와는 그 태동배경부터 다르다. 사회조합주의가 서구나 북미의 산업화 과정에서 국가가 노동집단과 자본집단을 포섭하여 자본축적을 이루고자 하는 시도에서 발전하였다면, 국가조합주의는 개발도상국이나 제3세계 정치체제의 산업화 과정에서 나타난 권위주의 체제를 설명한 이론이다.

국가조합주의의 대표적인 학자로서 O'Donnell(1973: 79)은 제3세계 국가들에 있어서 정치변화는 산업화 과정에서 야기되는 정치·사회적 긴장때문으로 본다. 즉, 산업화 단계에 접어들면서 정치체제는 전통적인 '과두체제(oligarchic system)'에서 '민중주의(populism)' 체제로 전환하게 된다고 본다. 산업화 초기 단계에서는 가내수공업이나 경공업 위주의 산업이 발전하면서 '쉬운 단계의 수입대체(easy phase of import-substitution)' 산업이 이루어지고 자본가와 노동자는 정부의 보호아래 매우 협조적인 관계를 유지하게 되는데, 이를 '융합적 국가조합주의(inclusive state corporatism)' 또는 '융합적 민중주의(inclusive populism)'라고 부른다(O'Donnell, 1973: 113-114).

그러나 경공업 위주의 수입대체 산업화 단계가 완성되면서 복잡한 사회·경제적 문제가 발생하게 되고, 이를 해결하기 위해 기술관료(technocrats)들이 '산업의 수직적 통합 혹은 심화(vertical integration or deepening of industrialization)'를 통해 다음 단계를 모색하게 되는데, 이때 외국자본과 군부 등과 결탁하게 되고 이들 3자 간의 '쿠데타 연합'을 통해 관료적 권위주의 체제(bureaucratic authoritarianism)가 등장하게 된다는 것이다.

관료적 권위주의 체제에서 모든 국가권력은 국가, 대자본가, 다국적 기업에 의해 이루어지고, 국가의 모든 정책은 이들이 심화된 산업화를 빠른 시일 내 완성시키는데 필요한 지원으로 집약되며, 사회의 각종 요구는 강압적인 방법에 의해 무시되거나 억압된다. 이러한 배제적 조합주의 국가의 출현에 대해 많은 학자들이 실증적으로 연구하였는데 브라질, 칠레, 아르헨티나, 멕시코, 페루 등 남미국가를 대상으로 한 것뿐만 아니라 우리나라에 대해서도 연구된 바 있다(한상진, 1984).

체제이론[5]

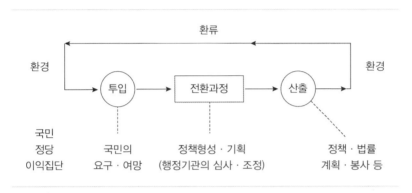

1. 체제이론의 정의

　체제(system)란 두 개 이상의 상호의존적인 여러 부분 요소들이 구조적으로 또한 기능적으로 잘 짜여진 전체로 정의할 수 있다.

　체제이론(systems theory)의 기본 전제로는 ① 사회는 안정 지향적이고 구성요소들의 지속적인 구조로 이루어져 있다(안정성), ② 사회는 구성요소들이 잘 통합된 구조를 이루고 있다(통합성), ③ 사회의 구조와 제도는 그 구성원들 간의 합의에 바탕을 두고 있다(합의성), 그리고 ④ 사회의 모든 구성요소들은 상호 의존하여 사회가 체제로서 유지하도록 긍정적인 체제를 수행한다(상호 의존성).

　체제의 종류에는 환경과 격리된 폐쇄체제(closed system)와 환경과 지속적으로 에너지를 교환하여, 환경으로부터의 투입을 전환과정을 통하여 결과물을 산출하는 개방체제(open system)로 분류할 수 있다. 또한 체제는 상위체제(supra—system)와 하위체제(sub—system)로 구분할 수 있다. 예를 들어 국가체제는 정치체제, 행정체제, 경제체제, 사회체제 및 교육체제 등의 하위체제로 나눌 수 있다. 그러나 상위체제와 하위체제는 상대적 개념으로 행정체제 내에서는 중앙행정체제나 지방행정체제 같은 하위체제로 다시 나눌 수 있다. 정치체제 내에서는 정당, 이익집단, 의회 등의 하위체제로 다시 나눌 수 있다.

ㄹ. 체제이론의 역사

1) 체제이론의 지적 기원

그동안 한국에서의 행정학연구는 끊임없이 외국의 이론과 방법론을 차용하고 변용하면서 한국의 행정현실에 대한 조망과 분석을 시도하였다. 관리이론, 관료제이론, 비교행정이론, 신행정이론, 발전행정이론, 신공공관리이론, 행태이론, 체제이론, 신제도이론, 포스트모더니티이론에 이르기까지 행정현상의 분석을 위해 다양한 이론들이 동원되었다(김태룡, 2010).

1960년대 이래 Bertalanffy(1968)의 일반체제이론은 행정학(Shakansky, 1987; 강신택, 1999; 안해균, 1974, 1970), 정치학(Easton, 1965), 사회학(Kenneth, 1968; Luhmann, 1996), 경제학 등의 사회과학 전반(Sutherland, 1973)에 적용되어 왔다.

조직체제이론이 바나드와 사이먼 Simon에 상당한 영향을 받았지만 좀 더 포괄적인 의미로는 구조기능주의적 사회학과 일반체제이론에 그 기원을 찾아볼 수 있다. 비록 구조기능주의 사회학과 일반 사회체제이론이 아주 다른 전통에서 비롯되었고 그 연구 영역에 있어서 각각 아주 다르게 분기되었지만 여러 면에 있어서 상호 구분할 수 없는 유사한 가정과 은유를 갖고 있다.

　구조기능주의는 1950년대 중반까지 사회학에 있어서 선도적인 사상학파로 확립되었다. 그것은 1930년대에 브로니슬로 멜리노브스키(Bronislaw Malinowski)와 에이 레드클립 브라운(A. Radcliffe-Brown)의 저술을 통해 주로 사회 인류학에 있어 처음 주목받았다.

2) 루드비히 본 베르탈란휘(Ludwig Von Bertalanffy)와 일반체제이론

　투입, 전환, 산출은 각각 환경으로부터 체제로 유입된 에너지나 자원 체제 내의 에너지나 자원이 전환이나 혹은 처리되고, 그리고 전환된 투입을 다시 환경으로 유출하는 것을 의미하는 연관적 용어이다⟨그림 5.1⟩ 참조).

✚ 그림 5.1 체제와 체제의 환경

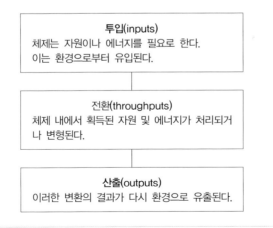

투입(inputs)
체제는 자원이나 에너지를 필요로 한다.
이는 환경으로부터 유입된다.

전환(throughputs)
체제 내에서 획득된 자원 및 에너지가 처리되거나 변형된다.

산출(outputs)
이러한 변환의 결과가 다시 환경으로 유출된다.

이러한 유형 분석의 강조점은 누가 이익을 보느냐보다는 과정에 있다. 다시 말해 체제의 산출이 그 환경의 수요를 충족시키는 한 또한 체제가 소비하거나 유출하는 에너지나 자원보다 더 많이 유입할 수만 있다면 투입-전환-산출과정에서 누가 이득을 보는 사람인지 (혹은 손해를 보는 사람인지)에 대한 분석은 적절하지 않다.

직무가 체제 내에서 수행되는 데 있어서의 효과성을 이해하기 위해 (즉 과정의 전환 부분에 있어) 두 개의 개념이 근본이 된다. 환류(feedback)는 "환경과의 관계에 있어서 그 자체의 기능 및 환경에 대한 체제의 구조에 신호를 보낸다." 따라서 부정적 환류(negative feedback)는 바람직한 진로로부터의 이탈을 교정해 준다.

3. 체제이론의 적용

1) 정책결정에의 적용사례

정책결정과정에 체제이론을 적용한 사례를 살펴보면 체제의 환경으로는 국민, 정당, 이익집단들이 있고, 국민의 요구와 여망이 체제에 투입되면 전환과정으로서 행정기관의 심사 및 조정을 거쳐 정책이 형성되고 기획되는 등의 정책결정과정을 거쳐 구체적인 정책, 법률 등의 산출물이 나오게 된다. 만일 산출물이 국민의 비난이나 비판을 받게 되면 환류과정을 거쳐 재투입된다는 것이다.

안해균(1970)은 Easton, Almond, 그리고 Riggs 등의 체제이론을 통합해 각 구성요소별로 체제이론을 아주 상세히 소개하였다. 다음은 안해균(1970)의 Easton, Almond, Riggs, Churchman 등의 체제모형을 통합해 정립한 정치와 행정을 통합한 체제 모형이다.

✚ 그림 5.2 안해균(1970)의 정치와 행정을 통합한 체제 모형

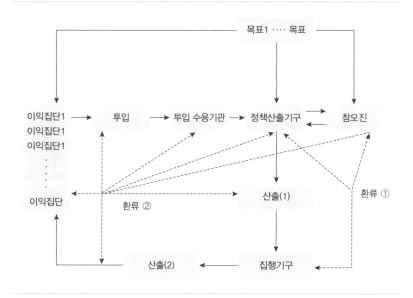

출처: 최창현·김흥률·왕재선(2018). 정책분석평가와 성과감사. 윤성사.

모형의 주요 개념과 기능[*]

① **이익집단들(gri)**: 사회체제의 분화도에 따라 증대되는 이익집단
② **투입(inputs)**: 개인 또는 집단의 요구, 미디어 또는 에너지
③ **투입 수용기관(receptor)**: 투입(inputs)을 받아들이는 행정부서, 국회, 정당, 입법기구 등 다양한 정치, 행정기관으로 여기서 받아들인 투입은 정책결정의 기초가 됨
④ **정책산출기구(decision)**: 설정된 목표와 투입에 따라 결정되는 정책(policy), 프로그램(program), 프로젝트(project) 등을 만들어 내는 정책 산출기관
⑤ **참모진(memory)**: 효과적인 정책결정을 위한 참모진
⑥ **산출(outputs)**: 산출 1은 주로 정책(policy), 프로그램(program), 프로젝트(project), 법률 등, 산출 2는 주로 정책(policy), 프로그램(program), 프로젝트(project), 법률 등의 정책집행 결과로서의 산출물
⑦ **집행기구(effector)**: 산출의 결과를 가져오는 집행 및 실행 기구와 과정(원문에 Effection으로 되어 있는데 잘못 표현된 것으로 필자가 정정함)
⑧ **목표(goal)**: 정치, 행정체제의 목표, 국시, 또는 국가의 지도이념 등
⑨ **환류(feed – back)**
⑨ – 1: 행동의 감시자로서 환류는 주로 대외적인 환류로, 정책결정이나 산출에 대해 비판하거나 욕구불만을 가지고 있는 집단의 환류작용이며, 대중매체나 정책결정에 비판적인 야당 등의 예를 들 수 있다.
⑨ – 2: 체제오류의 탐지기로서 환류는 주로 대내적인 환류로 정치, 행정체제 내의 감시기구와 같은 감사원과 정보기관 등을 들 수 있다.
⑩ **엔트로피(entropy)**: 모든 체제가 소멸되는 과정으로 개방적 체제는 체제 내 엔트로피 발생을 저지하기 위해 외부에서 에너지를 유입 받

---

* 원문은 영어로 주요 개념이 적혀 있으나 필자가 추가함.

아 체제가 무질서 즉, 엔트로피 증가로 가는 현상을 막는 부정적 엔트로피(negentropy) 특징을 지닌다고 본다.

⑪ **항상성(homeostasis)**: 외부 환경에서 에너지를 유입 받아 체제가 무질서 즉, 엔트로피 증가로 가는 현상을 막는 부정적 엔트로피(negentropy)로 인해 체제가 평형상태를 유지하는 현상을 말한다. 쉬운 예를 들어보면 인체도 항상성을 유지해야 생존할 수 있다. 체온은 37도이다. 만일 체온이 3도 이상 올라가거나 내려가면 치명적이다. 만일 체온이 내려가게 되면 항상성을 유지하기 위해 몸을 떨어서 온도를 유지한다. 즉 인체 내에 체제내적 안정화 장치(built-in stabilizer)가 존재해 작동하는 것이다. 아파트에 설치된 온도조절장치도 안정화 장치의 예로 들 수 있다. 기름이나 가스가 너무 많이 공급되어 설정 온도보다 온도가 올라가면 자동으로 밸브가 차단되어 일정 온도를 유지한다.

⑫ **등종국성(equifinality)**: 개방체제는 초기조건이 상이하고, 상이한 진로를 통하더라도 투입 등을 변경하거나 규제하면 종국적으로 만족할 만한 동일한 산출을 얻을 수 있다는 것을 의미한다.

2) 조직이론에의 적용사례

개방체제에 있어서는 조직이 직면하고 있는 환경이 조직생존에 중요한 변수로 대두되며, 환경의 변화에 제대로 적응하지 못하는 조직은 항상성, 즉 조직생존을 달성하기 어렵다는 점에서 상황이론적 조직분석의 틀을 제공해 준다고 볼 수 있다. 구조적 상황이론은 체제이론적 사고 하에, 산출로서의 조직효과성을 제고하기 위해 전환과정으로서의 조직구조나 조직과정과 투입으로서의 환경 간의 적합도를 유지해야 한다는 것으로 볼 수 있다는 것이다.

구조적 상황이론의 특징 중의 하나는 환경에 대한 결정론적인 지향

성인데, 상황이론의 대안으로 대두된 전략적 선택관점은 환경에 대한 임의론적인 지향성을 강조하여 의사결정가가 전략적 선택을 통해 어느 정도는 상황적 제약조건을 완화할 수 있다는 것이다.

✚ 그림 5.3 일반체제이론과 구조적 상황이론

이 론⁶

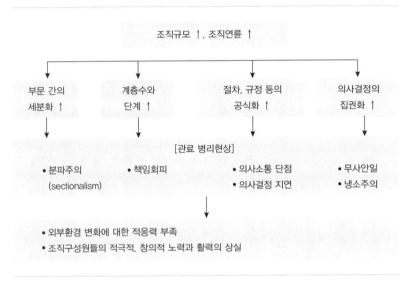

출처: 최창현(2019). 그림과 표로 보는 조직론. 박영사.

1. 이론의 목적 및 기능

연구과업을 시작하려면 모든 연구자는 이론에 관심을 갖지 않을 수 없다.

따라서 연구과업을 시작하기 전이건 후이건 간에 연구자는 이론을 구성하려고 시도한다. 과학적인 의미에서의 이론은 관찰된 사회현상을 설명할 수 있어야 하며, 또한 예측할 수 있는 것이어야 한다.

즉, 이론이란 "사회현상을 설명하고 예측하기 위한 일련의 명제 (proposition)"이다. 명제란 "상호연관된 개념(concept) 간의 관계"를 의미한 다. 또한 개념이란 특정의미가 부여된 용어이다.

많은 사람들에게 있어 '이론'은 비교적 간단한 사건인 듯 보이는 것 을 기술하는 복잡한 전문용어이다. 또 어떤 사람에게 있어서는 이론이 란, 실질적인 일의 실제세계와는 격리되고, 구분되고, 이국적인 것을 의 미한다. 또 어떤 사람들에게 있어서 이론이란, 무엇이 잘못됐는지에 대 한 이론을 가지고 있다라는 말에서 볼 수 있듯이 설명개념을 지닌다(최창 현 역, 1992).

우선 이론은 예측력뿐만 아니라 설명력(explanatory power)을 지녀야 한 다. 설명이란 특정관계에 대한 명제가 사회현상을 기술할 수 있는 정도 로 규정될 수 있으며, 이론은 많은 사회현상을 단순한 명제로 설명할 수 있도록 설명력을 가질 때 좋은 이론이 된다. 그러나 이론은 단지 설명력 뿐만 아니라 예측력도 지녀야 한다. 만일 직위와 소득 간의 관계에 대한 이론이 있다면, 갑의 직위를 알 경우 갑의 대략적인 소득을 예측할 수 있다. 끝으로 이론은 의도적이건 아니건 간에 사후적 합리화의 한 방편 으로 이용되기도 한다.

편의상 이론을 상황이나 문제를 이해하게 해 주는 지적 구성으로 즉, 실제적 이론(practical theory)으로 규정한다. 그러면 실제적 이론이란, 다른 방법으로는 명백하지 않을 행동의 가능성을 조명해 주거나 이미 행동하 고 있는 것을 좀 더 이해하도록 자극하는 이론이라고 할 수 있다. 실제 적인 이론의 두번째 특징은 상식에 의해 발견되는 것과는 다른 새롭고 예기치 못한 통찰력을 유발하거나 혹은 다른 방식으로 상황을 보는 힘, 즉 독창성(novelty)이다(최창현 역, 1992).

독창성도 필연적으로는 낡은 것이 되므로 이런 의미에 있어서 이론 은 새로운 이론에 의해 계속적으로 증진되어야 한다. 이론을 너무 잘 알고 있는 것은 사고에 도움이 되는 것이라기보다는 사고를 대치하는 결과를 초래할 위험성이 있다. 따라서 이론은 상황과의 정신적 참여를 인정하지만 독창적인 이론은 이와 동시에 관찰되는 것으로부터 이론가이건 행정가이건 간에 관찰자를 격려할 필요성이 있다. 이러한 격려는 두 개의 기능을 수행하는데 첫째, 상황이나 문제뿐만 아니라 사고방식에 대한 비판적 회고(critical reflection)를 가능하게 한다. 우리가 어떤 것에 대해 비판적으로 생각하기를 원한다면 그것에 대해 어떻게 생각하는지에 대해서도 비판적으로 생각해야만 한다. 다양한 이론은 다양한 이미지와 함께 우리가 보는 것과 어떻게 보느냐 간의 중요한 차이점을 상기시켜 준다.

이론에 있어서 독창적인 또 하나의 기능은 이론과 실제의 관계에 대한 중요한 도덕적 고려를 포함한다는 것이다. 지속적으로 이론적 이미지를 바꿈으로써 얻어지는 독창성은 세계를 인식하는 올바른 방법이 존재한다는 관찰자의 가정을 완화시켜 준다. 그러한 진실에 대한 가정은 사람들로 하여금 선호된 세계에 대한 이미지에 의해 조명된 행위경로가 도덕적 정당성을 지닌 것이라고 믿도록 인도한다. 이 경우 책임성은 사람이 주관성과 상황의 정의에 대한 상대적 진실을 인식하는 개인적 수준으로부터 사람이 그들의 지식이 실패 없이 올바른 행동으로 나타나리라는 그릇된 가정을 하는 비인격적 수준으로 변화한다. 따라서 책임성은 그러한 행위를 나타내는 이론에 포함되어 있는데, 이는 이론이 법이나 규칙의 권한과 유사한 방식으로 권위적으로 된다는 것이다(최창현 역, 1992).

ㄹ. 이론의 구성요소

이론이란 무엇인가? 이론(理論, theory)이란 사회현상을 체계적으로 설명하고 예측하기 위한 일련의 상호 연관된 명제들의 집합이다. 그렇다면 명제란 또 무엇인가? 명제(命題, proposition)란 일련의 개념들 간의 관계이며, 명제와 유사한 용어인 가설(假設, hypothesis)은 실증적으로 검증가능한 명제를 의미한다. 명제가 개념 간의 관계라면 개념이란 무엇인가? 개념(concept)이란 이론의 기본구성요소로서 특정의미를 부여받은 용어이다. 따라서 아무리 어려운 이론이라 할지라도 그 근본요소로서의 개념을 잘 이해하고 개념 간의 연관성을 파악하면 이론을 이해할 수 있다.

이론을 실증적으로 검증하려면 개념을 조작화할 필요가 있는데, 조작화된 개념을 변수라 부른다. 즉 변수(變數, variable)란 조작화된 개념, 곧 수치화된 개념이다. 모든 이론은 특정 상황하에서만 적용되는데, 이러한 조건을 가정이라 한다. 즉 가정(假定, assumption)이란 이론이 적용되는 제반조건들을 의미한다. 이론은 원형 내에서 논의된다. 원형(原形, paradigm)이란, 관점을 틀지우는 보다 근본적인 모형으로서 특정 과학자집단이 상호 주관적으로 공유하는 신념이나 가치체계를 의미한다. 이론과 관련된 또 다른 개념으로 모형이 있는데, 모형(Model)이란 복잡한 형식의 단순화된 추상화라고 할 수 있다.

1) 명제(命題)

명제(命題, proposition)란 두 개 이상의 개념들 간의 관계이다. 전형적인 명제의 형태는 다음과 같다.
① a가 크면 클수록 b도 크다.

② a의 증감은 b의 증감과 연관된다.

③ a는 b와 긍정적(혹은 부정적)인 관계이다.

④ a의 변화는 b의 변화를 초래한다.

⑤ a와 b는 무관하다. 여기서 a와 b는 개념이다.

　　예 학생수가 많으면 학습효과는 적어진다.

가설(假說, hypothesis)은 실증적으로 검증가능한 명제를 의미한다.

2) 개념(槪念)

개념(槪念, concept)이란 이론의 기본구성요소로서 특정의미를 부여받은 용어이다. 개념은 4가지 방법으로 만들어진다. ① 사회경제적 지위(socioeconomic status, SES)등과 같이 상상력에 의해 ② 조직과 같이 경험에 의해 ③ 대중매체(mass media)와 같이 관습에 의해 ④ 사회경제적 지위의 구성요소인 직업(occupation)과 교육(education) 간의 불일치현상을 설명하기 위해 고안된 지위불일치(status inconsistency)등과 같이 다른 개념으로부터 만들어질 수 있다. 연구자는 새로운 개념을 상상력에 의해, 혹은 경험에 의해 만들어낼 필요는 없으며, 관습에 의해 이미 만들어진 개념을 사용하는 것이 무난하다. 그리고 특정연구 목적상 관습적 개념을 수정한 경우 이를 명시해 주어야 한다.

명제(命題)란 두 개 이상의 개념 간의 관계이기 때문에 이제는 개념 간의 관계에 대해 설명하고자 한다. 하나는 공분산적 관계(covariational relations)로 ① a가 크면 클수록 b도 크다, ② a의 증감은 b의 증감과 연관된다, ③ a는 b와 긍정적(혹은 부정적)인 관계이다 등과 같은 형식을 취하며, 어떤 개념이 원인변수인지 결과변수인지에 대한 언급은 없다. 이에 반해 인과관계(causal relations)는 a의 변화는 b의 변화를 초래한다 등과 같은 형식을 갖는 명제로 원인변수와 결과변수를 명시한다.

가설적 인과관계의 분석 모형을 구성하기 전에 인과 모형에 있어 선험적 사전가정(a priori assumption)이 필요하다.

① 특정변수는 다른 특정변수에 직접적으로 의존해 있지 않다.
② 오차가 상호연관되어 있지 않다(the errors are uncorrelated).
③ 한 변수의 변화는 다른 변수의 변화의 선형함수(linear function)로서 발생한다.
④ 상호인과관계(reciprocal causations)는 없는 것으로 가정한다. 즉, 만일 X가 Y의 원인변수라면, T는 직접적으로든 간접적으로든 X에 영향을 미칠 수 없다(Asher, 1983).

그러나 이 마지막 가정 ④는 선형구조관계(LISREL)를 이용하면 적용되지 않는다(Joreskog & Sorbom, 1988; 1986, 최창현 1992; 1991 참조). 흔히 연구자는 이 두 가지 관계를 혼동하는 경향이 있는데, 연구수행시 이를 명백히 해 주어야 한다.

마지막으로 영관계(null relations)가 있을 수 있는데, 이는 a와 b는 무관하다 등과 같은 형식을 가지며, 그 예로는 "성별과 지역차별에 대한 인식과는 무관하다"는 명제를 들 수 있다.

개념과 관련된 용어로 구성체(construct)를 이해할 필요가 있다. 이는 여러 개의 하위개념, 즉 인자(factor)를 포괄하는 고차원적인 상위개념(ahigher level of concept)으로, 대부분의 사회과학용어는 구성체이며 만일 이론이 구성체로 이루어져 있다면 실증적인 연구가 쉽지 않다는 것이다. 사회경제적 지위(SES)는 교육, 소득, 직위 등의 하위개념을 포괄하는 용어이며, 조직구조는 집권, 공식도, 통합도, 복잡도 등을 포괄하는 용어이고, 조직효과성은 능률성, 사기, 응집성, 인력개발, 안정성 및 적응성 등의 여러 개념을 포함하는 구성체의 예이다. 구성체를 측정하려면 복합지표(multiple indicators)의 개발이 필수적이며, 복합지표를 사용한 실증적 분석을 위해서는 LISREL등과 같은 통계패키지를 이용하여야 한다.

3) 변수(變數)

변수(變數, variable)란 조작화된 개념, 즉 수치화되거나 문자화된 개념이다. 신장, 체중, 연령, 교육, 소득 등과 같은 개념은 그 자체 조작화된 개념(self-operationalized concept) 즉 변수이나, 직위, 공식도 등의 개념은 변수화해야 한다. 구성체의 경우는 먼저 어떠한 하위개념을 포함시킬 것인지를 이론적으로나 실증적으로 검증한 후, 명백한 개념규정을 하여야 변수화가 가능하다.

변수의 종류에 대해서 알아보면 가장 유용한 변수의 구분은 독립변수와 종속변수로 나누는 것이다. "a의 변화는 b의 변화를 초래한다."라는 명제에서 b라는 결과의 원인이 되는 a를, 종속변수(dependent variable)b의 독립변수(independent variable)라 한다. ① a가 크면 클수록 b도 크다, ② a의 증감은 b의 증감과 연관된다, ③ a는 b와 긍정적(혹은 부정적)인 관계이다라는 명제의 경우는 독립변수와 종속변수의 관계가 반드시 인과관계는 아니라는 점을 시사한다.

독립변수(independent variable)는 선행변수(antecedent variable), 예측변수(predictor variable), 외생변수(exogenous variable)로도 불리며, 종속변수(dependent variable)는 예측된 변수(predicted variable), 내생변수(endogenous variable)로도 불린다.

독립변수와 같이 종속변수에 영향을 끼치는 변수로 매개변수(intervening variable)가 있다. 예를 들면 조직몰입도를 제고하는 요인으로서 조직구조가 영향을 미치는데 우선 조직구조가 직무만족도에 영향을 주고, 이 직무만족도가 조직몰입도에 영향을 준다면 이 경우 직무만족도는 매개변수의 역할을 한 셈이다. 매개변수와 유사한 변수로 독립변수의 종속변수에 대한 영향력을 정확히 규명하기 위해 통제되는 통제변수(control variable)가 있다.

변수를 구분하는 두 번째 방법은 조작변수와 특성변수로 나누는 것이다. 독립변수는 흔히 조작(manipulation) 가능하기 때문에 조작변수로 분류되기도 한다. 이에 반해 성별, 연령, 사회경제적 지위 등과 같이 조작할 수 없는 개인특성(personalistic attributes)등을 특성변수(attribute variable)라 한다.

세 번째로 지속변수(continuous variable)와 범주변수(categorical variable)로 구분할 수 있다. 지속변수는 특정범위 내에서 최소한 서열화할 수 있는 변수(서열, 등간, 비율척도)인 반면, 범주변수는 양적인 대소관계를 구별할 수 없는 즉, 수치화가 불가능하고 대신 부호화를 통해 범주화한 변수(명목척도)를 의미한다. 예컨대, 성별이라는 개념에서 남과 여를 각각 0과 1로 범주화한 경우 이를 범주변수라 한다. 두 개의 범주만으로 분류될 경우는 이 범주변수(dichotomous variable)로 불리며, 또한 일반직 공무원을 1급부터 9급까지 측정했다면 이 경우는 특히 다범주변수(polytomous variable)로 불린다.

마지막으로 잠재변수(latent variable)와 현재변수(manifested variable)로 구분해 볼 수 있다. 현재변수가 관찰된 변수인 반면, 관찰된 변수의 이면에 존재하는 것으로 추정되는, 관찰되지 않으면서 구성체인 경우의 변수는 대부분 잠재변수이다. 이제까지는 통계기법상의 한계로 인해 잠재변수의 잠재변수에 대한 영향, 혹은 잠재변수의 현재변수에 대한 영향분석이 불가능하여 이론구성상의 희생을 감수해야만 했으나, 최근 들어 LISREL(LInear Structural RELations)등의 통계패키지를 이용한 공분산구조분석(analysis of covariance structure)이 가능해졌기 때문에 좀 더 정교한 이론을 실증적으로 검증할 수 있게 되었다.

이론이 법칙과 다른 점은 법칙은 보편타당하게 적용될 수 있는 것인 반면에, 이론은 특정 상황에서만 타당하다는 점이다. 가정(假定, assumption)이란 이론이 적용되는 특정 상황이나 제반조건들을 의미한다.

동일한 현상을 설명하는 여러 가지 이론이 존재하는 경우 어떤 이론이 더 나은 것인지를 어떻게 판단할 수 있는가의 문제가 제기될 수 있다. 이론의 우수성은 다음과 같은 기준에 의해 평가될 수 있다.

① **간결성(parsimony)**: 이론은 될 수 있는 한 적은 수의 요인들을 사용하여 설명하는 것이 좋다.
② **정확성(accuracy)**: 이론에 의한 설명은 정확한 것이어야 한다.
③ **포괄성(pervasiveness)**: 이론은 그것이 설명하는 범위가 넓을수록 좋다. 즉 여러 현상을 함께 설명할 수 있는 정도가 높을수록 좋은 이론이다.

이러한 기준에 합치되는 좋은 이론을 구성하는 것이 바로 과학의 궁극적인 목적이라고도 할 수 있다.

2. 이론의 성격

이론은 이상을 포함하며 상징적이고 가상적이라는 점에서 실제(practice)와 대비된다. 이론은 실제에 기초하여 구성되지만 실제 그 자체가 아니고 이를 넘어서는 것이므로 이론과 실제 간에는 정도의 차이는 있을지언정 반드시 괴리가 존재하게 된다. 실제는 변경 가능한 사회적 세계를 통제하는 방법이고 목적에 다다르는 수단이며 실용적인 것이다. 이론은 실제에 대한 논리적인 설명수단이다. 이론적이란 말은 경험한 것으로부터 추출된 추상적이며 개념적이라는 의미이다.

이론가들은 때때로 지식이 유용하기 위해서는 그것이 기술하거나 설명하고자 하는 현실과 의미 있게 연관되어야만 한다는 사실을 경시하는 경향이 있다. 이론과 현실 또는 실제 간의 거리는 불가피한 것이지만 현실과 동떨어진 이론은 무의미하고 유용성을 상실한 것이므로 현실에 바탕을 둔 적용 가능성이 높은 이론을 만드는 것이 중요하다. 특정이론이 어떻게 문제를 규정하는 데 도움을 주는지, 과연 이론이 주어진 상태를 문제로서 기술하도록 해 줄 수 있는지의 여부를 이해하는 것이 이론을 실제적인 것으로 만드는 데 있어 중요한 부분이다.

사회과학적 이론의 현실적용성에 대하여 논의해 보자. 예를 들어, 연구자가 어떠한 사회정책문제를 연구함에 있어 자신에 의해 선택되고 규정된 문제와 관련이 있다고 생각되는 연구대상의 행동들 간의 규칙성과 차이점을 설명하기 위하여 검증 가능한 가설을 구성한다고 하자. 만일 이론에 의해 제안된 가설이 자료에 의해 지지가 되면 구체적인 전략이나 정책이 이론으로부터 추론될 수 있다. 그러나 그렇지 않은 경우 이는 연구방법론상의 불완전성 때문이라기보다 이론의 실패 때문인 경우가 많다.

사회문제에 대한 해결책으로서의 사회정책을 시행하기 위해서는 연구 대상이 대표하는 수혜자집단의 묵시적인 협조와 참여가 필요하다. 효과적인 정책은 항상 정책결정자와 고객집단 간의 상호협조에 의해 만들어져야 한다. 정책이 예상된 대로 기능하지 못하는 정도는 한편으로는 연구자와 정책수립가에 의해 사용되는 이론과 문제규정 간의 불일치와, 다른 한편으로는 정책이 의도한 수혜자집단의 문제규정과 바람직한 해결 간의 불일치 정도에 따라서 증가한다. 실증적으로 지지된 이론적 결과에 의해 직무를 수행하기를 원하는 정책수립가와 행정가들에게 이론에 의해 예견된 것과는 아주 다른 결과가 초래될 수도 있다. 이러한 이유로 인해 정책수립가와 행정가들은 종종 "그것은 좋은 이론일지는 몰라도 실제로는 도움이 안 된다"라고 불평한다. 그러나 이러한 불평은 이론이 그 정의상 실제적 적절성과는 아무런 상관이 없다고 가정하는 것이기 때문에 적절한 불평이 못 된다.

이론에 대한 주장을 정리하면 다음과 같다(김광웅, 1989: 105).

① 이론은 어떤 원리나 법칙을 발견할 수 있는 정리를 공리로부터 연역하고 검증함으로써 성립된다.

② 이러한 검증은 경험적으로 체계있게 이루어져야 한다.

③ 이론은 경험적으로 검증되기 때문에 객관성을 지닌다.

④ 이론은 추상화되고 기호화된 것이며 상징적 구성물이다. 추상화되었다는 것은 경험한 사실 또는 물질로부터 공통되고 의미있는 것을 발췌했다는 뜻이며 협의로는 개념적이라는 의미이다. 기호화한다는 것은 시공을 초월하여 경험을 영원히 보존할 수 있으며 과거의 경험을 합리적으로 조작할 수 있는 메커니즘을 마련해 준다는 것이다. 흔히 언어, 그림, 부호, 숫자 등이 기호화의 도구가 된다.

⑤ 이론은 사실에서부터 비롯되나 추상화시킨 것이므로 사실과 대조를 이루고 실제와 대비된다. 따라서 이론적 개념은 관찰된 것과 대조되고 이론적 법칙도 경험적 일반성과 대조된다.

⑥ 이론은 법칙의 체계이다. 이는 단순히 몇 가지 법칙을 모아 놓은 총체가 아니라 일정한 규칙에 따라 법칙들이 연결된 것이다.

⑦ 이론은 현상을 분석하고 규칙성을 설명하고 이해시키며 미래를 예언하고 통제하는 역할을 한다.

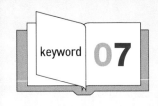

정책무력성 명제[7]
(policy ineffectiveness proposition)

1. 정책무력성 명제(policy ineffectiveness proposition)의 개념

정책무력성 명제(policy ineffectiveness proposition)에 따르면 사람들이 합리적으로 기대하기 때문에 어떤 정책을 사용할 때에 인간의 행태는 이미 변화하게 되어 있다라고 주장한다. 예를 들면 정부가 불황 시기라고 해서 통화공급을 늘리면 인플레이션이 증가할 것이라는 예상을 하므로 소득이나 생산이 늘지 않는다는 것이다. 그 의미는 정부정책이 변경되어도 효과가 없다고 보기 때문에, 따라서 일정한 규칙에 따라 지속적으로 추진하는 정책을 선호하게 된다. 이를 정책무력성 명제라고 한다.

즉 지금은 최선의 정책이 아닐지라도 정부가 지속적으로 투명하게 정책을 진행시 오히려 좋은 정책이라고 보는 것이다. 이 정책무력성 명제는 정책의 시행이 부작용을 낳으므로 시장의 기제에 맡겨야 한다는 시장주의자의 정책관으로 받아들여지고 있다. 이에 따르면 부동산정책에서도 일정한 guideline만 제시하고 시장에 맡기는 방향으로의 제도 개편을 주장한다. 그런데 이 주장의 철학적 버전은 Karl Popper의 오류가능성이다. 즉 인간의 문제해결 시도가 결국에는 오류를 범할 수 있기 때문에 의미있는 다른 견해(여기서는 정책)이란 보충적 의미로 간주되어야 한다고 본다.

그러나 행정학이나 정책의 관점에서는 정책은 장기든 단기든 유효해 왔고, 정책은 유효할 수 있다고 주장해왔다. 따라서 정책무력성 명제에 대해 동의하지 않고 있다. 따라서 이를 극복하기 위해서는 우선 정책 부작용의 원인을 살펴보고 그 시정 방안이나 아니면 부작용의 상대적 크기를 줄이는 방법을 연구해 보아야 한다.

2. 정책무력성 명제의 정책적 함의

정책무력성 명제로 이어지고 이는 행정학이나 정책학의 존립근거를 상당히 훼손하고 있다. 이를 극복하려면 정책 입안 단계에서 정책 부작용의 추정이 필요하다.

가장 단순한 추정은 식 $[(t)$ 시점에서의 $V(variation) = G(goal) - R(reality)]$과 같은 형태가 될 것이다. 즉 (t) 시점에서의 정책목표인 G와 실현된 값인 R 사이의 값으로 계산할 수 있다. 이를 다른 관점에서 보면 정책편차의 추정은 지표가 있는 양적 측면에서의 추정과(예 가격/여론/전문가집단의 평가) 질적 측면에서의 추정(예 충격적 사건/강도)으로 나누어 고찰할 수 있다. 전자는 객관적 방법으로 바꿀 수 있는 방법이 많이 개발되었으나 문제는 후자를 어떻게 객관적 방법으로 전환하느냐이다. 이는 앞으로의 연구과제라 할 수 있다.

정책무력성 명제의 극복을 위한 방법을 탐구할 필요성이 있고, 시장이 정책에 따라 반응하는 정도를 예상하고 그 예측범위를 정해야 한다. 이를 위해 정밀한 방법의 고안이 요구되며 이는 차후의 연구과제이다. 다만 하나의 시안으로 정책철학의 존재를 들고 있다. 이에 기초할 때 땜질처방이 아닌 일관성 있는 정책을 기대할 수 있다는 것이다.

keyword 08 신제도주의[8]

1. 신제도주의의 개념과 특징

신제도주의(new institutionalism)란 제도가 인간의 행동에 미치는 영향을 연구하는 분야로서, 행태주의의 한계를 극복하기 위하여 1980년대 초 서구학계에서 발전한 이론이다. 신제도주의에서 제도란 인간에 의하여 만들어지는 것으로서, 인간의 상호관계를 규제하는 공식적, 비공식적인 사회적 제약을 의미하며, 대체로 균형점, 규칙, 규범 등으로 본다. 우선 균형점(equilibrium)이란 합리적인 인간의 상호작용과정에서 안정성에 이르는 상태, 자신들의 행동변경이 더 이상의 추가적인 이익을 가져오지 못하는 상태를 의미한다. 규칙이란 규칙의 처방대로 행동하지 않을 경우 재제를 받는다는 공통된 이해를 의미하고, 규범이란 특정 상황에서 어떤 행동은 적절하고 어떤 행동은 부적절한가에 대한 공동체 구성원 간의 공유된 인식을 의미한다.

다양한 관점의 신제도론에서 제도를 보는 공통점을 정리하면 첫째, 제도란 사회의 구조화된 어떤 측면을 의미하며, 사회현상을 설명할 때 이런 구조화된 측면에 초점을 둔다. 이때 제도는 개인행위를 제약하며, 제도적 맥락 하에서 이루어지는 개인행위는 규칙성을 띤다고 본다. 따라서 신제도주의는 원자화된 혹은 과소 사회화된 개인이 아니라 제도적 맥락 속에서 이루어지는 개인행위에 초점이 있다. 둘째, 제도가 인간행위를 제약하지만 개인 간 상호작용의 결과로써 제도가 변화할 수도 있다고 본다. 그러므로 제도는 독립변수인 동시에 종속변수로의 속성을 지닌다. 셋째, 제도는 공식적 규칙·법률 등 공식적 측면을 지닐 수도 있고 규범·관습 등의 비공식적인 측면을 지닐 수도 있다. 넷째, 제도는 안정성을 지니며, 일단 형성된 제도는 특정 상황이나 목적에 따라 쉽게 변화하지 않는다고 본다.

신제도주의는 몇 가지 면에서 공통점이 있으며, 전통적인 구제도주의 및 행태주의와 대비된다. 첫째, 구(舊)제도주의(old institutionalism)는 법규, 정부구조 등 국가기관의 공식적, 법적 측면 및 공식적 정치, 사회제도 등 특정 제도의 개념과 속성의 기술적인 연구에 초점을 두었고, 행태주의 이전에 연구된 것이었다. 이에 비하여 신제도주의는 제도와 인간 행태 간의 관계에 초점이 있고, 인간이 제도를 어떻게 만들고 제도가 인간행태를 어떻게 제약하는지를 중시한다. 구제도주의가 제도를 설명할 때 제도가 인간행동이 나타나는 장(locus)이라는 측면만 파악하는데 반해, 신제도주의는 제도가 인간의 선호나 유인에 어떤 영향을 미치고 결국 인간의 행태에 어떤 영향을 어떻게 미치는가를 분석한다는 점에서 구제도주의보다 더 체계적인 '제도중심'의 연구이다.

둘째, 구제도주의는 공식적인 정치, 사회제도에 대한 기술에 치우쳐 제도가 인간행태에 미치는 영향을 무시하였고, 행태주의는 인간의 의사결정 및 행태에 초점을 맞춘 대신 제도를 무시하였다. 이에 비하여 신제도론은 이러한 구제도론과 행태론을 동시에 비판하는 이론으로서 탄생하였다.

셋째, 구제도론은 시장실패를 중시하였으나, 신제도론에서는 시장기능을 우호적으로 보며 정부실패를 중시한다. 또한 신제도론은 제도를 인간이 만들지만 아울러 거시적인 제도가 인간의 미시적인 행동을 제약한다고 본다. 따라서 거시이론과 미시이론이 연계되며, 제도는 종속변수이자 독립변수로서 간주된다.

2. 신제도주의의 분류

신제도주의의 유형은 크게 합리적 선택 신제도주의, 역사적 신제도주의, 그리고 사회학적 신제도주의로 분류된다. 신제도주의는 모든 분파가 '제도는 중요하다'라는 기본명제에는 동의하면서도 현상을 설명하는 방법과 분석 대상 및 분석수준은 상당히 다르다.

1) 합리적 선택 신제도주의

합리적 선택 신제도주의의 내부에도 다양한 이론적 관점이 있으며 많은 논쟁이 있으나 다음과 같은 공통된 특징이 있다.

첫째, 합리적 선택 신제도주의자들은 나름대로 독특한 행태적 가정을 가지고 있다. 완전한 합리성을 가진 개인을 가정하지는 않으나 개인은 합리적이고 자기 이익을 추구한다고 가정하며, 선호는 선험적으로 그리고 제도와는 무관하게 외부적으로 주어지는 고정된 것으로 가정한다. 따라서 제도가 변화하면 행위자들의 전략은 변화하지만, 선호는 변화하지 않는 것으로 간주한다.

둘째, 합리적 선택 신제도주의에서는 방법론적 개인주의에 근거하여 인간을 사회현상을 '만들어 내는 존재'로 인식한다. 제도란 일반적으로 규칙이나 제약 또는 통치구조이자 재화와 서비스의 생산과 소비에 참여하는 인간의 행태와 의사결정에 영향을 미치는 것으로서, 인간에 의해 고안된 제약으로 이해할 수 있다.

셋째, 합리적 선택 신제도주의자들은 정치를 '일련의 집단행동의 딜레마'로 이해하는 경향이 있다. 즉, 각 개인들이 자신의 선호를 최대로 달성하기 위하여 행동하는 경우, 개인적 차원에서는 합리적이고 이익이 되지만 집단적 차원에서는 결코 합리적이지도 최적이지도 않은 결과를 창출할 수 있다는 것이다.

넷째, 합리적 선택 신제도주의자들은 제도의 효과와 영향력을 중시한다. 특히 누구의 이해관계 혹은 선호가 공공정책이나 사회적 결정을 지배하는가에 대한 분석을 강조한다. 예컨대, 재선을 희망하는 정치인들이 제도화된 의회 내 의사결정 절차와 의회의 위원회 제도의 제약 하에서 어떻게 자신의 선거구민들의 이해관계를 대변하는지에 주된 관심을 갖는다.

다섯째, 합리적 선택 신제도주의자들은 정치적 결과들을 결정하는 데 있어서 전략적 상호작용의 역할을 강조한다. 행위자의 행위는 전략적 계산에 의하여 이루어지는데, 이때 제도는 대안의 범위와 순서에 영향을 주거나, 타인의 행동의 불확실성을 줄이고, 행위자들 간의 상호작용을 구조화하며, 이를 통해 사회적으로 보다 나은 결과를 가져올 수 있게 한다고 본다.

끝으로 합리적 선택 신제도주의자들은 제도의 영향을 받는 행위자에게 제도가 주는 가치가 무엇인지를 설명함으로써 그러한 제도가 생성되고 유지되는 이유를 설명하는 연역적 접근법을 발전시켰다.

합리적 선택 신제도주의의 한계로서는 합리적 선택 신제도주의가 상대적으로 아주 단순한 인간 동기에 근거하고 있기 때문에 많은 중요한 문제들을 간과하게 된다는 점이 있다. 합리적 선택 신제도주의는 인간 동기를 일련의 축약방정식에 비유하는 경향이 있으나 그러한 모델이 산출한 예측은 보수체계나 선호구조 등과 같은 가정의 조그만 변화에도 민감하게 반응한다. 또 다른 약점은 개인의 선호는 외생적으로 주어졌다는 가정으로부터 집단행동의 딜레마를 해결하기 위한 방편으로 의도적 제도설계를 강조하기 때문에 권력관계의 불균형이나 문화가 제도의 형성과 선택에 미치는 영향에 대해서는 관심을 갖지 않는다.

2) 역사적 제도주의

역사적 제도주의에서는 제도를 국가와 사회의 공식적 규칙, 순응절차, 표준화된 운영관행 등으로 인식한다. 개인 또는 행위자의 선호나 이익은 역사적으로 형성된 제도적 맥락 속에서 형성되는 것이며, 역사적으로 형성되는 국가, 사회의 거시적인 제도적 구조가 개인과 집단의 선택에 영향을 미친다는 것이다. 따라서 동일한 정책이라도 국가의 역사적인 특수성에 따라 차이가 있고 그 결과가 달라진다고 본다. 왜 유사한 정책임에도 불구하고 국가 간의 차이가 나타나는가에 관한 문제의식이 이 연구의 출발점이다.

역사적 제도주의의 특징은 첫째, 방법론적인 전체주의의 입장이다. 정책이란 개인의 선호의 합이나 행위자 간의 갈등과 상호작용의 산물이 아니며, 정책결정과 그 결과는 역사적으로 형성된 제도의 맥락에 따라 달라진다고 본다. 그들이 구체적으로 관심을 갖는 제도적 변수는 계급구조와 같은 거시적 변수나 개인의 선호체계와 같은 미시적 변수가 아닌 중범위적 제도변수로서 자본가단체나 노동조합 같은 경제적 이익집단의 조직형태, 정당체제 등이다.

둘째, 제도를 독립변수이면서도 동시에 종속변수로서 간주한다. 즉 개인의 행위는 제도의 역사적 배경과 맥락에 대한 이해 없이는 설명될 수 없기 때문에 독립변수로서의 제도를 중시하지만, 아울러 제도는 개인·집단의 선택이나 행위에 의하여 변화하기도 하므로 제도를 종속변수로도 본다.

셋째, 다원주의를 비판하면서 정치적 영역의 상대적 자율성을 중시한다. 즉 역사적 제도주의에서는 정치의 영역이란 다양한 사회집단의 요구를 단지 수동적으로 매개하고 중개하는 수단이자 종속변수라고 보는 다원주의적 입장을 비판한다. 따라서 국가와 사회를 연결하는 제도적 특성에 연구의 초점을 둔다.

넷째, 역사적 제도주의는 제도의 발전과 운영에 관련된 권력관계의 불균형을 강조한다. 즉 개인이나 집단의 선호가 이익집단이나 정당을 통하여 곧바로 정치적 요구로 전환되지는 않는다고 본다. 또한 역사적으로 형성된 제도는 사회집단 사이에 권력을 불균등하게 배분할 수 있고, 이익의 대표과정이 심각하게 왜곡될 수 있으며, 제도가 특정 집단에 대하여 의사결정과정에서의 특권적 접근을 허용한다는 것이다.

다섯째, 정책연구에서의 역사와 맥락을 강조한다. 단순하게 정책을 개인선호의 합이나 혹은 행위자들의 갈등과 상호작용의 산물이라고 보지 않으며, 정책을 설명하려면 정책과정이 이루어지는 제도적 맥락을 알아야 하며, 제도적 맥락을 설명하기 위해서는 역사적 발달과정에 대한 연구가 요구된다는 것이다. 결국 정책연구는 역사적 조망과 거시구조적 분석을 결합하는 정책에 대한 통합적 접근을 요구한다는 것이다.

여섯째, 역사적으로 형성된 제도는 지속성과 경로의존성(path dependence)을 띤다고 본다. 제도가 한 번 형성되면 사회환경의 변화와 새로운 기능적 요구에도 불구하고 그 자체가 지속성을 띠며, 오히려 미래의 선택과 변화방향을 제약한다. 즉 기존제도가 새로운 제도가 취할 모습을 제약한다는 '경로의존성'을 강조한다. 다시 말하여 경로의존성이란 현재의 제도적 구조를 과거의 산물로 파악하고 그 과거의 선택이 역사발전의 경로를 제약한다는 것이다. 따라서 현재의 제도적 구조는 현재의 요인에 의해서 결정되는 것이 아니라 역사적 요인이며, 나아가 역사적 선택이 이루어질 경우 이는 미래의 선택을 특정한 경로로 제약한다는 것이다. 이는 특정의 정책 또는 경로가 한 번 선택되면, 나중에 문제해결에 더 효율적이며 기능적인 제도가 존재한다 하더라도 기존의 제도가 폐지되지 않고 지속되는 경향이 있음을 말해 주는 것이다.

일곱째, 역사적 제도주의에서는 다원주의뿐만 아니라 행태주의와 기능주의적 시각에 대하여도 비판적이다. 먼저 행태주의에 의하면, 행위를 통해 표출된 선호가 개인의 진정한 선호이다. 그러나 역사적 제도주의 자에 의하면 동일한 선호를 지닌 개인이라고 하더라도 제도적 구조에 따라 선호는 전혀 달라질 수 있다고 본다. 따라서 행위가 개인의 진정한 선호를 반영한다고 볼 수는 없으며, 선호란 제도적 구조의 내재적 산물 이라는 것이다. 한편 기능주의에서는, 구조가 특정한 기능을 수행하는 것으로 보면서 제도적 환경이 변하면 이러한 환경변화에 대응하기 위해 제도가 변화한다고 보는데 반해, 역사적 제도주의에서는 현재의 제도적 구조를 과거의 산물로 인식하면서 과거의 선택이 역사 발전의 경로를 제약한다고 이해한다.

역사적 제도주의의 한계를 살펴보면 첫째, 역사적 제도주의는 제도 와 행위사이의 정확한 인과적 과정을 제시하지 못하고 있다. 이 이론은 개인이나 집단이 처한 구조적인 조건을 설명하는 데는 기여하였으나, 특정한 역사적인 조건하에서 나타나는 구체적인 개인의 행위를 설명하 는 행위이론을 보유하고 있지 못하기 때문에 행위의 미시적 기초를 설 명하지 못한다. 둘째, 이론적 엄밀성의 부족으로 인한 보편적 분석방법 의 결여이다. 역사적 제도주의는 개인과 집단행위를 제약하고 형성하는 거시적인 구조에 초점을 맞추고 역사적 관점을 통하여 설명하는데, 국 가정책과 정책결과에 영향을 미치는 제도의 범위가 증가하고 제도 간 상호작용이 증가하면 할수록 독립변수가 많아져서 비교분석을 통하여 이 모형을 검증하는 것은 매우 어렵게 된다. 셋째, 이 이론은 역사적 관 점의 분석을 통하여 제도의 안정성과 지속성을 설명하고 있지만, 제도 의 형성과 변화의 설명에는 한계가 있다. 또한 정치적 영역의 상대적 자 율성을 지나치게 중시한 나머지, 정치와 경제·사회의 동태적인 상호작 용에 대한 분석이 미흡하다.

3) 사회학적 신제도주의

사회학적 신제도주의에서는 인간의 행위는 사회문화적 규범이나 제도적 환경에 따라 결정된다고 본다. 인간행동이란 사회문화적인 제약이 있기 때문에 합리적 선택에 제약이 불가피하며, 사회문화적인 제도가 인간행위의 인지적 기초를 제공한다고 본다. 사회학적 신제도주의는 인간이나 조직은 사회문화적 가치체계 등의 제도적 환경에 부합되도록 행태나 구조를 적응해야만 인간이나 조직의 정당성 및 생존을 확보할 수 있다는 데 기초하고 있다. 사회학적 신제도주의는 조직을 목표 구현을 위한 합리적 수단이자 통제 가능한 도구로 보았던 Weber의 관료제이론에 대한 비판적 관점에 선다. 현대의 많은 조직구조와 절차들은 경쟁에 의한 결과라거나 또는 효율적이기 때문에 채택된 것이 아니라, 오히려 그 사회에서 형성된 문화적 관행을 보다 일반적으로 전파시키는 과정에서 발생한 결과라는 것이다.

사회학적 신제도주의의 특징은 첫째, 제도를 매우 광범위하게 인식한다. 여기에서 제도란 특정한 속성을 획득한 것으로서 장기간에 걸쳐 지속적으로 반복되는 사회적 질서 또는 패턴을 말한다. 또한 제도란 공식적인 규칙이나 절차 또는 규범을 포함하여 인간행위를 해석하는 의미의 틀을 제공하는 비공식적인 관례, 상징 등의 네트워크를 의미하는 문화 자체를 하나의 제도로서 본다.

둘째, 이러한 사회적 제도가 인간행위에 필요한 인지적인 범주나 전형을 제공함으로써 인간행동에 영향을 미친다고 본다. 따라서 제도적 영향의 인지적 차원이 강조된다.

셋째, 사회학적 신제도주의에서는 개인이나 조직이 사회적으로 적합한 방식으로 자신들의 정체성을 정의하고 표현한다고 본다. 즉 조직에 어떤 새로운 제도적 형태나 관행이 채택되는 이유는, 새로운 제도나 관행이 조직의 효율성을 높이기 때문이 아니라 조직이나 구성원들의 정통성을 높이고 그러한 제도적 형태나 관행이 다른 것보다 더 적절하다고 인식하고, 많은 사람들의 지지를 받는다고 믿기 때문에 채택되는 것이라는 '적절성'의 논리를 신봉한다.

넷째, 사회학적 신제도주의는 문화까지도 제도의 개념에 포함시키는 매우 거시적 차원의 연구방법을 채택한다. 이 이론에서는 환경과 조직의 관계를 설명하는 데 초점이 있으며, 특히 독립변수로서의 환경이 조직에 미치는 영향을 중시한다. 즉 조직이 제도적 환경에 적응하고 생존하는 이유나 특정한 유형을 갖는 조직이 채택되는 원리를 설명하기에 용이하다. 예컨대 비합리적로 보이는 정책이 형성되고, 또한 비합리적으로 보이는 개인의 선택이 이루어지는 원인을 거시적 차원의 정책 환경의 형성과 결부시켜 설명하거나, 개인의 선택이 문화적 요인과 사회적 선호의 영향을 받는 것이라는 점을 강조하면서, 사회적 선호와 문화의 독립변수적 성격을 강조한다. 다시 말하여 개인행위란 고립된 상태에서 선택되는 것이 아니라 사회적 규범이나 사회적 관계에 의하여 영향을 받으며, 따라서 개인의 행위는 비록 합리성이 떨어진다고 하더라고 사회적 관계에서 정당성이 부여된 행위를 하게 된다고 본다. 즉 개인의 선택이나 행위는 그들이 배태된 문화적, 역사적 틀 내지 제도화된 환경을 떠나서는 제대로 이해될 수 없다는 것이다.

사회학적 신제도주의의 한계는 첫째, 사회학적 신제도주의는 인간행동에 영향을 미치는 제도의 개념에 습관이나 상징은 물론, 태도나 가치와 같은 문화까지도 포함시키고 있다. 그러나 이렇게 되면 제도 자체의 개념 범위가 지나치게 확대되어 문화결정론 또는 제도결정론을 야기할 수도 있다.

둘째, 사회학적 신제도주의의 논의에서는 권력의 불평등상태가 경시되고 있다. 실제의 조직내외의 행위자들은 조직이 어떠한 새로운 제도

관행을 채택하는가에 커다란 이해관계를 가지며, 개혁추진의 주도권을 둘러싸고 치열한 권력투쟁이 야기된다. 그러나 이 이론은 제도의 확산과정만을 강조할 뿐, 이러한 제도의 생성과 개혁과정에서 발생하는 치열한 권력다툼을 설명하지 못한다. Selznick는 이 이론이 제도화에 수반되는 갈등 및 긴장과 권력문제를 은폐하고, 비민주적, 비능률적, 비효과적인 관료제의 정당화에 악용될 우려가 있다고 비판한다.

셋째, 사회학적 신제도주의에서는 효율성이나 물질적 이익 때문이 아니라 사회적 정당성 때문에 새로운 제도적 관행이 채택된다고 주장하지만, 결국 사회적 정당성의 기반 자체도 문화를 비롯한 제도이기 때문에 순환논리에 빠진다고 할 수 있다.

keyword **09** 정책과정[9]

1. 정책과정론의 개념

정책과정론(policy process theory)은 정책문제의 인지로부터 목표설정·
대안의 분석·결정·합법화·집행·평가의 과정을 거쳐 정책이 종결되기
까지의 과정을 다룬 이론이라고 할 수 있다. 정책은 복잡한 과정을 통해
서 산출된다. 일련의 정책과정은 다양한 주체들의 참여를 통해 복수의
단계로 구성된다. 또한 정책의 과정은 정책의 내용, 여건, 참여자 등에
따라서 다양한 형태로 진행되며, 단선적 과정이기 보다는 순환적인 특
징을 가지기도 한다.

정책과정의 특징은 다음과 같다(Sabatier, 2007).

첫째, 정책과정에서는 이해관계자, 정부기관, 다양한 수준의 입법가,
판사 등 수많은 행위자들이 정책과정에 다양한 측면에 포함되어 있다.
때론 개인적이기도 하고, 때론 협력적이기도 한 각각의 행위자들은 잠
재적으로 서로 다른 가치와 이해, 상황에 대한 인식, 정책 선호 등을 가
지고 있다.

둘째, 정책과정은 문제의 출현으로부터 충분한 집행의 경험을 거쳐 정
책의 효과가 평가되기까지 정책순환과정으로 최소 십년 이상의 시간적
범위를 갖는다(Kirst and Jung, 1982; Sabatier and Jenkins-Smith, 1993). 많은
관련 연구들은 문제에 대한 과학적 지식을 축적하고, 다양한 사회경제적
상황에 대한 영향을 이해하는데 20~40년 정도의 기간이 요구된다고 주
장한다(Derthick and Quirk, 1985; Baumgartner and Jones, 1993; Eisner, 1993).

셋째, 정책과정에서 정책을 구성하는 서로 다른 세부 프로그램들은 그것을 수행하는 다양한 수준의 정부를 포함한다. 세부 프로그램들은 상호 관련된 주제를 다루며, 수많은 유사한 행위자를 포함하기 때문에 많은 학자들은 정책분석의 적절한 단위로서 특정한 정부의 프로그램이 아니라 정책의 하위체제 혹은 하위영역이 되어야 한다고 주장한다(Hjern and Porter, 1981; Ostrom, 1983; Sabatier, 1986; Rhodes, 1988; Jordan, 1990).

ㄹ. 학자별 정책과정

1) Lasswell의 정책과정

Lasswell(1956)은 정책과정을 정보과정, 건의과정, 처방과정, 발동과정, 적용과정, 평가과정, 그리고 종결과정 등 7단계로 대별하고 있다(〈표 9.1〉 참조). 현재에 정형화된 정책과정은 Lasswell의 정책과정을 근거로 이루어졌다고 볼 수 있다.

✚ 표 9.1 Lasswell의 정책과정

단계	내용
정보과정	정보를 수집하여 예측하고 기획하는 단계
건의과정	정책대안을 작성하는 단계
처방과정	최종안을 선정하는 단계
발동과정	최종안을 잠정적으로 시행하는 단계
적용과정	본격적으로 집행하는 단계
평가과정	정책의 성공여부를 판정하는 단계
종결과정	정책의 수정 또는 폐기 등을 결정하는 단계

2) 학자별 정책과정의 단계

주요 학자들이 제시한 정책과정의 단계를 정리하면 다음 표와 같다.

✦ 표 9.2 학자별 정책과정의 단계

학자명	정책과정의 단계
Anderson (1975; 1976)	문제 및 의제형성 → 정책형성 → 정책채택 → 정책집행 → 정책평가
Jones(1977)	문제의 정의 → 대안개발 → 정책집행 → 정책평가 → 정책종결
Dye(1981)	문제인식 → 정책대안결정 → 정책합법화 → 정책집행 → 정책평가
Brewer & deLeon(1983)	문제의 제기 → 추정판단 → 선택 → 집행 → 평가 → 종결
Hogwood & Peters(1983)	의제형성 → 정책결정 → 합법화 → 조직화 → 집행 → 평가 → 종결
Ripley & Pranklin(1986)	의제형성·합법화 → 집행 → 평가 → 정책변동
Palumbo(1994)	의제형성 → 정책형성 → 집행 → 평가 → 종결
Birkland(2001)	이슈의 발단 → 의제선정 → 대안선택 → 법령화 → 집행 → 평가
Dunn(2008)	문제의 구성 → 정책결과의 예측 → 정책의 제안 → 정책결과의 관리 → 정책성과의 평가

출처: 이해영(2010), 백승기(2011).

학자들의 다양한 주장들을 종합하면 공통적인 정책과정의 단계를 도출할 수 있다. 양승일(2013)은 다음 표와 같이 정책과정의 단계에 대한 학자들의 다양한 의견을 종합하여 다음과 같은 공통적인 정책과정의 단계를 제시하고 있다.

✚ 표 9.3 학자들의 주장을 종합한 정책과정의 단계

구분	Lasswell	Anderson	Jones	Dye	Hogwood & Peters	Ripley & Franklin	Palumbo
정책 형성 과정	정보과정 건의과정 처방과정	• 문제의 인지 • 의제형성 과정 • 정책형성 과정 • 정책채택 과정	• 문제정의 과정 • 형성· 합법화 과정	• 문제의 인식 과정 • 정책대안 결정 과정 • 정책 합법화 과정	• 의제형성 과정 • 정책결정 과정 • 합법화 과정 • 조직화 과정	형성 합법화 과정	• 의제형성 과정 • 정책결정 과정
정책 집행 과정	발동과정 적용과정	정책집행 과정	집행과정	정책집행 과정	집행과정	집행과정	정책집행 과정
정책 평가 과정	평가과정	정책평가 과정	평가과정	정책평가 과정	평가과정	평가과정	정책평가 과정
정책 변동 과정	종결과정	–	종결과정	–	종결과정	정책변동 과정	정책종결 과정

출처: 양승일(2013).

일반적으로 양승일(2013)이 제시한 정책과정의 단계에서 정책형성 단계를 문제인지 및 정책의제형성과정과 정책대안을 탐색하고 선택하는 정책형성과정으로 구분하고, 그 외에 선택된 대안을 실행하는 정책집행과정, 정책이 효과를 평가하는 정책평가과정, 정책평가 후 미흡한 점을 환류하여 보완하는 정책종결 혹은 정책변동과정 등 다섯 가지의 정책과정 단계로 구분한다.

① **문제인지/정책의제형성**: 문제인지는 정책과정에서의 출발점이라고 할 수 있으며, 나머지 정책과정의 방향을 설정하는 역할을 한다. 성공적인 정책을 위해서 문제는 적절한 범위에서 명확하게 이해되고 정의되어야 한다.

의제(agenda)란 문제의 집합이며, 대중과 정부기관의 주목을 받는 공공문제의 원인, 해결책, 그리고 기타 다른 요소들을 이해하는 것이다. 의제는 모든 수준의 정부에서 존재한다. 각각의 서로 다른 수준의 정부는 모두 논의하고 처리해야 할 문제들의 집합을 가지고 있다.

정책의제 설정은 정책 입안자가 해결해야 할 문제를 결정하는 것을 주요 내용으로 한다. 즉 사회적 문제 혹은 이슈를 정책문제로서 채택하는 절차와 행위를 의미한다. 이 과정에서 사회적 이슈와 문제는 정부의 이슈로 전환하게 되며 문제와 대안이 대중이나 정부기관의 주목을 받거나 혹은 상실하는 과정이라고 할 수 있다.

정책과정에서 의제형성은 문제정의와 시간, 장소 등의 요인들이 가장 중요하게 대두될 때 이루어지는 행위에 앞서 이루어지는 전제이다(Cobb & Elder, 1972; Eyestone, 1978; Kingdon, 1984). 그러나 의제설정 행위과 관련되는 행동은 관련 참여자가 그들에게 유리하도록 이슈를 유지, 재형성, 재정의하는 것을 추구하기 때문에 지속성을 갖는다. 즉 원래의 의제형성 단계는 멈추지 않고 정책형성, 집행, 평가의 전 과정에 걸쳐 지속적으로 이루어지는 행동이다.

어떠한 사회나 정치체제도 특정 시기에 발생한 모든 가능한 문제들을 해결하기 위한 모든 가능한 대안을 제시할 수 있는 역량을 가지지 못하기 때문에, 정책의제화 되기 위한 관련 집단 간의 치열한 경쟁현상이 나타난다. 따라서 사회적 이슈와 관련된 집단은 그들의 이슈가 모든 다른 이슈들 가운데서 중심이 되어 의제형성을 위해 두드러질 수 있도록 매우 적극적인 노력이 이루어진다.

② **정책형성/정책결정**: 정책형성 단계는 문제를 해결하는 데 필요한 접근 방법을 선택하는 것을 포함한다. 문제해결을 위한 아이디어와 해결책이 진화하는 과정이다. 또한 사회적으로 수용가능하고 정치적으로 선호될 수 있는 대안을 생각해내는 단계이다. 정책형성 단계에서

는 문제해결을 위한 대안을 탐색하고 가장 적합한 대안을 선택하게 된다. 정책형성 단계에서 이루어지는 대안의 선택은 문제해결이라는 정책의 목표를 집행하려는 정부기관의 의지를 나타내는 중요한 과정이다.

고려해야 할 정책의 대안들은 고위관리자에 의해 초안이 마련된 후 심의, 승인 및 채택을 위해 결정권한을 가진 기관에 넘겨진다. 특정한 정책대안을 승인하거나 거부하는 것은 최고 의사결정권자의 책임이 된다. 따라서 정책형성자 혹은 의사결정자는 정책결정과 집행을 위해서 관리 및 운영 역량을 갖추어야 한다.

정책형성의 과정에서는 관련된 이해 관계자들의 의제에 따라 몇 가지 경쟁하는 대안이 존재할 수 있기 때문에 정책의 이해관계자 간 협상이 이루어질 수 있다. 때로는 경쟁적 대안들을 매개로 이해관계자들의 이익을 위해서 갈등이나 충돌이 발생하기도 한다.

③ **정책집행:** 이 단계는 정책을 실행하는 단계이다. 정책에 대한 책임이 정책결정자에서 정책집행자에게 이동하게 되며, 정책이 집행되는 과정에서 정책이 더욱 발전될 수 있다. 정책의 성공여부는 본 단계에서 결정될 수 있다. 즉 정책집행이 원활하게 이루어지지 않으면 정책이 실패로 끝날 가능성이 높다.

정책과정에서 주된 관심은 정책이 어떻게 형성되고 결정되는지에 초점이 맞추어져 있었기 때문에 정책집행에 대한 관심과 연구는 상대적으로 낮았다. 1970년대까지 정책이론가들로부터 정책집행에 대한 연구는 활발하게 이루어지지 않았다(Younis & Davidson, 1990). 이는 정책이 형성되면, 정책형성자가 기대한 대로 집행되고 결과가 나타날 것이라는 잘못된 가정에 기인한다(Nakamura & Smallwood, 1980).

그 밖에 정책연구가 활발하게 이루어지지 않은 이유로 먼저 집행과정은 매우 단순하고, 학자들이 주목할 만한 가치가 있는 이슈가 부재하다는 인식 때문이었다. 또한 1970년대 정책결정에서 강조된 PPBS(Planning Programming Budgeting System)에 주목하면서, 정책집행은 관심에서 배제되는 결과를 가져왔다. 정책집행에 대한 분석의 어려움은 학자들로 하여금 집행과정에 대한 분석적 연구를 수행하는 것에서 더욱 멀어지게 했다.

그러나 1970년대 초반부터 미국과 영국을 중심으로 전체 정책과정에서 정책집행에 대한 관심이 고조되기 시작했다. 많은 학자들은 미국 국내외적으로 정책집행의 과정과 실패를 분석하기 시작했다(Allision, 1971; Destler, 1974; Williams, 1971, Pressman & Wildavsky, 1973). Pressman & Wildavsky(1973)는 미국연방정부의 소수자 우대를 목적으로 하는 직업창출정책의 실패를 분석하면서 정책집행 단계의 중요성을 강조하였다.

특히 정책형성과 집행을 이분법적으로 구분하는 주장은 그러한 구분의 오류를 지적하는 연구들에 의해 타당성을 잃어가고 있다. 그에 반해 정부의 업무에서 정책집행가 역할의 확대가 지속적으로 강조되고 있는 상황이다(Marume et al., 2016). 따라서 정책형성과 집행을 구분하는 고전적인 시각에서 탈피하여 정책과정의 두 가지 축인 두 개의 단계를 결합하는 방향으로 하는 통합 모형이 강조되고 있다.

정책집행에 대한 관심의 증가와 함께 정책집행에 영향을 미치는 요인도 제시되고 있는데 일반적으로 정책집행은 의사소통, 자원, 집행가의 성향 등과 같은 정부 내적 요인에 의해 영향을 받는 것으로 많은 학자들은 주장한다.

Sabatier & Mazmanian(1981)은 성공적인 정책집행을 위한 요소로서 다루기 쉬운 문제(tractability of the problem), 입법 및 제도변수(legislative and institutional variables), 사회경제적 및 정치적 변수(socioeconomic and political variables) 등을 제시하고 있다.

④ **정책평가**: 정책결정자는 그들이 만들어낸 정책이 효과적으로 목표를 달성했는지에 대한 판단을 위해 평가를 수행한다. 정책평가는 정책의 성공과 실패를 평가함으로써 후속 정책의 개발여부를 결정하는 역할을 한다. 즉 평가는 정책과정의 초기에 문제를 구조화하는 것만큼 근본적인 단계로서 각각의 공공정책은 집행과정에서 모니터링되고 평가되어야 하며, 이를 통해 정책의 유지, 조정, 중단 등의 결정을 내릴 수 있어야 한다(Nekola, 2007).

정책의 평가는 정책의 내용, 집행, 영향 등을 조사하기 위해 평가 원칙 및 방법을 적용하여 정책의 장점, 가치 및 유용성에 대한 이해를 향상시키기 위한 활동이다. 여기에서 '평가'의 의미는 미래와 과거를 포함하는 공공정책 행위에 대한 규범적인 측정을 의미한다(see e.g. Scriven 1991, Fischer 1995).

평가는 본질적으로 양적 또는 질적일 수 있으며, 정책의 시행결과로 의도된, 의도하지 않은 사회적, 경제적 및 환경적 결과뿐만 아니라 목표가 얼마나 달성되었는지에 대한 판단을 수행한다.

평가의 대상은 특정 정책영역(예 정부의 출산정책), 특정 정책 프로그램, 특정 수단의 적용, 정책과정 전반, 정책을 수행하는 단위 기관의 성과, 서비스 제공의 질 등을 포함한다. 정책평가는 다음과 같이 정책과정의 단계마다 수행될 수 있다.

⑤ **정책변동**: 정책변동(policy change)은 기존 정책구조 내에서 점진적으로 변화하거나, 새롭고 혁신적으로 변화하는 것을 모두 포함한다(Bennett and Howlett 1992). 그것은 정책의 내적 속성이 변화할 때 발생된다. 정책이 집행된 후, 평가를 통해 본 정책을 지속적으로 수행할 것인지, 수정보완할 것인지, 정책을 종결할 것인지에 대한 결정이 이루어진다. 즉 정책유지, 변화, 종결의 과정을 정책변동에 포함시킬 수 있다(Lester & Stewart, 1996).

Peters & Hogwood(1985)는 정책변동을 정책혁신(policy innovation), 정책승계(policy successtion), 정책유지(policy maintenance), 정책종결(policy termination)으로 구분한다. 정책혁신은 정부가 새로운 문제에 직면했을 때 나타날 수 있다. 정책승계는 기존 정책을 다른 정책으로 대체하는 것을 의미하지만, 급격한 변화가 아닌 기존 정책의 연장선상에서 변화시키는 것이다. 정책유지는 기존 정책의 방향과 기능을 유지하는 것이며, 정책종결은 정책과 관련된 행위와 예산을 제거하는 것을 의미한다.

Capano & Howlett(2009a)은 정책변동을 다음과 같은 네 개의 형태로 구분하고 있다.

- 순환적(cyclical) 과정: 변화가 발생되지만 나중에는 변화 이전으로 되돌아오는 것
- 변증법적(dialectical) 과정: 부정(否定)과 통합의 과정을 통해 변화가 발생되는 것
- 선형적(linear) 과정: 명확한 종결 없이 지속적으로 진화하면서 변화가 일어나는 것
- 목적론적(teleological) 과정: 최종 목적을 향해서 변화하는 것

정책변동은 정책결정자의 목표와 가치, 신념체계 그리고 우선순위의 변화에 영향을 받는다.

행 정[10]

1. 행정의 정의

행정(public administration)이란 고도의 합리성을 수반한 협동적 인간노력의 한 형태로, 정부관료제를 중심으로 행정부의 구조 및 공무원의 활동을 포함하는 개념이다. 행정은 행정법학적 개념과 행정학적 개념으로 구분할 수 있다. 유럽은 행정법학이 발전하여 입법이나 사법과 대립되는 개념으로 행정의 개념을 사용해 왔지만, 미국은 행정이 실제 존재하는 것에 바탕을 두고 행정을 정의해 왔다(민진, 2002).

2. 행정학적 행정개념과 행정법학적 행정개념

먼저 행정법학적 행정개념은 삼권분립적공제설과 법함수설이 있다. 행정학적 행정개념에는 행정관리설, 통치기능설, 행정행태설, 발전기능설, 정책기능설, 거버넌스설, 신공공관리설 등이 있다. 또한 행정학적 행정의 개념은 정치와 행정의 비교로 나누어서 볼 수도 있다.

삼권분립적 공제설에 의하면 행정이란 행정, 입법, 사법의 삼권 중 입법권과 사법권을 공제한 권한을 의미한다. 법함수설에 의하면 행정이란 법을 집행하는 분야로 본다.

학설(연대)	행정에 대한 정의	관련 학자
행정법적 정의: 삼권분립적공제설	행정이란 행정, 입법, 사법의 삼권 중 입법권과 사법권을 공제한 권한을 의미	행정=삼권－ 입법권－사법권
법함수설	행정이란 법을 집행하는 분야로 본다.	행정＝f(법)

행정학적 정의
행정관리설
(1880~1930)
	• 정치와 분리하는 정치행정이원론에
	  입각한 행정학 성립 초기의 정의
	• 공공사무의 관리, 법과 정책의 능률
	  적, 합리적 집행
	• 관료제이론 등의 기술적 행정학이론
		W. 윌슨,
		L. 귤릭,
		F. 풋노 등

통치기능설
(1930년대 후반)
	• 정행일원론에 입각한 대공황 극복을
	  위한 행정의 정책결정, 입법 기능 강조
	• 가치 지향적인 사회적 능률과 민주성
	  개념 도입
		M. E. 디톡
		P. H. 애플비

행정행태설 (1940년대)	정치행정새이원론에 입각한 행정학의 과학화를 위한 행정개념, 행정행태론	H. A. 사이먼, C. I. 바너드

발전기능설
(1960년대)
	• 정치행정새일원론에 입각한 개발도상
	  국의 발전 주도를 위한 행정개념, 효
	  과성 강조한 발전행정론
	• 좀 더 능동적 정부 주도 강조(통치기
	  능설과 차이)
		M. J. 에스만,
		E. W. 와이드너

정책기능설 (1970년대)	• 행정에서 정책형성 기능 강조 • 정책결정과정에서 갈등 완화와 순기 능 조정 강조	I. 샤칸스키, J. 데이비스, H. D. 라스웰, Y. 드로어
신공공관리설 (1980년대 이후)	신자유주의 기업가적 정부론	D. 오스본

(뉴)거버넌스설
(1990년대 이후)
	• 정부실패를 비판하는 신공공관리주의
	  의 정의
	• 국가의 일방적 통치가 아닌 국민과
	  동반자로서의 행정
		G. 피터스

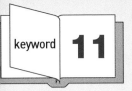

keyword 11 정책의 참여자[11]

1. 정책참여자의 의미와 유형

정책참여자란 정책과정을 주도적으로 이끌거나 또는 이 과정에 개입하여 직·간접적인 영향을 미치는 개인이나 집단을 의미한다. 정책참여자는 국가의 권력구조, 정치문화 또는 정책의 내용 및 종류에 따라 그 유형이 다양하게 나타난다. 정책과정에서의 참여자는 공식적 참여자와 비공식적 참여자로 구분할 수 있다(정정길, 2000).

공식적 참여자는 정책과정에 대한 참여가 법적, 제도적으로 보장된 참여자 즉 정책과정에서의 참여에 대한 법적 권한을 가진 주체를 의미한다. 여기에는 입법부, 대통령, 행정부처, 사법부 등이 포함된다. 비공식적 참여는 정책과정에 대한 참여가 보장되지 않으며, 참여의 권한을 가지지는 않지만 비공식적 참여를 통해 정책과정에 영향력을 행사할 수 있는 주체를 의미한다. 여기에는 정당, 이익집단, 언론, 전문가집단, 시민단체 등이 포함된다.

Kingdon(2011)은 정책의 참여자를 정부 내부의 참여자와 정부 외부의 참여자로 구분하여 제시하고 있다. 전자의 경우에는 대통령과 참모(president and staff), 의회(members of congress), 공무원(civil servants)이 포함되며, 후자에는 특정 이익집단(special interest group), 언론(media), 연구자와 학자(researchers, academics), 정당이나 컨설턴트(parties, consultants) 등이 포함된다고 하였다. 정부 내부의 참여자들은 자신들을 위해 활용할 수 있는 거부권(veto power)이라는 특수한 자원을 가지며, 외부의 참여자들은

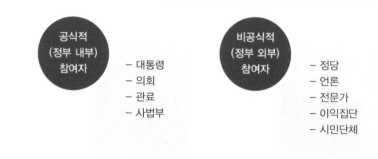

전문성, 매스컴이나 캠페인을 통한 관심 유도와 같은 그들만이 활용할 수 있는 자원을 가진다고 한다.

어떠한 구분에도 정책에의 참여는 대통령, 의회, 관료 혹은 공무원, 법원, 정당, 언론, 전문가집단, 이익집단, 시민단체 등이 정책과정에 참여하고 있음이 공통적으로 제시되고 있다. 이후에서는 각각의 참여자에 대해서 자세하게 알아본다.

ㄹ. 공식적 참여자

1) 의회

의회는 국가의 중요한 정책을 결정하는 최고의 의사결정기관이다. 의회는 선거를 통한 정당성을 바탕으로 법률제정, 예산 심의 등의 권한을 행사함으로써 정책의 결정에 막강한 권한을 행사한다.

정책 단계별로 의회는 의제설정과정에서 국민들의 다양한 기대와 이해(interest)를 대변하며, 특정 이슈에 대해서 정책의제화 되도록 노력한다. 특히 가장 핵심적이고 중요한 권한인 입법에 관한 권한을 가진 의회는 정책결정과정에서 매우 중요한 역할을 한다. 따라서 중요한 정책을 법률의 형태로 최종적으로 결정할 권한을 가진다.

의원들이 서로 공동발의를 해 주는 '품앗이법안', 용어 한두 개만 교체하는 손쉬운 법안 발의인 '땜질법안', 정부가 의원을 통해서 대신 발의하는 '우회법안' 등의 맹점이 보인다.

2) 대통령

대통령이 정책과정에서 어떤 역할을 하게 되는가는 그 나라가 어떤 정체(政體)를 가지고 있는가에 따라 달라진다. 우리나라는 대통령(大統領)의 권한으로 법률안 제출권 및 법률안 거부권과 행정입법권을 부여하고 있다. 법률안 제출권을 가지고 있기 때문에 정책의제 설정 단계에서부터 대통령은 막강한 권한을 행사하며, 또 복잡한 현대사회에서 모든 사항을 의회가 법률로써 직접 규정하는 것은 부적당하기 때문에 대통령은 대통령령이라는 행정입법권을 행사하게 된다. 또한, 대통령은 대법원장과 대법원판사에 대한 임면권을 갖고 있기 때문에 실질적으로 사법부에 영향력을 행사하고 있다고 볼 수 있다. 그리고 행정부 수반으로서 총리를 비롯한 각급 공무원의 임명과 해임에 대한 일체의 권한을 행사하기 때문에 정책과정 전반에 걸쳐 실로 막강한 권한을 행사하게 되는 것이다. 이러한 점에서 혹자는 제왕적 대통령으로 부른 바 있다.

대통령은 정책과정에 영향을 미치지만 국가마다의 통치제도의 차이로 인해 영향을 미치는 양태는 다양하게 나타난다. 통치제도는 크게 대통령 중심의 대통령제와 의회 중심의 의원내각제(내각책임제)로 구분된다. 대통령제의 경우 대통령은 행정부의 수반이자 국가원수로서의 지위를 가진다. 행정부의 수반으로서 지위를 가지는 대통령은 정책과정에서 강한 영향을 미친다. Kingdon(2003)에 따르면 정책이 이루어지는 정치체제 내에서 어떤 행위자들도 정책의 의제를 설정하고, 결정하는데 있어서 대통령의 능력을 따라갈 수 있는 사람은 없다고 한다. 또한 실제 조사에서도 정책과정에서 대통령의 중요성에 대해서 대다수의 응답자가 긍정하고 있다(Kingdon, 2003). 이렇게 대통령제 국가에서 정책과정에서의 대통령의 영향은 크다. 특히 정책의 결정과 집행과정에서의 대통령의 역할이 강조될 수 있다.

　행정부의 수반으로서 정책과정에 영향을 미칠 수 있는 대통령의 권한으로는 법률안을 제안할 수 있는 권한, 법률안을 거부할 수 있는 권한, 국회의 의결을 요하지 않는 정책을 결정할 수 있는 권한 등이 있다(정정길, 2000).

3) 관료

　한국이 세계에서 유례없는 고도성장을 이룩하는데 있어서 관료들의 역할을 빼놓고 논의하는 것은 불가능하다. Johnson(1999)은 발전국가론을 통해 국가의 경제성장에서 정부와 관료의 역할을 강조하며, 우리나라를 비롯한 동아시아 국가들이 경제발전과정에서 크고 강한 정부와 정부를 구성하는 관료들의 강력한 영향력을 강조한다. 과거 한국경제가 달성한 고도성장의 과정에서 관료들이 수행한 역할은 매우 중요했다. 이렇게 경제정책 뿐 아니라 다양한 정책의 영역에서 관료집단은 핵심적인 역할을 수행한다.

　Kingdon(2003)에 따르면 관료들은 수많은 의제 아이템들의 원천으로 여겨진다. 그들은 필요한 전문성과, 정책프로그램에서 구현된 원칙들에 대한 헌신, 프로그램 확장에 대한 관심, 권력을 유지하는 능력 등을 가지고 있다. 이러한 특징들은 관료들로 하여금 정치인의 포획(capture), 국회의원과 이해관계자들과의 긴밀한 관계 형성, 정책제안에 근본적인 정보의 흐름을 형성하도록 만든다(Kingdon, 2003). 이러한 과정에서 관료들은 정책과정에서의 그들의 영향력을 확대한다.

관료집단의 경우, 이전에는 정치가들이 정책을 결정하면 관료는 그것을 집행했다. 그러나 지금은 관료들이 실제 정책을 만드는 정책결정자(policy-maker)이고, 정치가는 단지 정책수용자(policy-taker)일 뿐이다. 특히 정책결정이 골격 입법(skeleton legislation)만 할 경우 구체적인 세부 정책결정은 행정조직에 일임하는 경향이 증대됨에 따라 행정조직의 재량권은 더 커지고 있다. 그것이 바로 위임입법으로서 일단 법률이 제정된 후에도 법률 규정의 모호성과 치밀하지 못함으로 인해 위임입법을 통해 공무원들에게 정책결정권을 부여하게 된 것이다.

3. 비공식적 참여자

1) 일반 시민

현대 민주정치의 특징으로서 시민참여의 중요성을 지속적으로 증가하고 있다. 특히 이해관계를 달리하는 개인이나 집단의 갈등 상황에서 시민참여를 통한 갈등의 해결 혹은 완화는 가장 바람직한 방안으로 강조된다.

특히 민주화된 사회에서 시민의 참여는 대의민주주의의 한계를 보완한다. 정책과정에의 시민참여는 정책설계를 위한 지식기반을 확충하며(본질적 효과), 이해관계자들의 순응과 지원 가능성을 증진시키며(수단적 효과), 정책의 민주적 정당성을 강화시킨다(규범적 효과)는 기대효과 때문에 많은 관심과 주목을 받고 있다(Pelletier, et al., 1999; 김상묵·이창원·한승환 (2004), 한국행정논집 16(4): 861-885에서 재인용). 정책과정에서 정책결정자가 시민의 참여를 원하는 이유는 다음과 같다.

✚표 11.1 정책결정자가 시민의 참여를 필요로 하는 이유

정책개발 단계	민간 참여를 원하는 이유
1. 문제 정의	• 발견 역할: 국민의 의견이 문제를 정의하는데 도움을 준다.
2. 결정기준 마련	• 발견 역할: 국민의 의견이 평가기준 마련 또는 좋은 정책의 기본원칙을 정의하는데 사용된다.
3. 정책대안 개발	• 발견 역할: 국민의 의견이 정책대안 모색에 활용된다. • 교육 역할: 관련 정보를 얻고, 문제를 논의하고 또는 대안을 제시하는 참여활동을 한다. • 정당화: 대안 개발시 국민의 관여는 정책결과의 수용성 확대를 위한 중요한 기반이 될 수 있다.
4. 정책대안 평가	• 교육 역할: 제시된 대안에 대한 토론 • 평가 역할: 대안에 대한 국민의 선호도 평가 • 정당화: 대안 평가시 국민의 관여는 정책결과의 수용성 확대를 위한 중요한 기반이 될 수 있다.
5. 정책대안 채택	• 교육 역할: 제시된 대안에 대한 토론 • 설득 역할: 채택된 대안을 국민이 수용하도록 납득시킨다. • 정당화: 대안 채택시 국민의 관여는 정책결과의 수용성 확대를 위한 중요한 기반이 될 수 있다.

출처: Walters, Aydelotte, & Miller(2000: 353)를 Curtain(2003: 7 - 8)이 보완.
＊ 김상묵·이창원·한승환(2004). 한국행정논집 16(4): 861 - 885에서 재인용.

2) 언론

국가의 정책과정에서 언론이 미치는 영향은 어떤 공식적 참여자 못지않게 크다고 할 수 있다. 정책학자들은 특정 이슈에 대한 언론의 관심은 국가의 정책결정에 상당한 영향력을 행사한다는데 동의한다(박기묵, 2015). 박기묵(2015)은 정책결정과정에서 언론의 역할을 분석한 연구에서 부안방폐장이슈, 도가니이슈가 여론의 방향대로 정책이 결정된다는 것을 발견하였다. 또한 정책집행 단계에서도 언론의 영향력이 일정부분 존재함을 주장하였다.

특히 정보통신기술의 발전으로 다양한 매체의 등장과 함께 국민들의 의견수렴과 이에 대한 전달, 사회의 여러 정책문제들에 대한 발견과 이슈화, 정부정책에 대한 감독과 통제 등의 역할을 통해 언론의 영향력을 증가하고 있다.

언론은 현대 사회에서 정부기구 중 '제4부(the fourth branch of government)'로 불릴 만큼 중요한 역할을 담당하고 있다. 샷슈나이더(E. E. Schattschneider)가 말하는 '갈등의 사회화(socialization of conflict)'를 위한 촉매제(catalysts)로 작용한다(Schattschneider, 1960: 7-8). 그리고 개인적인 문제를 공공 이슈로 전환시킴으로써 언론은 청중의 규모를 확대시켜 정책결정과정의 역동성(dynamics)을 변화시킨다. 정책과정상 역할을 보면, 언론은 외부 주도형이건 동원형이건 간에 여론 형성과 투입 기능을 통해서 공중의제로 확산시킴으로써 정책의제화에 결정적인 역할을 한다. 그러나 한국의 언론은 과연 제4부라 할 수 있는가?

3) 전문가집단

정책과정은 다양한 정보와 정보에 대한 분석을 요구한다. 특히 정책결정과정에서 문제의 원인을 탐색하고 정책대안을 탐색할 때, 그리고 대안들에 대한 분석을 실시할 때 전문가가 가진 분석역량과 지식은 정책결정과정에서 전문가의 역할이 중요하게 활용될 수 있다. 또한 성책을 집행하고 평가하는 단계에서도 전문가들의 전문지식을 활용하는 것이 집행과 평가의 효율성을 담보하는 방법 중의 하나이다.

현대사회에서 정책문제가 매우 복잡해지고, 정책의 내용 역시 복합적인 요소를 가지고 있다는 점에서 전문적 지식을 가진 전문가들의 중요성은 증가하고 있다. 전문가들로 이루어진 싱크탱크, 연구기관의 역할

역시 정책과정에서 영향력이 증대되고 있다.

4) 이익집단

이익집단(interesting group)은 집단구성원들의 공통의 이익을 제고하기 위한 목적으로 구성된 단체를 의미한다. Kingdon(2003)의 연구에 따르면 이익집단의 중요성은 명확하게 나타난다. 정책참여자의 중요성에 대한 설문조사에서 이익집단은 행정부와 의회에 이어 세 번째로 중요성이 높은 비율을 나타내고 있다.[*]

이익집단은 의제설정, 정책결정 등 전책의 전반적인 과정에 영향을 미친다. 그들은 새로운 의제의 아이템들을 지지하는 것에 의해서 의제설정에 영향을 미친다. 구성원의 이익을 표출하고 결집하여 국가기관에 전달하는 역할을 한다. 실제 다수의 이익집단은 의제설정과정에서 긍정적 지지가 아닌 부정적인 차단을 시도하는 경우가 많다. 그들은 기존에 그들이 향유했던 편익을 보호할 목적으로 의제설정에 영향을 미치고자 시도한다. 즉 그들의 정책의제설정과정에서 부정적인 차단을 시도하는 동기는 그들의 편익이 훼손되는 경우이다. 반면에 이익집단은 정부의 의제설정에 긍정적 압력으로 작용하기도 한다. 이익집단의 의제에 대한 지지 유도, 서명, 대표단 파견 등의 행위를 통해 정부관료들이 이슈에 대한 관심을 유발하는 역할을 한다.

---

[*] Kingdon(2003)에 따르면 다양한 정책참여자의 중요성을 분석한 결과에서 행정부는 응답자의 94%, 의회 91%, 이익집단 84%의 순서로 긍정적 응답(매우 중요＋어느 정도 중요) 비율을 보고하고 있다.

5) 시민단체

시민단체는 비정부단체(Non-Government Organization, NGO)라고도 부른다. 이는 공공의 이익을 추구하기 위해 민간이 자발적으로 조직한 민간기구이다. 시민단체 혹은 NGO는 시민사회의 개념과 관련하여 논의되어 왔다. 시민사회는 사회구성원들의 공통의 이익을 증진시키기 위하여 자발적으로 형성되었으며, 개념적 구성요소로 제도와 조직, 개인으로 구분된다(배응환, 2007).

✚ 표 11.2 시민사회의 개념적 구성요소

구분	제도	조직	개인
포함되는 차원	• 언론출판집회결사의 자유 • 법의 규칙 • 입법과정 • 인간권리 • 민주적 과정 • 자선 • 책임성과 투명성 • 시민성	• 시민사회조직 • 자발적조직 • 비정부조직 • 비수익조직 • 재단 • 사회운동조직 • 시민사회조직들 간의 네트워크 • 공동체집단 • 자조집단 • 기업책임프로그램	• 활동가 • 자원봉사자 • 구성원 • 지도자 • 관리자 • 고용인 • 사용자 • 편익제공자
포함되지 않는 차원	• 시민사회에 직접 관련되지 않는 제도들(시장교환이나 선거 및 가족형태 등)	• 정부기관 • 수익조직 • 시민규칙과 시민가치의 외부영역에 존재하는 조직	• 비구성원 • 비참여자 • 시민규칙과 시민가치의 외부영역에 존재하는 개인

출처: Anheier(2004), 배응환(2007)에서 재인용.

시민사회의 개념적 구성요소로서 조직적 차원에서 시민사회조직, 자발적 조직 등이 포함되어 시민단체 혹은 NGO가 논의된다. 표와 같은 구분에 의하면 시민단체 혹은 NGO는 정부기관 및 수익을 추구하는 민간조직과는 차이가 있다. 선진국 이익집단의 이익 표출 활동에 비하면 아직도 부족한 실정이다.

NGO(Non-Governmental Organization)는 ① 자발성에 입각하여, ② 경제적 이익 대신에 공익을 추구하고, ③ 사회운동 차원에서 활동하는, ④ 민간결사체이다. 이러한 역할을 하는 NGO에 대한 국민들의 신뢰는 적지 않다. 정책과정에서의 역할을 보면, 지배계층에 의한 무의사결정시 NGO는 이를 사회적 쟁점으로 만드는데 기여한다. 이러한 설명은 윌슨(J. Q. Wilson)의 네 가지 정치 상황 즉 대중정치, 고객정치, 기업가정치, 이익집단정치 중 고객정치(client politics) 상황에서 더욱 뚜렷해진다.

6) 정당

정당(political party)은 헌법상의 기관은 아니지만 각종 사회집단의 요구나 일반국민들의 요망을 수렴(투입)하여 정책대안(산출)으로 전환시키는 이익결집(interest aggregation)의 기능을 수행한다는 점에서 중요한 역할을 한다. 즉 국민들이 표출한 의사를 집약하는 것으로 이는 선거에서 공약사항 또는 정당정책으로 나타나게 된다. 그리고 최근 경향은 정당은 포괄정당(Catch-All Party)을 지향한다. 포괄정당은 선거에서 승리하기 위하여 어떤 특정한 이데올르기나 정책을 끝까지 고집하지 않고 각계각층으로부터 최대한으로 많은 지지자를 획득하려는 정당이다. 즉, 특정한 사회계급보다는 다양한 이익집단을 접촉하는 것이 선거에 유리하기 때문이다.

정당은 "국민의 이익을 위하여 책임있는 정치적 주장이나 정책을 추진하고 공직선거의 후보자를 추천 또는 지지함으로써 국민의 정치적 의사형성에 참여함을 목적으로 하는 국민의 자발적 조직을 말한다."(정당법 제2조) 즉, 국민의 이익을 위해 정치적 주장 뿐 아니라 정책을 추진하는 등 정책과정에서 깊숙이 개입하는 것이 정당이다. 또한 많은 학자들은 정당을 정의하면서 정권 획득을 위한 결사체, 정권의 획득과 유지를 위해 자신들의 정치적 견해를 투입하는 조직으로 정의한다(남궁근, 2012; 노화준, 2012; 권기헌, 2014). 이는 다른 이익집단이나 시민단체와 같은 결사체와 명확하게 구분이 되는 정당의 속성이다.

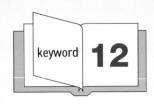

1. 철의 삼각형의 정의

하위정부 모형이라고 불리는 철의 삼각형은 정책과정에서 행정부의 관료, 입법가(국회의원), 이익집단 등 특정 조직과 참여자의 역할을 강조하는 모형이다. 관료와 국회의원, 이익집단이 네트워크를 형성하여 정책결정에 영향을 미치는 것이다. 철의 삼각(iron triangle)으로도 불리는 삼자의 연합은 소수의 엘리트들이 연합을 통해 하위체제를 형성하여 정책결정과정에서 영향력을 발휘하는 현상을 설명하고 있다. 그러나 본 모형은 이익집단이 급증하면서 집단 간의 갈등이 빈번하게 발생하고, 시민단체의 영향력이 강화되며, 민주화에 따른 의회 권력구조가 변화하는 최근의 환경에서 과거에 비해 설득력이 많이 약화되었다는 비판을 받는다(남궁근, 2012).

2. 철의 삼각형의 사례

강력하게 조직화된 이익집단들은 국회의원들 그리고 관료들과 밀접한 연계망을 형성하여 그들에게 유리한 정책이 결정되어 집행되도록 다양한 활동을 하고 있다. 철의 삼각은 국방위, 법사위, 문화관광위 등 각 정책분야별 정책과정에서 관련 이익집단, 소관 관료조직, 그리고 의회의 소관 위원회가 상호간의 이해관계를 보호하기 위해 밀접한 동맹관계를

✚ 그림 12.1 시장(이익집단)·정부·국회 간의 철의 삼각형 정부(해수부, 기재부 예산 증액 난색 표명)

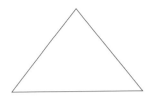

국회(국토해양위)　　　　시장(이익집단) = (선사, 해운업계의 '해피아')

형성하고 있는 현상을 가리키는 개념이다. 각 정책분야별로 형성되어 있는 3자간의 동맹관계는 외부의 작용에 의해 그 관계가 좀처럼 흐트러지지 않을 정도로 견고하기 때문에 철의 삼각형이라고 부른다〈그림 12.1〉 참조).

또 다른 철의 삼각형의 예를 들면 시장(선사, 해운업계의 '해피아'), 정부(해수부, 기재부 예산 증액 난색 표명), 국회(국토해양위)의 삼각동맹' 등을 들 수 있다. 2011년 11월 8일 국회 국토해양위원회 법안심사소위원회 회의장. 회의록을 보면 소위원회에서는 오후 2시 27분부터 31분까지 해사안전법 개정안을 심의했다. 그러나 의원들 간의 의견 조율이 이루어지지 않았으며, 해사안전법 개정안에 대한 의원들의 동의를 얻지 못해 폐기되었다.

한국선박(선박 검사 감독기관)　해운조합(안전운항관리를 담당하는 선사의 이익단체)

관피아(관료출신 마피아)가 해운조합 요직 4자리 중 3자리를 해수부·해경 전관(前官)이 나눠먹는 등 선사의 부조리와 선박 불법 증축을 검사·감독하고 해양 안전을 책임져야할 한국선급 등 해수부 산하기관 11곳을 이들이 장악했으며, 이들 전관들은 선사들이 낸 각출금(공제회비)으로 봉급 받는 '이해 못 할 카르텔'이 존재했다.

공공기관 경영정보 공개시스템인 '알리오'를 통해 확인해보니 정부가 지정한 38개 방만경영 중점관리 대상 기관장 38명 가운데 18명(47.4%)이 '관료 출신 낙하산'이었다.

철의 삼각형(Iron Triangle)에 학연, 지연, 혈연의 아주 끈적끈적한 인적 동맹까지 합쳐져 있는 한국적 상황과 만나 어디까지 무시무시하고 파렴치한 권력이 되는지 상상하기도 무섭다.

3. 평가와 전망

사례

유치원 3법 무산: 시장으로서 한유총, 국회 내의 자한당 그리고 정부 내의 교육부 간의 철의 삼각형

정의당 최석 대변인은 11일 "'자한당 최고. 한유총 회원 모두 끝까지 은혜 보답하 겠습니다.'라는 내용의 한유총발 문자가 정치권에 쇄도하고 있다. 자유한국당이 어떠한 '은혜'를 한유총에 베풀었고, 한유총이 이에 '보답'하겠다는 것이다. 유치 원법 처리를 본회의에서 무산시킨 데 한유총 – 자유한국당 간 성공적인 공조를 자 축하는 내용으로 보인다"고 밝혔다.

최 대변인은 "앞서 교육위원회 소속 자유한국당 의원들은 긴급기자회견을 열어 '후원금이 유치원으로 확인되면 선관위와 협의 하에 두 달째 반환조처하고 있다' 고 해명하며, 사실상 개인후원 형태의 입법 로비 시도가 있었다고 인정한 바 있다. 입법로비 정황이 터지고 바로 뒤이은 한유총의 '은혜 보답' 문자에서 구린 냄새가 물씬 난다. 한유총의 불법 로비 시도에 대한 철저한 조사가 이뤄져야 할 것"이라 고 강조했다.

자한당이 한유총을 비호하면서 떼쓰는 행태가 다음과 같다고 비유했다. 자한당은 줄곧 정부 지원금은 국가지원회계로, 학부모가 내는 교비는 일반회계로 나누는 일 반회계로 이원화하자는 주장을 굽히지 않고 있다.

일반회계에 해당하는 부분은 교육 외의 목적에 사용해도, 따로 감사도 처벌도 받

지 않겠다는 것이다. 결국 사립유치원 측에서 학부모가 낸 교비로 명품백을 사든, 성인용품을 사들이든, 종교시설에 헌금하든, 아파트 관리비를 내도 횡령죄로 처벌이 불가능하단 것이다. 사립유치원에서 아무리 비리를 저질러도 빠져나갈 구멍들을 다 만들어주는 셈이다.

"식당의 주인한테 손님이 음식값 준 거랑 똑같다. 유치원 엄마, 아빠들이 유치원 원장들에게 준 돈은 그렇게 사적으로 준 거래, 서비스에 대한 대가이기 때문에 그것을 어떻게 처벌하느냐. 이런 얘기예요. 그러기에 아이가 진짜 없어서 '거기는 학교다. 그리고 그건(세금)은 교비다. 교비는 함부로 쓰면 안 된다. 이건 너무나 당연한 상식이다. 우리 법에도 그렇게 되어 있다(고 지적했다)'"

철의 삼각 개념은 정책과정에 있어서 이익집단의 활동을 지나치게 강조하고 있다. 따라서 분야별 이익집단이 활성화되어 있지 못한 정치체제하에서의 정책과정을 설명하기에는 한계가 있다. 정책망 모형이나 이슈망 모형은 철의 삼각 개념이 지니고 있는 이러한 분석상의 한계를 보완하기 위해 나온 모형들로 볼 수 있다.

출처: http://www.newsfreezone.co.kr/news/articleView.html?idxno=92965

정책기획[13]

1. 정책기획의 정의와 이론

정책기획은 정책 또는 계획과는 어떠한 관계를 지니고 있는가? 정책기획의 개념에 대한 용어사용의 혼란은 매우 오랜 역사를 지니고 있다고 할 수 있다. 특히 유사해 보이는 정책과 기획이라는 단어를 함께 사용하면서 더 혼란을 가져온다고 볼 수 있다. 학자마다 정책기획에 대한 개념정의도 다르고 다른 개념정의로 인해 그 과정에 대한 시각도 다양하다. 필자는 새로운 정책기획의 개념을 제시하여 이러한 혼란을 가중시키기 보다는 정책기획의 개념에 대해서 사적(史的) 고찰을 통하여 개념에 대한 독자의 이해를 높이는 데 목적을 두고자 한다.

우선 정책기획이라는 용어가 행정학에서 사용된 것은 1990년에 들어서다. 그이전에는 주로 국가기획 또는 발전기획 등의 '기획'이라는 용어가 주로 사용되고 있었다. 특히 김신복의 1978년 "국가기획의 본질 및 접근방법의 변화분석" 논문과 1980년 "기획이론 서설" 두 편이 논문에서는 모두 정책기획이라는 용어보다는 국가기획 또는 기획이라는 용어를 활용하고 있다. 김신복(1980)은 이 연구에서 기획을 "미래의 행동대안에 관한 조직화된 사고과정"으로 규정하고 있다. 이러한 김신복의 기획에 대한 정의는 드로(Dror)의 1963년 "The Planning Process"에서의 정의를 따르고 있는 것으로 보인다. 드로는 이 연구에서 "기획은 최적의 방법으로 목표를 달성할 수 있도록 미래의 행위에 대한 일련의 결정을 준비하는 과정(Dror, 1963: 50)"으로 정의하고 있다.

기획과 관련된 전통적인 이론은 크게 절차이론(procedural theory)과 실재이론(substantive theory)으로 구분된다(Faludi, 1973: 3). 절차이론은 과정적인 측면에 초점을 둔 이론으로서 기획의 이론(theory of planning)으로 불린다. 즉 기획의 공동적인 과정을 발견하는데 초점을 둔 이론이라고 볼 수 있다. 반면에 실재이론은 기획의 각 영역 또는 부문에 대한 전문지식에 대한 이론으로서 기획의 대상에 대한 이론(theory in planning)이라고 불린다. 실재이론에 따르면 기획의 대상에 따라 과정은 상이하기 때문에 공통적인 과정 이론을 도출하는 것은 불가능하며 기획의 대상에 대한 연구가 실질적이라는 것이다. 예를 들면 도시계획과 경제계획의 수립과정은 근본적으로 다를 수밖에 없기 때문에 과정에 대한 탐구보다는 도시와 경제의 구조와 능력에 대한 이론의 개발이 합리적이고 생산적이라는 것이다(김신복, 1980). 실재이론이 보다 더 현실적으로 보이지만 각 분야별로 이론을 개발한다는 것은 지나치게 복잡하고 다양하여 이론으로서의 일반화 가능성이 떨어진다는 비판이 제기될 수밖에 없다. 따라서 1980년대 이후에는 기획의 과정적인 측면을 강조하는 경향이 강해졌다. 특히 기획은 목적을 달성하기 위한 과정으로서 대상과는 상관없이 공통적인 과정에 대한 이론의 발견이 가능하다는 이유에서이다(김신복, 1980).

살펴본 전통적인 기획의 이론들은 이후 이론적인 다원주의(theoretical pluralism)의 과정을 거치게 된다. 즉, 기존의 전통적인 이론들이 합리주의와 실증주의를 기반으로 하는데 반해 후기실증주의(post-positivism)를 기반으로 하는 협력적(collaborative), 신실용주의(neo-pragmatism), 포스트모던(postmodern) 기획이론이 등장하게 된 것이다.

2. 정책기획의 과정

정책기획의 단계에 대해서는 학자들마다 다른 단계를 제시하고 있다. 노화준(1992)은 Ham & Hill(1984)의 연구를 기초로 ① 목적의 결정 ② 수요의 사정 ③ 목표의 구체화 ④ 행동대안의 설계 ⑤ 행동대안의 결과들에 대한 추정 ⑥ 행동노선의 선택 ⑦ 집행 ⑧ 평가 ⑨ 환류 총 아홉 단계로 구분을 하고 있다. 반면에 발전행정론에서는 ① 목표설정 (goal setting) ② 정책형성(policy formulation) ③ 기획(planning) ④ 조직화 (organizing) ⑤ 동작화(motivating) ⑥ 통제(controlling) ⑦ 환류(feedback)로 구분하여 정책형성 이후에 기획의 단계를 설정하기도 하였다. 정책기획의 과정에 대한 일반적인 통설은 없다.

정규서는 Galloway(1945), Koonzs and O'Donnel(1959) 등의 연구들을 종합하여 정책기획의 과정을 구조화 하고 있다. 문제의 인지는 기획이 시작되는 출발점이라고 볼 수 있다. 문제의 인지는 간단한 것 같으면서도 그렇지 않은 경우가 많다. 기획의 단계 중 목표의 설정은 인지된 문제의 해결을 통해서 달성하고자 하는 바람직한 미래 상태를 의미한다. 이러한 목표는 타당성, 달성가능성, 구체성을 기준으로 평가를 할수 있다.

다음의 단계는 정책대안을 작성하기 위한 정확하고 광범위한 자료를 수집하고 분석 및 정리하는 것이다. 이러한 자료의 수집과 분석의 과정은 올바른 정책대안의 설정에 있어 매우 중요하다고 볼 수 있다. 또한 정책정보 및 자료의 수집 분석 정리를 통해서 정책문제를 재인식할 수 있으며, 정책목표도 수정될 수 있다.

과거와 현재가 알려진 사실인데 비해서 미래는 불확실성과 다양한 가능성을 가지게 된다. 정책기획은 바람직한 미래의 목표를 달성하기 위한 정책대안의 탐색 및 선택의 과정이기 때문에 필연적으로 미래의 상황에 대한 가정(premises)에 근거를 한다. 즉, 기획은 현재 상태에서 미래에 대한 대안을 모색하는 것이기 때문에 미래상태에 대한 전망(forecast)을 필요로 한다.

정책대안의 개발과 탐색은 현재 상황, 관련 정책정보, 미래 상황에 대한 가정 및 전망과의 상호 교환 작용 과정을 거쳐 이뤄진다. 정책대안의 탐색을 위해서는 기존 국내외의 제도나 정책, 과학기술 분야의 각종 이론이나 지식, 전문가 및 정책기획가의 주관적인 판단 등을 고려하게 된다. 우선 기존의 제도나 정책에는 정부가 과거에 사용했던 제도나 정책 또는 현재 시행중인 제도나 정책, 외국 또는 국내의 다른 기관에서 사용 중인 제도나 정책, 민간부분의 행동방안도 포함하게 된다.

✛ 그림 13.1 정책기획과정

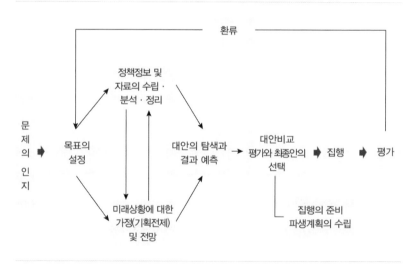

출처: 정규서(2003). 정책기획의 수립과정에 관한 연구. 국제지역연구, 7(2), 부분수정.

결과를 예측하는 것은 여러 가지 정책대안들이 탐색·발굴된 후 대안 하나 하나에 대한 결과를 예측하는 것을 의미한다. 이러한 결과가 예측되어야 대안을 비교평가하고 최선의 대안을 찾는 것이 가능해진다. 결과를 예측하는 방법은 다양하다.

기획이 의사결정까지를 포함하는지에 대해서 이견이 있다. 기획이 합리적인 의사결정을 돕는 막료적 기능이라면 정책기획가의 역할은 정책대안들을 제출하고 관련된 정보와 대안선택에 따라 발생·예상되는 결과를 제시하는데 그쳐야 할 것이다.

정책의제설정[14]

1. 정책의제설정의 정의

정책은 산출되고 실행되는 데 있어 일정한 단계를 거치며, 그 자체가 일련의 진화(error correction)의 과정이다. 즉, 정책은 정책의제설정에서부터 정책결정, 정책집행, 정책평가, 정책변동에 이르기까지 복잡하고 동태적인 순환과정을 거치게 되며, 이러한 정책과정에서 정부가 사회문제를 정책의제로 채택하는 정책형성(policy formation) 활동이 바로 정책의제설정이다. 정책의제설정은 정책과정의 첫 번째 단계로서 문지기 역할(gate keeping)을 한다는 측면에서 뿐만 아니라(Palumbo, 1988: 36) 다음 단계를 결정하고 방향을 정한다는 측면에서, 그리고 앞으로 전개될 전 정책과정을 통해 개입할 다양한 정치세력들이 처음으로 등장하는 국면이라는 측면에서 가장 핵심적이라 할 수 있다.

정책의제설정(policy agenda setting)이란 "수많은 사회문제 중에서 정부가 그것을 정책적으로 해결하기 위해서 의도적으로 채택한 문제"로서 각종 개인 및 사회집단의 요구들이 정부의 관심대상으로 전환되어가는 과정이다. 즉, 수많은 문제들 중에서 정부가 진지하게 검토하기로 한 문제로 볼 수 있다.

정부의 개입을 필요로 하는 수많은 사회문제 가운데 왜 일부의 사회문제만이 정부의 공식적인 해결대상 즉, 정책의제화 되는가를 설명하기 위한 이론적 모형으로는 의사결정론, 체제이론, 무의사결정론, 쓰레기통 모형, 정책창 모형 등을 들 수 있다. Simon으로 대표되는 의사결정론에 의하면 의사결정 주체는 인지능력상의 한계가 있기 때문에 한꺼번에 많은 문제에 대해 동시에 주의를 집중할 수 없다는 것이다. 의사결정주체로서의 정부도 마찬가지로 주의집중능력에 한계가 있기 때문에 무수한 사회문제 중에서 일부만이 정책문제로 채택된다는 것이다. Easton으로 대표되는 체제이론도 Simon의 의사결정론과 비슷한 내용을 가지고 있다. 정치체제로 간주되는 정부는 인지능력상의 한계뿐만 아니라 문제해결에 필요한 자원동원능력 등의 한계를 가지고 있다.

2. 정책의제설정의 배경

1960년대 미국사회에 큰 충격을 준 대규모 흑인폭동에 대한 연구결과, 미국정부가 흑인차별문제를 정부의제로서 검토하지 않았음을 알게 되었다. 따라서 특정 사회문제가 왜 검토되지 않고 방치되는지, 사회문제가 어떻게 정책문제로 전환되는지에 대한 관심이 높아졌다.

3. 정책의제 형성과정 모형(policy agenda setting process model)

정책의제설정은 사회적 환경과 정치체제가 상호작용하는 과정으로서 학자들마다 용어는 조금씩 다르지만 통상 사회문제의 인지 및 구체화 단계 → 쟁점의 확산 단계 → 공식화 단계를 거치게 된다(Cobb & Elder, 1983; 사득환, 1997: 48-54).

✚ 그림 14.1 정책의제설정의 과정

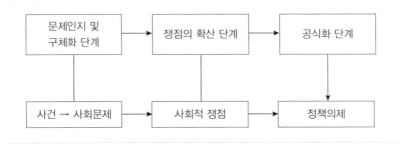

1) 문제인지 및 구체화 단계

정책의제설정과정에서 가장 최초의 단계는 문제에 대한 인지이다. 인지(cognition)란 "일어난 어떤 일에 대한 이해 또는 인식"을 의미한다. 따라서 어떤 문제를 인지한다는 것은 그것에 대한 발견, 정보수집 및 파악, 그리고 그것을 해석한다는 것을 의미한다. 어떤 문제에 대한 인지의 결과는 문제의 존재여부와 그것의 해결방법으로 귀결된다. 어떤 문제에 따라서는 사람들에게 아무런 불만이나 불평, 갈등 등을 야기시키지 않은 것도 있지만, 어떤 문제는 그 해결을 필요로 하는 인간적 욕구를 불러일으키기도 한다. 이처럼 인지의 결과 "해결을 필요로 하는 인간적 욕구"를 야기시키는 상태를 문제인지라고 한다(최봉기, 2008: 149). 문제인지가 이루어지면 그 문제를 구체화해야 하는데 이때 구체화란 그 문제를 야기시키는 문제의 효과를 분석·진단하여 문제의 내용을 명확히 밝히는 것이다.

2) 쟁점의 확산 단계

이 단계는 앞에서 구체화된 문제들이 해당 문제와 관련되는 많은 사람들의 이해관계가 얽힌 문제로 확산되고, 그 결과 다수가 공통적으로 인식하는 문제로 나타남으로써 주도집단이 그 문제를 보다 효과적으로 정책의제가 될 수 있도록 언론 등을 활용하여 쟁점화시키는 단계이다. 다시말해 문제로 인식한 주도집단은 그것이 다수의 사람들과 관련된 문제로 확대시킨다. 그리고 이를 공통적으로 받아들인 사람들이 자신의 문제가 정책의제로 채택되기를 바라면서 힘을 합친다. 이를 위해 언론 등을 동원하여 최대한 다수의 문제로 전환함으로써 정책담당자들이 검토하도록 노력한다(최봉기, 2008: 149). 민주국가에서 많은 이익집단들은 이러한 쟁점의 확산을 통해 여론정치를 도모한다.

3) 공식화 단계

공식화 단계란 문제가 정부에 귀속되어 정책의제의 지위를 얻고 의제목록에 오르는 것을 말한다. 정책의제는 정부에서 해결하기 위한 주요 쟁점들의 목록을 지칭하며, 정책의제설정과정이란 그들이 어떻게 그곳에 도달하게 되었는가의 과정을 연구하는 것이다.

그러나 정책의제로 채택되었다고 해서 모두 정책으로 결정되어 집행되는 것은 아니다. 언제든지 새로운 문제가 발생할 수 있고 변형, 왜곡, 탈락 등이 나타날 수 있다. 따라서 정책의제로서 계속적으로 지위를 유지할 수 있도록 유지, 방어하는 역할도 게을리 해서는 안된다.

4. 정책의제설정의 유형

정책의제설정은 문제제기집단이 정부 내부에 있는가, 그렇지 않고 정부 외부에 있는가에 따라 차이가 있게 된다. Cobb & Elder(1983)는 주도집단의 차이에 따라 미국과 같이 다원화된 정치체제 하에서 주로 나타나는 외부주도형과 후진국에서 주로 나타나는 동원형, 그리고 양자의 성격이 혼합된 내부접근형으로 세 가지로 유형화하였다.*

1) 외부주도형

외부주도형(outside initiative model)은 정부 밖의 시민들이나 집단들에 의해 문제가 제기되어 사회적 쟁점을 거쳐 정부에 의해 적극적으로 해결이 표명된 정책의제로 전환되는 모형이다. 이 유형은 민간주도형이라고도 하며, 주로 이익집단들에 의해 제기된 문제가 여론을 형성해 공중의제로 확산되고, 마침내 정책결정자들에 의해 공식의제로 채택되는 모형으로 주로 다원주의 체제에서 많이 나타난다.

✚ 그림 14.2 정책의제설정과 외부주도형

외부주도형의 특징을 보면 다음과 같다(권기헌, 2018: 182). 첫째, 외부주도형은 정부에 대하여 압력을 가할 수 있는 이익집단들이 발달하고 정부가 외부의 요구에 민간하게 반응하는 정치체제, 즉 다원화되고 민

---

* Rogers & Dearing(1988)은 의제형성의 주체별로 의제의 유형을 세 가지로 구분하였다. 먼저 대중의제형성(public agenda setting)으로 대중에 의해서 의제가 형성되는 것이며, 둘째는 언론의제형성(media agenda setting)으로 언론이 의제형성의 주체가 되는 것이다. 마지막으로 정책의제형성(policy agenda setting)은 엘리트 정책형성가가 의제형성의 주체가 되는 것을 의미한다.

주화된 선진국 정치체제에서 많은 나타나는 유형이다. 따라서 이 모형에서는 언론의 역할이나 정당의 역할, 시민사회의 활동 등이 모두 활발하다.

둘째, 상호 대립되는 이해관계인들 간의 갈등과 타협은 정책의제설정과정에서 뿐만 아니라 정책결정, 집행 및 평가에 이르기까지 계속되어 나타나며, 따라서 정책과정에서 많은 시간(muddling through)이 소요된다.

셋째, 정책이 외부주도집단에 의하여 의제화되고 상호 대립되는 이해관계인들의 타협 또는 조정의 산물이기 때문에 정책내용이 상호 충돌, 모순적이며 단기적·단편적 성격을 띤다.

넷째, 외부주도집단이 반대집단을 누르고, 정부의 정책결정자를 움직일 만큼의 정치적 영향력을 가지고 있느냐에 따라 사회문제가 정부의제로 공식적으로 거론될 수 있느냐의 여부가 결정된다.

다섯째, 정책의제설정과정이 일반적인 사회문제 → 사회적 쟁점 → 정책문제 → 정책의제 단계를 거치는 경우가 많다.

2) 동원형

동원형(mobilization model)은 정부기관 내부에서 문제가 생성되어 자동적으로 정책의제화하는 모형이다. 주로 시민사회의 힘이 취약한 후진국에서 많이 나타나는 유형으로서, 정치지도자의 지시에 따라 사회문제가 바로 정부의제로 채택되고 성책집행의 성공을 위해 필요한 일반 시민들의 지지를 얻기 위해 정부의 대중매체 활용을 통해 공중의제로 확산시켜 국민들로부터 지지를 확보하는 과정을 거치게 된다.

동원형의 특징은 다음과 같다. 첫째, 동원형은 정부의 힘이 강하고 민간부문이 취약한 후진국에서 많이 나타나는 유형이나 선진국에서도 정치지도자가 특정한 사회문제 해결을 주도하는 경우가 종종 나타나기도 한다.

둘째, 사회문제가 정부의제로 먼저 채택되고, 정부의 의도적인 노력에 의해서 공중의제로 확산된다. 즉, 사회문제 → 정부의제 → 공중의제로 진행된다. 이때 공중의제화는 통상 정책결정이 진행되면서 이루어지는데 정책결정 이후에 이루어지는 경우도 있다.

셋째, 이 모형에서는 정책결정이 더욱 분석적으로 이루어지고 그 산출로서 정책의 내용이 종합적·체계적이며 장기적인 성격을 띤다.

3) 내부접근형

내부접근형(inside access model)은 정부기관 내의 관료집단이 비밀스럽게 사회문제를 의제로 설정하는 경우를 말한다. 즉, 이 모형은 사회문제가 정책담당자에 의해 바로 정책의제로 채택되면서 일반공중에게 확산을 거치지 않고 관료제 내부에서 은밀하게 정책의제설정이 이루어지는 형태를 취한다. 다만, 정책결정자집단은 자신들의 의제를 공식의제로 상정되도록 압력을 행사할 수 있는 유사집단과 주의집단에게만 쟁점을 확산시킨다.

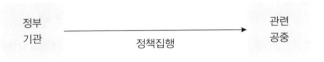

내부접근형의 특징을 보면 다음과 같다. 첫째, 내부접근형은 사회문제 → 정부의제의 성격을 나타내며, 주로 부와 지위가 불평등하게 분배되어 있는 후진국에서 볼 수 있으나 미국과 같은 선진국의 경우도 무기구입정책 등에서 종종 찾아 볼 수 있다.

둘째, 정부가 어떤 문제를 다룰 때, 일반 시민들이 그것을 사전에 알면 곤란하거나 극심한 사회적 갈등이나 국가적 손실이 요구되거나, 시간이 촉박한 정책의 경우에 흔히 나타난다.

셋째, 이 유형은 동원형과 유사하나, 동원형의 주도세력이 최고통치자나 고위정책결정자인데 반해 내부접근형은 이들보다 지위가 낮은 고위관료인 경우가 많고, 동원형은 주도집단이 공중의제화를 시도하나 내부접근형은 공중의제화를 막는다는 점에서 차이가 난다(강근복 외, 2017).

5. 평가

Cobb & Elder 등의 모형이 정책의제형성의 과정에 대한 이해의 폭을 넓혔다는 긍정적인 기여에도 불구하고 몇가지 한계를 가지고 있다. 그 중의 하나가 정책의제에 대한 너무도 당연한 것을 이론으로 정리한 것에 불과하고 레짐(regime)의 성격만 지나치게 강조함으로써 정책의 하부시스템과 문제 자체의 성격 간의 상호작용의 관점에서 정책의제설정을 개념화하는 것이 부족하다는 지적이다(Howlett & Ramesh, 1995: 116). 좀 더 구체적으로 말하면, 정책의제설정에서 중요한 것은 국가와 사회 집단 중 누가 과정을 주도하는가와 문제해결에 보내는 일반대중의 지지 도가 어느 정도인가라는 것이다. 이에 따라 Howlett와 Ramesh는 다음 <표 14.1>과 같은 상호관계를 나타내고 있다.

✚ 표 14.1 정책형태(policy type)에 의한 의제설정 모형

주도자	공중의 지지자의 성격 (nature of public support)	
	높다	낮다
사회행위자 (societal actors)	외부주도 (outside-initation)	내부접근 (inside-access)
국가 (state)	공고화 (consolidation)	동원 (mobilization)

출처: Howlett & Ramesh. 1995: 116.

그들은 여기서 공고화(consolidation)를 특히 강조하였다. 공고화는 정 부가 문제해결에 나서고자 할 때 이미 광범위한 일반대중의 지지가 있 는 경우에 일어난다. 이 경우에는 주도집단의 노력과는 상관없이 단지 존재하는 지지를 더욱 강화해서 정책의제설정을 하게 된다. 정부가 대 중지지에 관심을 두는 이유는 정책집행에서 수월성을 확보하기 위해서 이다. 만약 공중의 지지가 높지 않다면 동원형(mobilization model)에 의존 하게 될 것이다.

정책결정의 의의[15]

국가의 성공과 실패는 적어도 정책관리자들의 정책결정의 결과라고 말할 수 있다. 예컨대, 정책결정은 국민을 위한 정책이 어떻게 운영되어야 하고 국가 정책이 어떻게 변해야 하는지 등에 대해서 결정하고 선택하는 과정이다. 정책결정(policy decision)은 해당 정책에 관한 공식적인 권한을 가진 결정자가 어떠한 의도를 공식적 혹은 비공식적 방법으로 표출하는 것을 의미한다. 이는 공공의 목적을 달성하기 위한 '일종의 권위 있는 결정'이며, 행위·사건·선택의 전개 등으로 나타난다(배용수·주선미, 2004).

국가는 정책결정이 이루어지는 과정을 계속해서 발전시켜야 하고, 변화하는 환경에 대응할 수 있도록 보다 효과적인 방법을 개발하여야 한다. 이 장에서는 먼저 정책결정의 의의와 과정에 대해 알아본다. 그리고 정책결정과정이란 국가목표를 달성하기 위해 모든 대안을 비교·검토하여 최적의 대안을 선택하는 과정을 말한다.

정책결정은 여러 단계의 과정을 거친다. ① 정책의제를 형성하는 과정, ② 정책을 결정하는 과정, ③ 결정된 정책을 집행하는 정책집행 과정, ④ 집행된 정책이 제대로 시행되었는지의 여부를 평가하는 정책평가과정, 그리고 마지막으로 ⑤ 정책변동과정 등으로 구분할 수 있다.

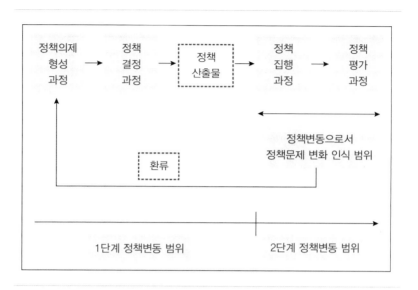

출처: 최창현외(2005). 정책분석론. 시대고시기획.

16 합리포괄 모형[16]

합리포괄 모형(rational comprehensive model)은 정책결정시에 최대한의 합리성을 추구하고 가능한 모든 대안과 정책결정 기준을 포괄하려는 정책결정 모형이다. 이 모형에 의하면, 정책결정자는 이성과 고도의 합리성에 근거하여 결정하고 행동한다. 즉 합리 모형은 인간이 정책결정에 필요한 모든 지식과 정보를 파악·동원할 수 있다는 전지의 가정(assumption of omniscience)하에서 목표 달성을 위한 합리적 대안의 탐색·선택을 추구하는 규범적·이상적 접근 방법이다.

정책결정의 고전적 접근방법으로 인간과 조직의 합리성, 합리적 경제인, 완전한 정보환경 하를 전제로 하여 합리적인 정책결정을 모형화한 것이다. 즉 모든 조건의 충분한 제공 하에서 합리적 인간이 최대의 효과를 얻을 수 있는 정책결정을 하는 것을 제시한다. 합리적 정책결정 모형의 특징을 살펴보면 다음과 같다(Arnold & Feldman, 1986: 396-402).

첫째, 합리적 정책결정 모형에서는 문제의 발견과 진단, 대안의 탐색·평가, 대안선택 등 정책결정의 각 단계들이 독립적으로 순서 있게 진행된다.

둘째, 조직이나 개인은 항상 추구하는 목적을 극대화시킬 수 있는 대안을 선택하게 된다.

셋째, 정책결정에 고려될 수 있는 대안은 모두 인지할 수 있으며 각 대안을 모두 탐색할 수 있고 그 대안들이 가져올 결과를 포괄적으로 분석할 수 있다.

넷째, 대안분석에 있어서 가중치나 확률 및 복잡한 계산이 가능하므로 어려운 정책결정 사항도 계산을 통해 최적의 대안을 선택할 수 있다.

마지막으로, 대안선택에 있어 영향을 줄 수 있는 비합리적 요인은 통제되고 일정한 기준에 따라 최적의 대안을 선택하게 된다.

✚표 16.1 합리포괄모형의 예[*]

정책대안 / 정책결정기준	가격	CPU	Ram	HD 용량	크기	무게	추가 기준	총효용 [*]
Samsung NB 노트북 Sense NT370	8	6						
노트북 T900	7	7						
노트북 P560	6	8						
LG 노트북 NB XNote	7	8						
HP 노트북 NB	8	9						
애플 McBook	5	7						
McBook Pro	4	8						

그러나 합리포괄 모형은 인간의 인지능력·정보획득·비용 및 가용시간 등의 제한성으로 인해 현실적으로 적용할 수 있는 가능성이 희박한 모형이며, 수량화할 수 있는 것만을 강조함으로써 제한된 부분에만 적용이 가능하다는 비판을 받고 있다. 예를 들어 정부기관 혹은 여러분이 노트북을 구매하는 결정을 할 경우 요즈음은 해외직구도 가능한데 전 세계의 모든 노트북을 대안으로 한다면 시간과 정보획득이 현실적으로

---

*총효용(Total Utility)은 0에서 10 사이, 1 ≦ 총효용 ≦ 10.

불가능할 것이다. 또한 정책결정 기준에 대한 고려에 있어서도 인간의 인지능력은 보통 4~7개 이상을 동시에 고려하기는 힘들기 때문에 모든 기준을 고려하기는 힘들다.

전술한 바와 같이 합리포괄 정책결정 모형은 너무 이상적이고 규범적이기 때문에 현실의 의사전달 상황을 제대로 설명하지 못하는 면이 많다. 즉 현실 상황에 있어 미래 상황에 대한 불확실성이나 정보의 결여 등이 발생하는 경우에는 이 모형은 그 효용에 큰 문제가 있는 것이다. 결국 합리적 모형은 예외적이고 비정형적 문제의 해결에 있어서는 적합하지 못한 모형이라고 할 수 있다.

출처: https://blog.naver.com/valentineme/220566605290

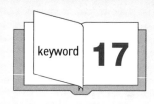

keyword 17 만족 모형[17]

Herbert, Simon *

　　만족화 모형(satisfying model)은 합리 모형의 한계점을 극복하기 위해 제시된 정책결정 모형으로 합리포괄 모형에서와 같은 완전한 합리성에 입각한 최적화 모형이 아닌 제한된 합리성(bounded rationality)에 기초하고 있다. 이와 관련하여 사이먼과 마치(Simon & March, 1958: 138-139)는 인간은 학습능력·기억능력·계산능력 등 각종 능력 면에서 제한을 받고 있기 때문에 최적의 대안을 선택할 수 없으며 어느 정도 만족스러운 대안이 나오면 그 수준에서 결정하게 된다고 주장하고 있다.

　　March와 Simon은 합리포괄 모형을 수정한 만족화 모형을 제시하였는데, 이 모형을 제한된 합리 모형이라고도 한다(March & Simon, 1958; Simon, 1948). 이 정책결정 모형에서는 개인의 합리성은 가정되어 있지 않다. 조직 내에서의 정책결정자는 전체 문제에 대한 일부분의 정보만을 가지고 정책결정에 임하므로 합리적 정책결정을 저해하게 된다는 것으로, 최대로 가능한 만족을 어느 정도 희생하여 대충 만족만 할 수 있는 정책결정을 한다는 것이다. 만족 모형의 기본적 가정을 살펴보면 다음과 같다.

---

* 출처: https://www.nobelprize.org/nobel_prizes/economic-sciences/laureates/1978/ simon-facts.html

첫째, 사람은 자신의 제한된 능력과 환경적 제약으로 인해 완전한 합리성을 발휘할 수 없다. 따라서 인간은 합리적으로 되고자 노력할 뿐이며 대안의 분석에 있어도 완벽을 기하려고 노력할 뿐이다.

둘째, 대안의 선택에 있어서도 최소한의 만족을 유지하지 못하는 경우가 계속된다면 그에 맞추어 대안의 선택기준을 낮추어 가게 된다.

셋째, 정책결정을 하는 사람의 가치관 등 심리적 성향에 의하여 형성되는 주관적 합리성이 정책결정의 기준이 된다.

마지막으로, 정책결정에서 탐색 활동은 만족을 줄 수 있는 대안을 찾는데 그 목적이 있다. 즉 주관적으로 좋다고 생각되는 대안을 선택하게 된다는 것이다.

✚ 그림 17.1 만족화 모형의 대안 선택 과정

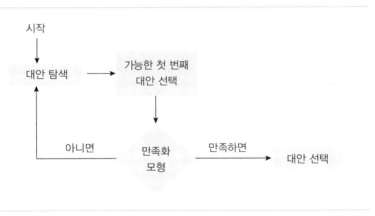

여러분이 노트북을 구매하는 결정을 한다면 모든 노트북을 다 대안으로 선택하기 보다는 광고에서 보거나 친구들이 사용하고 있는 몇몇 노트북을 대안으로 선택해서 각 대안을 비교하는데 만족할 것이다. 또 다른 예를 들어보면 학교 주변에 방을 구할 때 학교주변 뿐 아니라 온

시내의 복덕방에 다 들려서 몇백 개의 방을 대안으로 비교해 보지는 않을 것이다.

이 모형은 고전적 합리포괄 모형과는 달리 완전정보, 완전대안, 완전선호체제를 부인하고 정책결정 상황에서의 정보환경적 제약조건과 정책결정자의 심리적 제약조건 등을 강조하고 있다.

그러나 만족 모형은 다음과 같은 비판을 받고 있다(정정길, 1991: 399-400).

첫째, 최선의 대안이 아니라 만족할 만한 대안을 찾은 후에 대안 탐색을 중단하게 되면 검토되지 않은 대안 중에 훨씬 더 중요한 대안이 있을지 모름에도 불구하고 이를 간과하게 된다.

둘째, 만족 여부는 정책결정자의 기대 수준에 달려 있는데, 이 기대 수준 자체가 극히 유동적이므로 어느 것이 만족할 만한 대안인지를 객관적으로 판단하기 어렵다.

셋째, 일상적이고 중요성이 떨어지는 정책결정에서는 무작위적으로 대안을 고려하고 만족할 만한 대안이 있으면 대안의 탐색이 중단된다는 주장이 일리가 있지만, 예외적이고 중대한 정책결정에는 좀 더 분석적 결정이 이루어질 가능성이 크다.

keyword 18 연합 모형[18]

개인적 의사결정 모형	개인의 의사결정 연구	합리 모형, 만족 모형, 점증 모형, 혼합주사 모형, 최적 모형
집단적 의사결정 모형	집단의 의사결정(회의, 품의제 등)연구	**회사 모형**(조직 모형), 앨리슨 모형, 쓰레기통 모형, 흐름－창 모형, 사이버네틱스 모형, 자동화 결정 모형

출처: https://images.search.yahoo.com/search/images;_ylt

　연합 모형(coalition model)은 회사 모형(firm model) 혹은 조직 모형이라고도 하며, 사이어트(R. M. Cyert)와 마치(J. G. March)가 개발했다. 이 모형은 개인적 차원의 만족 모형을 한층 더 발전시켜 그것을 조직의 정책결정과정에 적용시킴으로써 만족 모형으로 설명할 수 있는 현상의 범위를 넓혔다는 데 가장 큰 의의가 있다(조석준, 1977: 266－268).

　조직을 개인과 집단의 연합체로 보고 기대, 욕구수준, 목표 간 갈등의 부분적 해결, 조직의 경험축적 등 여러 가지 개념을 동원하여 합리적 정책결정 모형을 수정하는 기술적 모형이 정립되었다. 이 모형을 정립한 Cyert와 March는 준거대상을 사기업조직으로 삼고 모형설정을 하였는데, 이들이 제시한 모형의 주요 내용을 다음과 같이 정리할 수 있다(Cyert & March, 1963).

　첫째, 조직은 불확실성을 피하려는 노력을 한다.

　둘째, 조직의 운용목표(operational goals)는 단일이 아니라 복수이다. 따라서, 대안선택의 기준은 여러 목표를 동시에 충족시켜 줄 수 있는 것이

셋째, 정책결정의 기준을 제시할 수 있는 운용목표는 조직이라는 연합체를 구성하는 사람들의 타협과 협상을 통해서 형성된다.

넷째, 조직은 성공과 경험 등의 과거 경험을 통해 성장하게 된다. 즉 조직은 과거의 경험에 비추어 목표를 수정해 나가는 것이다.

James G. March*

다섯째, 조직은 여러 목표를 충족시켜 줄 수 있다고 생각되는 대안이 나타나면 그것을 바로 선택해 버리는 경향이 있다. 또한 조사를 계속해도 받아드릴 수 있는 대안이 없으면 목표를 하향조정하게 될 것이다.

마지막으로, 대안의 조사에 편견이 개입하는 것이 보통이다. 즉 대안 조사를 하는 행동주체는 자신의 희망이나 지각 등을 반영해 탐색을 하기 때문이다.

이 모형은 조직의 정책결정에 조직의 목표와 문제의 우선순위에 관하여 의견을 같이하는 관리자들이 연합하여 최종해결안을 선택한다는 것으로, 정책결정과정에서 토론과 협상이 매우 중요한 구실을 한다는 것을 강조하고 있다.

조직의 행태를 경제적·시장 중심적 시각을 벗어나 조직의 구조·목표의 변동이나 기대의 형성과 선택의 관점에서 파악하려고 하는 것이 바로 연합 모형이다. 연합 모형에서는 목표가 서로 충돌하여 상호 갈등적 관계에 놓여 있는 단위 조직들 간의 갈등 해결이 정책결정이라고 본다.

이와 같은 연합 모형의 특징을 살펴보면 다음과 같다(김규정, 1986: 183).

첫째, 불확실성을 회피하려는 경향이 있다. 조직을 둘러싸고 있는 환

---

* 출처: https://www.gsb.stanford.edu/faculty-research/faculty/james-g-march

104 키워드로 보는 정책학

경은 유동적이므로 대안이 가져올 결과를 불확실한 것으로 보고, 조직은 단기적 전략과 환경과 타협함으로써 불확실성을 회피하려는 경향을 갖는다고 본다.

둘째, 문제 중심적 탐색이다. 조직은 문제가 등장했을 때에만 탐색을 시작하여 적절한 해결 방안을 찾는다.

셋째, 표준운영 절차(Standard Operating Procedure, SOP)를 중시한다. 조직의 정책결정은 조직이 존속해 오는 동안 경험적으로 터득한 학습된 행동 규칙인 표준운영 절차를 대개 따르고 있다.

이러한 연합 모형은 다음과 같은 몇 가지 비판을 받고 있다.

첫째, 이 모형은 이윤 추구를 목표로 하는 기업조직을 대상으로 하고 있기 때문에 공공 부문의 정책결정에 적용하는 데는 한계가 있다.

둘째, 이 모형은 표준운영 절차에 따르는 결정 방식을 채택하고 있다. 이는 상황이 안정적이라는 것을 전제하고 있는 것으로 급격한 변동 상황에 직면한 경우에는 적합하지 않다.

셋째, 이 모형은 권한이 광범위하게 위임되어 있고 자율성이 강한 조직을 전제로 하고 있으므로 권위주의적 조직의 정책결정에는 적용하는 데 제한이 있다.

점증 모형[19]

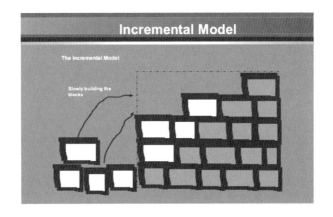

출처: https://images.search.yahoo.com/search/images;_ylt

점증 모형(incremental model)에서는 인간의 지적능력의 한계와 정책결정 수단의 기술적 제약을 인정하고 정책결정을 할 때 대안 선택이 종래의 정 책이나 결정의 점진적·부분적·순차적 수정 내지 약간의 향상으로 이루 어진다고 보고 있다. 따라서 정책결정 과정을 '그럭저럭 헤쳐 나가는 (muddling through)과정'으로 보고 있다(Lindblom, 1959: 79-88).

점증 모형에 의하면, 합리포괄 모형은 정책결정목표를 달성하기가 불가능하기 때문에 포기할 수밖에 없으며, 대신에 제한적 비교 또는 거 북이처럼 단계별(step by step) 연속적 점증주의의 전략에 의해 정책결정 이 이루어진다고 한다. 점증 모형은 주로 다원성을 가진 정치적·사회적 구조와 사회적 안정성과 같은 여건 하에서 실효성을 거둘 수 있으나, 근본적으로 보수주의에 기반을 두고 있으므로 쇄신이나 혁신을 요하는 사회에는 적용하기 곤란하다. 또한 정치적 다원주의가 지배하는 선진국에는 적용이 가능하나 결정자의 판단이 주요 정책에 크게 영향을 미치는 후진국에는 적용하는 데 한계가 있다는 점을 지적받고 있다.

CHARLES E. LINDBLOM*

점증적 모형이란 정책결정이 순차적, 부분적으로 진행되고 정책결정 과정에서 대안의 분석범위는 크게 제약을 받는다고 보는 모형이다 (Lindblom, 1959). 합리적 정책결정 모형과 크게 다른 이 모형은 현재의 상황을 바탕으로 정책결정에서 선택된 대안은 기존의 정책이나 결정을 점증적으로 수정해 나간다는 것이다. 예를 들어 정부 예산액의 결정에도 주로 점증주의적 방법이 적용되어 영 기준에서 시작해 전면적으로 예산을 짜는 영기준예산(zero-base budgeting) 방식보다는 전년도 예산에 몇 프로 정도만 증액하는 방식으로 결정된다.

점증적 모형을 제시한 Lindblom은 정부조직을 준거집단으로 하면서 몇 가지의 가정을 제시했다.

첫째, 목표 또는 실현할 가치를 선정하는 일과 목표실현에 필요한 행동을 분석하는 일은 서로 밀접한 관계를 맺고 있다. 즉 목표 또는 가치 기준은 정책대안의 선택에 앞서 확정하기 어렵기 때문에 정책대안의 선택과 목표확정은 병행하게 된다.

---

* 출처: http://www.gf.org/fellows/all-fellows/ charles-e-lindblom/

둘째, 합리적 모형과 달리 점증적 모형은 목표와 해결대안을 함께 선택해야 된다고 보기 때문에 목표와 수단을 구별하기가 어렵다.

셋째, 정책대안은 끊임없이 만들어지고 바람직한 목표도 끊임없이 변동되는 가운데 정책결정은 바람직하다고 생각되는 목표를 향해 접근해 가는 연속적인 과정이라 할 수 있다. 즉 정책대안의 비교와 선택은 순차적, 점증적으로 계속되는 것이다.

넷째, 어떤 정책(수단)이 좋은 정책인가를 판단하는 기준은 정책자체에 대한 관련자들의 합의사항이다. 합리적 모형에서는 목표에 대한 합의가 없으면 정책(수단)에 대한 평가기준이 없는 것으로 파악된다. 그러나 점증적 모형에서는 목표에 대한 합의가 없더라도 수단선택에 대한 합의는 있을 수 있고 수단의 평가는 합의 내용에 의존한다는 것이다.

다섯째, 점증적 접근방법에서는 정책결정의 단순화를 위해 고려요인을 의식적이고 체계적으로 축소시킨다. 정책결정을 체계적으로 단순화시키는 방법에는 ① 기존의 정책과 차이가 비교적 작은 정책대안들을 선택하여 비교하는 방법, ② 정책대안 실현이 가져올 수 있는 중요한 결과의 일부와 그에 결부된 가치를 고려하지 않고 무시해 버리는 방법 등이 있다.

최적 모형[20]

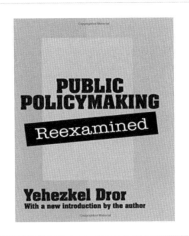

출처: https://images.search.yahoo.com/search/images;_ylt

　최적 모형(optimal model)이란 드로(Yehezkel Dror)가 제시한 모형으로 합리적 모형과 점증적 모형을 절충한 것으로, Dror가 정부기관의 주요 행동노선을 결정하는 정책결정과정을 준거대상으로 제안한 것이다(Dror, 1968).

　그는 점증 모형에 불만을 표시하면서 특히 과거에 선례가 없는 문제이거나 매우 중요한 문제의 해결을 위한 비정형적 결정시에는 경제적·합리적 측면 이외에 이러한 초합리성을 중요시해야 한다는 입장을 취하고 있다. 즉 정책결정자가 자원의 제약, 불확실한 상황, 지식과 정보의 부족 등으로 합리성의 정도를 높이는 데 제약이 따르므로 초합리적 요소가 개입되는데, 점증 모형이나 행태이론이 이를 경시하는 것은 잘못이라는 것이다(Dror, 1968: 154-196).

그리고 그는 단순히 현실적으로 이루어지는 결정만을 연구할 것이 아니라 언제나 이상을 갖고 가능성의 영역을 개척하기 위해 정책결정 방법은 물론 결정이 이루어진 후의 집행에 대한 평가 및 환류(feedback)를 계속하게 되면 결정능력이 최적 수준까지 향상될 수 있다고 주장한다(박동서, 1993: 253).

최적 모형은 정책결정과정의 쇄신과 가치관, 창의성 등의 초합리성을 강조한 이론 모형으로서 관심을 끌고 있으나 다음과 같은 비판도 받고 있다.

첫째, 초합리성의 본질과 합리성과의 관계가 불분명하다. 둘째, 초합리성이라는 것의 구체적인 달성 방법이 명확하지 않으며 오히려 지나치게 이상에만 치우친 모형이라는 것이다. 셋째, 정책결정시에 경제적 합리성을 지향하고 있으므로 정치적 합리성 등 사회적 과정에 대한 고찰이 미흡하다.

Dror는 합리포괄 모형이 주장하는 인간의 완전한 합리성을 비판하고, 점증적 모형에서 제시하는 인간의 비합리성을 전제로 미래에 대한 예측이 합리적 증거에 의해 이루어질 수 없다는 것 또한 비판했다. 즉 인간의 비합리성과 미래예측능력을 인정하면서 절충 모형을 제시한 것이다. Dror의 규범적 최적 모형은 계량적 측면과 질적인 측면을 구분하여 검토한 다음 이를 결합시키는 질적 모형이며 합리적 요인과 초합리적 요인을 함께 고려한 모형이라고 할 수 있다.

이러한 규범적 최적 모형의 기본적인 내용을 요약하면 다음과 같다. 첫째, 조직의 목표, 가치기준, 결정기준 등을 어느 정도 분명하게 규정하며 새로운 대안을 고려할 수 있도록 의식적으로 노력하고 개발을 촉진해야 한다. 둘째, 여러 대안이 가져올 결과를 자세히 분석하여 전략을 결정해야 한다. 셋째, 최적정책의 결정기준은 정책결정에 참석하는 사람들의 충분한 토론을 거친 후 합의하여 결정해야 한다. 마지막으로 이론과 경험, 합리적 방법과 초합리적 방법을 병행하여 사용하여야 한다.

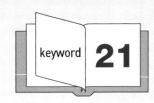

keyword 21 쓰레기통 모형[21]

쓰레기통 모형(garbage can model)은 사회 내의 신념 체계, 가치 체계가 바뀌거나 정치체제가 바뀌는 등의 좀 더 복잡하고 혼란한 상황, 즉 '조직화된 무정부 상태(organized anarchies)' 속에서 조직이 어떠한 결정 행태를 나타내는가를 설명하기 위한 모형이다 (Cohen, March, & Olsen, 1972: 1−25).

고도로 불확실한 조직 상황하에서의 정책결정양태를 설명하기 위한 모형이 쓰레기통 모형이다(Cohen, March, & Olsen, 1972: Daft, 1989: 372−376). 이 모형은 정책결정 상황을 고도로 불확실한 상황이라고 전제하고 이러한 상황을 '조직화된 혼란상태(organized anarchy)'라고 규정했다. 이러한 혼란상태는 세 가지의 중요한 요소를 포함하고 있다. 그 내용을 살펴보면 다음과 같다.

첫째, 문제와 해결책, 목표 등 정책결정의 각 부분들은 분명하게 규정되어 있지 않고 모호한 상태로 놓여 있다. 둘째, 정책결정과정에 참여하는 구성원들의 유동성이 심하다. 셋째, 정책결정에 적용할 인과관계에 대한 지식과 그 적용기술의 기초가 분명하지 않아 참여자들이 잘 이해하지 못한다.

쓰레기통 모형에서는 조직 내의 문제의 흐름, 해결책의 흐름, 참여의 흐름, 선택기회의 흐름 등이 서로 독립되어 있다고 본다. 이 모형에 있어 정책결정은 논리적이고 순차적인 방법으로 이루지는 것이 아니라, 큰 쓰레기통 속에 각기 독립적으로 흘러 다니는 흐름이 우연히 만났을 때 문제가 해결되는 것이다. 그러나 이러한 연결로 반드시 문제가 해결되는 것이 아니라 문제가 해결되지 않을 수도 있고 해결이 적절하지 못한 경우도 있다.

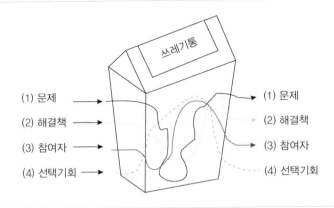

(1) 문제
(2) 해결책
(3) 참여자
(4) 선택기회

쓰레기통

(1) 문제
(2) 해결책
(3) 참여자
(4) 선택기회

출처: Cohen, Michael D, James G. March, Johan P, Olsen(1972). A Garbage Can Model of Organizational Choice, Administrative Science Quarterly, vol. 17, no. 1.

모호한 상황하의 쓰레기통 속에서 정책결정은 여러 양태가 나올 수 있지만, 첫째, 문제에 대한 해결방안을 찾지 못한 경우, 둘째, 선택된 대안으로 문제가 해결되지 못한 경우, 셋째, 문제가 없는데 해결책이 제안되는 경우 등이 있을 수 있다.

쓰레기통 모형은 극도로 불합리한 집단 결정에 대한 대표적인 이론 모형이라 할 수 있으며, 복잡하고 급격한 변화가 일어나는 상황을 설명하는 데 적합한 모형이라고 볼 수 있다. 쓰레기통 모형의 전제가 되는 조직화된 무정부 상태의 구체적 특성을 살펴보면 다음과 같다(Cohen, March, & Olsen, 1972: 16).

첫째, 문제성 있는 선호로서, 결정에 참여하는 사람들 간에 무엇을 선택하는 것이 바람직한지에 대해 합의가 없다는 점과 참여자 중에서 어느 개인 한 사람을 두고 보더라도 스스로 자신이 무엇을 좋아하는지조차 모르면서 결정에 참여하는 경우가 있음을 말한다. 둘째, 불명확한 기술로서, 정책결정에서 달성하려는 목표와 이를 달성하기 위한 수단

사이에 존재하는 인과관계인 기술이 불명확하다는 것이다. 즉 결정에 참여하는 사람이 목표를 명확히 알아도 무엇을 수단으로 선택해야 하는 지 잘 모르는 경우가 많으며, 이 경우에는 시행착오를 통해 운영되는 것이 보통이라는 것이다. 셋째, 일시적 참여자로서, 모든 결정과정에 참여하는 사람들은 그 자신의 시간적 제약 때문에 어떤 경우에는 결정에 참여하기도 하고 어떤 경우에는 참여하지 않기도 한다는 것이다.

앨리슨(Allison) 모형[22]

Allison 모형은 1960년대 쿠바 미사일 사태 연구를 계기로 기존의 합리포괄 모형이나 최적화 모형 등의 합리적 모형은 실제 집단적 의사결정을 충분히 설명하지 못한다고 보고 합리적 행위자 모형이외에 두 가지 대안적인 모형인 조직과정 모형과 관료정치 모형 등 3가지 모형을 비교 분석하고 있다.

Graham T. Allison[*]

정부를 잘 조정된 유기체로 보고 엄밀한 통계적 분석에 치중하는 결정방식을 합리적 행위자 모형(rational actor model)이라 하고, 느슨하게 연결된 준독립적인 하위 조직체들의 결정체를 조직과정 모형(organizational process model)으로 분류한 뒤, 정부를 상호독립적인 정치행위자들의 집합체로 가정하는 관료정치 모형을 제3의 모형으로 제시하고 있다.

합리적 행위자 모형은 정부를 잘 조직된 유기체로 보고 조직의 최고 지도자가 조직의 두뇌적 기능을 하며, 정책결정에의 참여자들은 모두가 국가 이익을 위한 정책을 수립하고 정책의 대안도 통계분석 등의 기법을 통해 합리적으로 선택한다는 이론이다.

합리적 행위자 모형의 특징은 정부조직을 조정과 통제가 잘 되는 유기체로 가정한다는 점, 정부 특히 최고지도자를 합리적인 의사결정 행

---

[*] 출처: http://www.nndb.com/people/445/000119088/

위자로 본다는 점, 조직의 목표 즉, 정부의 목표와 조직 구성원인 관료들의 목표가 일치한다고 가정하며 따라서 정책결정에 참여하는 조직 구성원들은 국가의 이익을 위해 합리적인 정책을 결정하는데 최선을 다한다는 점, 그리고 정책결정도 언제나 일관성이 유지된다는 점 등이다.

그러나 이러한 정책결정의 형태는 현실적으로 이루어지는 경우가 거의 없고, 다만 국방정책이나 외교정책의 결정에 있어서는 그 중요성에 비추어 이 모형에 가까워 질 때가 많음을 볼 수 있다

조직과정 모형은 정책을 조직과정의 산물로 보고 전개한 이론 모형, 즉, 조직과정 모형은 정부조직을 느슨하게 연결된 하위조직들의 집합체로 보고, 정책은 각 전문분야의 하위조직에서 작성된 정책대안을 조직의 최고관리층이 그 하위조직의 전문성을 믿고 그대로 거의 수정 없이 채택하는 것이라는 이론이다.

관료정치 모형의 특징은, 첫째로 정책결정의 주체를 정책결정에 참여하는 관료들 개인으로 보고 있다는 데 있다. 이점에서 정부를 단일 주체로 보는 합리적 행위자 모형이나 하위조직인 부처조직을 주체로 보는 조직과정 모형과 크게 구별된다. 둘째는 정책을 정치적 게임(game)의 결과로 파악하고 있다는 점이다. 이 논리에 의하면, 정책결정에 참여한 관료들 개개인이 서로가 자기에게 보다 유리한 방향으로 정책을 결정하기 위하여 정치적 게임의 규칙에 따라 상대방과 경쟁·협상·타협·지배 등을 하게 되며, 그 결과로 이루어진 산물이 정책이라는 것이다. 여기서 정치적 게임의 규칙이란 정책결정과정에서 협상·타협·지배 등에 필요로 하는 헌법·법률·판례·관행 등을 말한다.

✚ 표 22.1 앨리슨 모형

구분	합리 모형 (모형 I)	조직과정 모형 (모형 II)	관료정치 모형 (모형 III)
조직관	조정과 통제가 잘 된 유기체적 조직(잘 정비된 명령 복종 체계)	느슨하게 연결된 하위조직들의 연합체	독립적인 개개인 행위자들의 집합체
권력의 소재	최고지도자가 권력 보유(집권)	반독립적인 하부조직들이 분산소유	개인적 행위자들의 정치적 자원에 의존
행위자의 목표 및 갈등	조직 전체의 전략적 목표 (갈등 없음)	전체목표＋하부조직 목표 (하부조직 간 갈등의 불완전한 해결)	전체목표＋하위목표 ＋개인목표 중시 (개인 간 갈등은 정치적으로 해결)
목표의 공유감 및 구성원의 응집성	매우 강하다	중간	매우 약하다
정책결정의 양태(원리)	최고 지도자가 명령하고 지시 (동시적·분석적 해결)	SOP에 의한 대안 추출 (순차적 해결)	정치적 게임에 의한 타협, 협상, 연합, 흥정(정치적 해결)
정책결정의 일관성	매우 강하다	약하다	매우 약하다
적용계층 및 권위	전체계층에 적용가능, 공식적 권위	하위계층, 전문적(기능적) 권위	상위계층
합리성	완전한 합리성	제한된 합리성	정치적 합리성

출처: http://www.ggulpass.com/2015/09/2007 - 9_43.html

우리나라의 경우 대부분의 정책은 관료정치 모형이라 할 수도 있다. 예를 들어 보건의료정책은 Allison 모형에 따르면 관료정치 모형에 가깝다. 민주적 절차에 따른 투명한 의사결정보다는 힘에 의존한 밀실 결정이 많다.

keyword 23 집단사고(groupthink)[23]

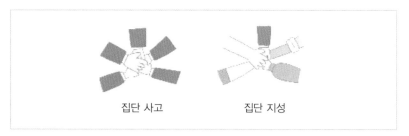

집단 사고　　　　집단 지성

1. 개념

여러 가지 정책결정 모형이 있는데도 불구하고 왜 최고의 엘리트 집단이 최악의 어리석은 결정을 할까? 어빙 재니스(Irving Janis)는 집단사고를 집단구성원들의 과도한 응집력, 외부 의견의 의견으로부터 단절되는 폐쇄성, 지시적 리더 그리고 정책대안 평가 절차의 부재 등의 구조적 결함, 그리고 마지막으로 높은 스트레스나 낮은 자존감 등의 상황석 원인 때문에 발생하는 것으로 설명한다.

집단사고는 3가지 조건에서 흔히 발생하게 된다. 첫 번째 조건은 집단 내의 높은 응집력(high group cohesiveness)이다. 두 번째 조건은 집단의 구조적 문제들로, 외부의견으로부터의 집단의 고립(insulation of group from outside opinions), 지시적인 리더(directive leader) 등을 특징으로 한다. 마지막 세 번째 조건은 위기 상황(crisis situation)으로, 외부 위협으로부터의 강한 스트레스나 리더의 의견 외에는 더 나은 해결책의 부재 상황 등을 특징으로 한다. 이러한 상황에서 집단구성원들은 리더의 의견에 반대하거나 리더와 다른 의견을 제시하기가 어렵고, 오히려 비합리적일 수 있는 리더의 의견을 보다 적극적으로 옹호하고 강화시키는 행동을 하게 된다.

이러한 원인으로 인해 집단사고의 경향성이 커져 집단의 능력을 과신하고 집단적 합리화를 통해 집단의 폐쇄성이 나타나고 동조압력과 만장일치라는 환상에 빠지는 집단사고의 증상을 보인다. 이러한 증상으로 인해 객관적이고 다양한 정보 탐색에 실패하고, 정책대안 비교 평가 절차의 미흡함으로 적절할 정책대안을 고려하지 못하는 비합리적 정책결정을 하게 된다는 것이다.

그 결과, 결함 있는 의사결정에 이르게 되는데, 대안에 대한 불충분한 조사, 목적에 대한 불충분한 검토, 선호된 선택의 위험성에 대한 검

+ 그림 23.1 집단사고의 과정 모형

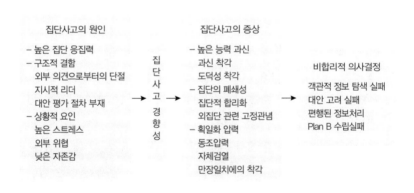

출처: Janis, Ian(1982). Groupthink: Psychological Studies of Policy Decisions and Fiascoes.

토 부족, 대안의 재평가 실패, 불충분한 정보 탐색, 이용가능한 정보에 대한 편의적인 처리, 상황적 계획(contingency plans)의 수립 실패 등의 결과를 보인다.

2. 집단사고의 대표 사례

다음은 자주 인용되는 집단사고의 사례들이다. 이 사례들은 모두 집단 내에 존재하는 동형화에 대한 압력에 의해 합리적인 결정이 이루어지지 못한 사례들이다. 이 비극적인 사례들을 연구한 학자들은, 이 사례들이 집단사고에 의한 의사결정의 결과를 보여주는 것이라고 주장한다.

┌─ 사례 ─┐ 🖉

미국의 Kennedy 대통령은 1961년에 쿠바에서 추방된 쿠바인들을 군사훈련시켜, 당시 대치상태에 있던 쿠바 공격을 감행하였다. 이 작전의 목적은 미군의 직접 침공이 아닌, 쿠바인에 의한 내전 형식으로 쿠바정부를 전복시키는 것이었다. 미국의 의사결정자들은 열띤 토론 끝에 쿠바의 Bay of Pigs라는 곳을 침공 지점으로 정하고 쿠바 추방인들을 상륙시켰지만, 2일만에 모두 포로로 잡혀, 이 작전은 완전한 실패로 돌아갔다. Bay of Pigs는 늪지대였다. 군사작전의 전문가들이 모여 수개월간 침공 작전을 수립했지만, 왜 하필 늪지대를 침공지로 선택하고, 결국 작전을 실패하게 했을까?

┌─ 사례 ─┐ 🖉

지난 1986년 1월 28일 아침, 미국 NASA는 이미 한차례 발사연기를 했던 Challenger호를 발사했다. 이 우주왕복선에는 모두 7명의 우주비행사가 탑승하고 있었는데, 그 중 한명은 인간의 우주비행 역사상 최초의 민간인인 뉴햄프셔주 선생님으로 있던 Christa McAuliffe였다. 모두의 기대와 흥분을 모았던

Challenger호의 발사는 발사후 73초만에 Challenger호가 폭발하면서 비극으로 마무리됐다. 물론 탑승했던 우주비행사 7명은 모두 사망했다. 발사 당일은 영하의 추위였고, 이러한 상황에서 O-Ring의 seals이 불완전할 수 있다는 집단 내 목소리는 우주선 발사에 대한 기대와 염려에 휩쓸려 제대로 논의되지 못했다.

2. 집단사고 방지 방안

집단사고에서 오는 결함 있는 의사결정을 막기 위해서 여러 가지 방안이 제시되었다. 그 중 대표적인 것으로는, 외부와의 지속적 교류방안 확보, 일치에 대한 집단압력의 감소 방안 마련, 비판적 평가자의 배치, 리더의 불편부당성 확보, 리더의 선호나 기대 비천명, 동일 사안을 다루는 독립적 집단의 설치, 세부집단화, 외부전문가의 조언 등이 있다.

정책흐름 모형(policy stream model)[24]

Kingdon(1984)이 제시한 정책흐름 모형은 정책의제가 설정되는 과정을 설명하기 위한 이론이었으나, 오늘날 정책결정과정과 변동과정에도 적용되고 있으며 특히 최근 한국의 다양한 정책을 대상으로 이의 결정 및 변동과정을 설명하는 학자들에 의해 다양하게 사용되고 있다.

이 모형은 정책문제의 흐름(problem stream), 정치의 흐름(political stream), 정책대안의 흐름(policy stream)이 각각 아무런 관련없이 자신의 고유한 규칙에 따라 흘러 다니다가 결합하여 정책의제가 설정되거나 정책결정이 이루어진다는 이론이다. 구체적으로 정책문제의 흐름에서는 흘러 다니던 사회문제 중 어떠한 문제가 정책결정자의 관심을 얻게 되는지에 초점을 두고 있으며, 이에 주로 지표, 사건이나 위기, 환류 등이 영향을 미친다고 본다.

둘째, 정치흐름에서는 정권 교체, 여론 변화, 이익집단의 압력 등에 영향을 받아 정책의제의 우선순위가 변경되거나 새로운 의제가 등장하게 된다. 셋째, 정책대안의 흐름에서는 이익집단의 개입, 정책 공동체의 존재 정도, 정책활동가 또는 선도자(policy entrepreneur)의 활동 정도에 영향을 받는다. 이와 같은 세 개의 흐름은 개별적으로 흘러 다니다가 정치적 사건이나 대형 위기와 같은 초점사건(focusing event)의 발생을 계기로 만나게 되는데, Kingdon은 이렇게 흐름이 결합하는 현상을 정책의 창(policy window)이 열린 것으로 표현한다. 이상에서 살펴본 Kingdon의 정책흐름 모형은 앞서 살펴본 쓰레기통 모형을 수정하였다는 점에서 그 내용이 일견 유사하다.

출처: Kingdon, J. W(1984). Agendas, Alternatives, and Public Policies, Boston, Little Brown & Co. 수정 보완함.

Kingdon 모형을 좀 더 구체적으로 살펴보면 정책변동을 설명하기 위해 1984년 다중흐름 모형(MSF)을 제시했다. 이는 정책문제흐름(policy problem stream), 정책대안흐름(policy alternative stream), 정치흐름(political stream), 정책변동의 창(window of policy change), 정책산출(policy output), 그리고 정책변동(policy change) 등으로 구성된다(행정학 전자사전; Kingdon의 다중흐름 모형, 양승일).

1. 3가지 과정의 흐름

3가지 과정의 흐름은 정책문제흐름, 정책대안흐름, 그리고 정치흐름이다. 이들이 하나로 결합될 때, 정책변동의 창이 열리는데, 이들 3가지 흐름은 대체적으로 상호독립해서 진전되고 작용하지만 상호영향을 미치면서 진행되기도 한다. 따라서 이들 흐름이 절대적으로 독립되어 있다는 것은 아니다.

한편 Kingdon에 의하면 정책문제흐름은 지표의 변동, 위기 또는 재난 등으로 인해 발생하며, 정책대안흐름은 정치체제의 분화정도, 정책가의 활동, 이익집단의 개입 등에 의해 나타난다. 그리고 정치흐름은 정권교체, 국회의석 수의 변화, 국민적인 분위기 등에 의해 나타나는데, 현실적으로 정책변동의 창은 정치흐름에 의해서 열리게 되는 경우가 많다. 정책참여자들이 문제를 인지하고 대안을 준비하고 있을 때, 결정적인 정치흐름이 나타나 창을 여는 것이다. 특히, 정권교체는 가장 눈에 띄고 광범위한 정치흐름의 변화이다.

2. 정책(변동)의 창

정책(변동)의 창이 열렸다는 것은 특정정책을 지지하는 정책참여자들이 그들이 선호하는 해결책을 강요하거나 자신들의 특별한 문제에 관심을 기울이도록 압력을 행사하여 정책변동의 기회를 맞이하였다는 것을 의미한다.

창은 예측가능하게 열리기도 한다. 예산심의나 국정감사와 같은 예정된 의정 활동이 좋은 예이다. 반면, 창은 예측할 수 없는 우연한 사건에 의해서 열리기도 한다. 우연한 사건은 특정의 정책문제에 심각성을 더하게 하고, 결정적으로 정책참여자들에게는 그 문제에 그들이 개발해 놓은 정책대안을 해결책으로 제시할 수 있는 절호의 기회가 오게 되는 것이다. 예를 들어, 오일쇼크로 인한 주유소 앞의 긴 차량행렬이 정부의 주의를 집중시키게 되면, 각종 이익집단들(대중교통, 철도, 에너지관련 단체)은 자신들의 정책을 에너지자원 부족이라는 문제에 최선의 해결책으로 포장하고 제시한다. 또 다른 사례로 대형 비행기사고는 안전항공운행에 관심이 있는 집단에게 또 하나의 정책변동의 창을 열어주게 된다(행정학 전자사전; Kingdon의 다중흐름 모형).

킹던의 모형에 따라 한류현상을 해석해보면 내적 요인으로 한류 자체의 경쟁력, 외적 요인으로 해외시장의 상황, 개인적 요인으로 방시혁이나 양현석, 이수만, 방탄소년단 등, 그리고 정책적 요인으로 정부의 문화 정책적 지원 등을 의미한다. 이 4가지 흐름이 평소에는 별다른 연관성 없이 각기의 논리대로 흐르고 있다가 하나로 합류하면 거대한 성공의 정책창이 열리게 될 수도 있다.

여기서 이러한 4가지 흐름들이 어떻게 합류할지를 예측하는 것은 수많은 구성요소들이 순환고리적 상호작용을 통해 창발적인 패턴을 만들어내는 복잡계의 특성상 불가능하다. 조용필, 서태지 그리고 방탄소년단이 정부의 문화정책으로 만들어지는 것은 아니다.

방탄소년단의 폭발적 인기를 복잡계 이론적 측면에서 다음과 같은 여섯 가지 단계를 거쳐 지금의 인기를 얻었다고 설명할 수 있다.

① 전 세계 청소년들 사이에는 공명장이 형성되어, 혼돈의 가장자리(the edge of chaos)인 전환점에 빠져들었다. 전환점(tipping point, 혹은 분기점)이란 어떠한 현상이 서서히 진행되다가 작은 요인으로 한순간 폭발하는 것이다. 쉬운 예를 들면 바닷가 모래 더미 위에 모래 한 줌을 올려놓으면 모래 더미가 와르르 무너져 내리는 임계점(critical point)을 말한다. 방탄의 인기가 서서히 전 세계적으로 누적되어 나가다가 미국에서의 데뷔 이후 급격히 그 인기가 폭발한 현상이 이에 해당된다.

② 외부에서 K-con이나 윙즈 투어(Wings Tour) 개최라는 에너지의 유입 또는 충격이 있었다.

③ 이미 K-pop을 사랑하던 사람들이 모여 원조 아미가 만들어 졌다.

④ 원조 아미에 참여한 사람들 간에 편차증폭 순환 고리(positive feedback loop)가 생기면서 수확체증의 법칙이 작동했다. 일반적으로 토지, 노동, 자본과 같은 생산요소는 '수확체감의 법칙'이 적용된다. 즉, 생산요소를 증가 투입시키면 한계 생산물이 지속적으로 감소한다. 그러

나 문화콘텐츠 등과 같은 지적 자본은 오히려 수확체증의 법칙이 적용된다.

예를 들면, 기업의 종업원이 업무를 처리하는 과정에서 얻은 지식이나 노하우는 그것을 쓸수록 더 발전하고 새로운 노하우를 발견하는 토대가 된다. 왜냐하면 지적 자본은 제한된 자원이 아니기 때문에 기존의 지식과 경험 등에 의해 무한히 새로 개발되기 때문이다.

또한 조직성원들과의 지식 공유 등을 통해서 시너지효과가 발생, 새로운 지식이나 노하우 등이 창조될 수 있기 때문이다. 지적 자본의 개발, 통제는 정보화시대에 더 높은 생산을 위한 중요한 요소다.

⑤ 원조 아미들 사이에 자기조직화(self-organizing) 현상이 일어나고, 그 결과로 작은 프랙탈(fractal)이 창발(emergence)했다.

⑥ 원조 아미들에서 시작된 작은 프랙탈은 주변의 다른 국민들과 공명하고 BTS의 좋은 노래와 공연이 공진화(co-evolution)하면서 더욱 큰 프랙탈로 확대 재생산되었다(최창현, 2018).

keyword **25** 딜레마이론[25]

1. 딜레마와 딜레마이론

행정의 영역과 영향력이 확대될수록 정부의 결정이 중요한 의미를 갖지만 결정은 그만큼 어려워진다. 주어진 선택 상황에서 결정자들이 겪는 어려움을 설명하는 다양한 이론이 있는데 그 이론 가운데 하나가 이도저도 못하는 양자택일 상황에서 의사결정자에게 부닥친 선택의 어려움을 표현하는 딜레마 상황에 대한 이론이다.

딜레마(dilemma)란 '의사결정을 해야 할 정책결정자가 선택을 하지 못하고 있는 곤란한 상황', '이럴 수도 저럴 수도 없는 상황' 또는 '두 개의 똑같이 매력적인 대안 중에서 하나만을 선택해야 하는 상황'을 말한다. 또는 '두 개의 대안이 존재할 때, 두 개의 대안을 동시에 선택할 수 없으며, 그 중 한 개의 대안을 선택하기도 곤란하지만, 제한된 시간 내에 선택을 하지 않을 수 없는 상황'을 의미한다.

어떤 상황이 딜레마가 되기 위해서는 여러 가지 조건들이 필요하다. 이종범 외(1994)는 시간의 제약, 두 개의 대안, 표상화된 대안, 대안들 간의 단절성, 대안들 간의 비교불가능성, 어느 정도의 기회손실, 선택의 곤란성 등을 제시하였다. 소영진(1999)은 이를 수정하여 대안들의 단절성, 대안들 간의 상충성, 대안이 가져올 결과가치의 균등성, 선택의 불가피성 등을 딜레마가 되기 위한 본질적 구성요소로 정리하였다.

첫째, 대안들이 단절적이라는 것은 딜레마 상황을 구성하는 대안은 두 개여야 하고 그것들은 서로 절충이 불가능하다는 것이다. 둘째, 단절적인 두 개의 대안은 서로 상충적(trade-off)인 상태로 존재한다. 한 대안을 선택하는 행위와 다른 대안을 포기하는 행위가 동시에 발생한다. 셋째, 두 개의 대안이 가져올 결과가치의 크기는 균등해야 한다. 결과가치가 불확실하거나 애매하더라도 결정자가 어느 하나를 선택할 근거를 찾지 못하는 상태가 균등한 상태이다. 넷째, 딜레마 상황은 시간의 제약이 존재하기 때문에 어떤 식의 결정이든 해야 하는 상황이다. 여기에 현실적으로 정부의 결정은 다양한 이해관계자들 간의 상호작용을 토대로 이루어지기 때문에 각 대안을 지지하는 행위자들 간의 갈등 상황이 포함되어야 한다.

정책결정상의 어려움은 여러 방향에서 다차원적으로 발생할 수 있다. 그러나 딜레마 개념에는 의사결정자의 의사결정능력의 한계에서 오는 문제나, 부족하거나 정확하지 못한 정보에서 비롯되는 경우는 포함시키지 않는다. 딜레마 상황이란 순수하게 대립적인 가치 간의 갈등과 대립으로 의사결정이 곤란한 경우만을 대상으로 한다. 두 가지 대안에 연계된 기회 손실과 비교 불가능성의 논의에 초점을 둔다는 의미에서 딜레마이론은 정책결정을 돕는 과학적 처방을 위한 분석틀이라고 할 수 있다. 딜레마이론은 딜레마 상황의 정의와 구분, 딜레마 상황의 구성요소 그리고 딜레마 상황에서의 정책결정자의 대응방법에 관한 일련의 이론적 논의를 포함한다.

2. 딜레마 상황을 구성하는 현실 조건들

1) 대안의 상징적 성격

딜레마 상황에서 단절적인 두 대안의 충돌이 크게 인식되는 원인은 그 대안들이 가지고 있는 상징적 성격 때문이다. 대안의 상징성이 높으면 대안이 가지고 있는 여러 가지 특성들 가운데 한두 개의 특성만 은유적으로 부각된다. 다양한 평가기준이 무시되고 각자가 생각하는 기준들만 가장 중요한 기준으로 등장한다. 따라서 어떠한 상징에 대한 찬성과 반대의 입장이 갈리면 그 입장은 양극화되는 경향이 있다. 그리고 대안이 가지고 있는 단절적인 성격을 강화시키며 진영 간의 타협과 조정을 힘들게 만든다.

2) 결과가치의 성격

결과가치는 대안이 가져올 미래 상태, 즉 대안의 채택으로 인해 시스템이 얻게 될 편익을 의미한다. 준거틀이론에 따르면 상황을 유리하게 보는가 아니면 불리하게 보는가 하는 관점의 차이에 따라 행동양식이 달라진다. 만약 현재의 상황이 이익이라고 생각되면 모험을 회피하는 결정을 하고, 손실이라고 생각하면 모험을 감수하는 결정을 한다. 동일한 문제 상황이라고 해도 그것을 이익으로 규정하는가 아니면 손해로 규정하는가의 여부에 의해 정반대의 결론을 내린다는 것이다. 그러므로 동일한 딜레마 상황이라 하더라도 문제 상황이 부정적인 것으로 인식되어 있을 때의 강도가 더 크다고 할 수 있다.

결과가치의 부정성 못지않게 딜레마의 강도에 영향을 미치는 것은 결과가치의 크기이다. 가치 중에 다른 가치와 맞교환할 수 없는 보호된 가치(protected value)가 존재한다. 보호된 가치는 경제적 가치와 교환이 안 된다. 예컨대 인간의 생명을 보호하는 가치, 사유재산을 보호하는 가치, 공동체의 선을 추구하는 가치 등은 다른 어떤 가치들보다 근원적이다. 딜레마 상황을 대변하는 대안들이 보호된 가치들 간의 충돌을 토대로 할 때, 다른 어떤 딜레마보다 강도가 크다고 할 수 있다.

3) 행위자의 성격

대안의 상징성과 결과가치의 부정성이나 보호된 가치 성격 못지않게 영향을 미치는 것은 행위자들 간의 대립이다. 특히 대립집단이 가지고 있는 응집력은 현실의 정책 상황을 딜레마로 빠지게 하고 또 딜레마의 강도를 크게 만드는 중요한 변수이다. 대립집단의 응집력이 강할수록 요구의 내용이 구체적이며 정책결정자에게는 운신의 폭을 좁게 하기 때문에 결정의 어려움이 커진다.

행위자들 간의 갈등은 감정이 개입되기 때문에 맹목적인 반대에 바탕을 둔 대립이 많다. 따라서 대안이나 가치의 충돌보다 행위자의 충돌이 딜레마의 강도에 더 큰 영향을 미칠 수 있다. 문제 상황이 가치가 아니라 행위자들 간의 대립으로 구성되었을 때에 일관성 있는 결과를 발견하기 힘들다. 행위자들은 자신의 이해관계를 주장하는 과정에서 가치를 동원하고 만들어내며 그것을 적극적으로 활용한다.

4) 문제 상황의 특성

딜레마 상황은 현재의 상태와 새로운 상태 간의 충돌이거나 두 개의 새로운 상태들 간의 충돌에서 발생하는 딜레마일 수 있다. 전자는 현재의 시스템에 변화를 가져올 수도 있는 상황과 관련된 '존재론적 딜레마'이기 때문에 변화에 대한 인식이 중요한 반면, 후자는 이미 현재의 상태의 변화를 전제로 하는 '인식론적 딜레마'로서 변화의 대상인 대안들 간의 우선순위에 대한 인식이 더 중요하다.

두 가지 상황 가운데 존재론적 딜레마 상황이 몇 가지 이유에서 의사결정자에게 더 큰 부담이 된다. 첫째는 매몰비용효과 때문이다. 존재론적 딜레마의 경우, 현재 상태를 포기하고 새로운 상태를 선택했을 때

의 기회비용 또는 기회손실을 생각하기 때문에 매몰비용이 중요한 고려
사항으로 결정의 어려움이 가중된다. 둘째는 전경과 배경효과(figure and
ground effect) 때문이다. 존재론적 딜레마는 대부분 새로운 대안을 채택할
것인가 아닌가의 문제 상황으로 구성되는데, 새로운 대안은 전경처럼
두드러지고 채택되지 않은 상황은 배경이 되어 가라앉는다. 현재 상태
를 유지하는 것은 새로운 상황을 반대하는 모든 이유를 종합해 놓은 것
이다. 존재론적 상황에서는 현재 상황과 새로운 상황의 비교와 새로운
상황들 간의 비교라는 두 가지 고민이 함께 존재한다. 셋째는 애매성 효
과 때문이다. 존재론적 딜레마는 채택되지 않은 상황이 배경으로 존재
하며 반대의 모든 이유나 근거들을 종합해 놓은 상태이다. 따라서 주어
진 현상에 대한 해석과 이해가 애매하기 때문에 여러 가지의 해석이 공
존하고 특정 대안에 반대한다고 할 때 그 반대의 범주가 훨씬 넓다.

3. 딜레마 상황에서 정책결정자의 대응

조직이나 시스템이 딜레마 상황에 처해 있을 때, 혹은 조직이나 시스템
의 방향을 정하는 의사결정자가 딜레마 상황에 빠져있을 때, 어떤 식의 대
응이 가능한가? 논리적으로 두 가지 범주의 대응을 생각해 볼 수 있다.

1) 비선택(non - selection)과 관련된 대응

비선택은 주어진 시간 내에 결정자가 의사표시를 하지 않는 상황이
다. 비결정의 범주에는 크게 결정시점의 지연과 결정책임의 포기를 들
수 있다. 지연은 딜레마 상황의 가장 큰 제약조건인 주어진 시간을 늘리
는 방안으로서 딜레마에 대한 잠정적 해결방안이 될 수 있다. 지연이 장
기화된다면 상황의 변화를 통해 딜레마가 자연스럽게 해소될 수도 있으

나 그것은 결정의 책임과 결정자에 대한 신뢰를 약화시킬 수 있기 때문에 소극적이고 잠정적인 수단일 수밖에 없다.

포기는 결정 상황에 대한 압력을 버티지 못하고 결정자가 스스로 그 상황을 벗어난 것이다. 결정의 권한을 다른 행위자에게 넘겨주는 상황, 즉 결정책임의 전가 역시 결정자의 입장에서는 포기가 된다. 지연과 포기는 딜레마 상황에서 오는 어려움을 줄일 수 있지만 그것이 되풀이되거나 장기화될 경우 시스템의 결정체제에 대한 불신을 초래할 수 있다. 따라서 잠정적이며 제한적인 반응에 불과하다.

2) 선택(selection)과 관련된 대응

대안을 선택하는 과정에서 예상할 수 있는 행동의 범주로 크게 세 가지를 들 수 있다. 첫째는 내려진 결정에 대한 재검토와 철회이다. 특정 대안에 대한 반발의 수준이 아주 높아질 때 결정을 재검토하거나 심한 경우 철회까지 하게 된다. 재검토와 철회가 주기적으로 되풀이되면 정책은 비일관적 정책이 된다.

둘째는 선택된 대안의 정당성을 높이기 위한 상징적 행동이다. 딜레마 상황에서 어떤 결정을 내리는 것은 정보처리나 지식의 습득이라기보다는 사회심리적인 만족감을 만들어내는 행위와 밀접한 관련이 있고, 이와 같은 만족감과 밀접한 관련이 있는 것이 상징적 행동이다. 딜레마 상황에서 상징은 이해관계자들의 저항을 감소하고 대안 선택을 할 때 나타나는 기회손실을 최소화할 수 있다.

셋째는 정책결정의 결과를 집행할 때 형식적으로 집행하는 것이다. 제도의 집행으로 인한 기회손실의 인지가능성이 높아질수록, 그 기회손실이 고객집단에게 중요할수록, 기회손실을 부담할 고객집단이 조직화되어 있을수록 제도는 형식적으로 되기 쉽다.

4. 딜레마의 예방과 관리

딜레마 상황이 장기화되면 사회적 갈등이 높아지고 불필요한 비용이 추가된다. 따라서 딜레마를 예방하거나, 발생하더라도 그 피해를 최소화할 수 있는 관리방안이 필요하다.

1) 분해와 재규정

딜레마를 예방하고 관리하는 방법 중 하나는 분해와 해체이다. 분해는 어떤 시스템이나 상황을 구성하고 있는 요소들을 서로 분리시키는 것이다. 딜레마 상황이 되기 위해서는 복수의 행위자가 상이한 결과가치를 주장하면서 상이한 대안을 지지하고 있어야 한다. 분해의 방법은 행위자와 결과가치와 대안의 연결고리를 끊는 것이다.

딜레마를 관리하는 두 번째 방법은 재규정 또는 재구성이다. 재규정은 인지적이고 상징적인 방법을 통해 문제 상황에 대한 인식을 수정하는 것이다. 재규정을 통해 딜레마 상황에서 행위자, 대안, 가치의 충돌을 완화할 수 있다. 예컨대 갈등관계의 두 행위자가 다른 측면에서 보면 중요한 협동행위자라거나, 충돌하는 두 개의 대안이 제3의 대안으로 묶일 수 있다는 점을 새롭게 인식시키는 등 대안 선택의 준거 틀을 바꾸면 딜레마 상황의 어려움은 줄어든다.

2) 토론장치의 설계

분해와 재규정이 가능하기 위해서는 딜레마 상황에 대한 자유롭고 적극적인 토론장치가 필요하다. 관련되는 행위자뿐만 아니라 시스템의 결정을 책임지는 결정자까지 토론과정에 참여하고 자신들의 견해를 합리적으로 밝힐 수 있어야 한다. 공정하고 개방된 토론은 특히 서로의 가치가 충돌하기 때문에 발생하는 결정의 어려움을 어느 정도 예방하고 관리할 수 있다.

대립집단 간의 갈등을 힘의 충돌이 아니라 서로 다른 가치나 입장들이 토론을 거치며 경쟁할 수 있는 상황으로 조성하기 위해서는 합리적인 제도의 설계가 필요하다. 공공 의사결정과 집행 상황에서는 참여자들이 자신의 견해를 밝히고, 상호작용을 통해 이견이 조정되며, 그것들이 공개적인 검증을 거쳐 합의안 형태로 정리되고, 일단 합의안을 수용한 후에는 승복하는 과정이 제도화되어야 한다.

시차이론[26]

1. 시차적 접근의 의의

시차적 접근(time lag approach)은 '인과관계에는 시간적 간격이 개입하므로 어떤 원인변수가 결과변수를 가져오는 데에는 일정한 시간(time)이 흘러야 한다는 것'이다. 따라서 행정현상을 파악할 때 다음과 같은 문제인식이 요구되며 정책평가나 행정개혁 등을 추진할 때에도 이러한 시간적 고려 없이는 올바른 정책평가나 개혁정책을 추진할 수가 없다는 것이다.

첫째, 원인이 변한 후 얼마만큼의 시간이 경과한 후의 결과를 고려할 것인가?

둘째, 원인과 결과변수가 계속 변할 때 원인변수의 작동시점이 달라지면 인과관계는 어떻게 될 것인가?

셋째, 다수의 원인이 작용할 때 원인변수들의 작동순서가 결과에 어떤 영향을 미칠 것인가?

2. 시차이론의 특징

시차이론은 하나의 정형화된 이론 모형으로 존재하는 것은 아니며 그 내용이 지속적으로 확대되고 있다. 그 주요내용은 제도적 요소들의 도입 선후관계가 달라짐에 따라 그 결과가 엄청난 차이를 보인다는 것으로 제도의 요소들을 원인변수로 하고, 우리가 의도하는 효과달성을 결과변수로 할 때, 원인변수들의 작동순서가 인과관계 자체를 완전히 좌우한다는 것이다. 원인변수들의 작동의 선후관계(sequence)가 원인변수와 결과변수 간 인과관계에서 결정적인 영향을 준다는 것이다. 화학적 인과관계를 예로 들어 보면, "나트륨에 염소를 첨가하면 소금이 되고, 이에 물을 집어넣으면 소금물이 된다. 그러나 나트륨에 먼저 물을 첨가하면 폭발이 일어난다. 그런 후에 염소를 가하면, 전혀 다른 결과물이 발생한다"는 것이다.

원인변수와 결과변수의 변화과정과 성숙 단계 등 역사적 요인(history)이 이론적 인과관계의 강도뿐만 아니라 방향까지도 변화시킨다. 따라서 정부의 동일한 개입전략도 제도와 정책의 성장 시기에 따라 전혀 다른 결과를 초래한다. 결과변수의 변화과정과 성숙 단계에 따라 동일한 원인변수에 대해서도 상이한 결과가 나타나며, 동일한 원인변수들도 원인변수들의 변화과정과 성숙 단계의 차이에 따라 결과변수에 미치는 영향은 크게 다르게 나타난다는 입장이다.

3. 시차이론의 함의

결국 시차이론에 따르면, 행정개혁이나 정책평가의 실패는 사회과학적 인과법칙에서 중요한 비중을 차지하는 시차적 요소에 대한 적절한 고려가 배제되었기 때문에 발생한다고 본다. 따라서 시차이론이 제시하는 정책평가나 개혁정책에 대한 실천적 함의는 다음과 같이 두 가지로 요약된다.

1) 시차적 접근방법

정책평가나 개혁정책 추진 시 제도의 구성요소들 간의 내적 정합성 확보가 필요하다. 정합성이란 구성요소들 간에 상호 모순이 없는 관계를 말한다. 이를 위한 하나의 내안으로서 각기 상반된 가치를 동시에 각기 상이한 하위체제에 분담시키는 분업화의 원리를 적용함으로써 부분최적화(local optimality)를 추구하는 방안이 있으며, 보다 근본적인 또 다른 대안으로서 시간적 차이를 두고 제도가 지향하는 우선적 가치를 변경시키는 시차적 접근방법이 있다.

여기서 시차적 접근방법이란 개혁적 제도 도입 시 주도적 가치와 부수적인 가치를 구분하여, 제도의 핵심적 요소가 추구하는 주도적 가치가 부수적 가치에 비하여 시대적으로 절실하다면 그 가치를 실현시킬 수 있는 제도의 핵심요소를 우선적으로 도입한 후 부수적인 가치를 지향하는 보완적 요소(선행조건이나 보상조건)를 나중에 도입한다. 그러나 만약 부수적인 가치도 주도적 가치 못지않게 중요하다면 보완적 요소를 먼저 또는 최소한 동시에 고려하여야 한다는 논리이다.

2) 성숙기간의 필요

사회과학의 인과이론은 민주적 리더십이 조직의 생산성을 향상시킨다, 중산층이 되면 정책순응도가 높아진다 등 대체로 정태적 형태를 가지나, 여기에는 중요한 동태적 전제가 있다. 사회과학의 정태적 인과이론은 항상 적용되는 것은 아니며, 원인변수가 충분히 성숙되었을 경우, 즉 장기균형상태에 도달하였을 경우의 원인변수와 결과변수의 관계를 의미한다는 것이다.

이러한 논의의 실천적 함의로서 새로운 제도나 정책이 도입되면, 기대하는 효과를 얻기 위하여 충분한 성숙기간을 두어야 한다. 정책평가 또한 충분한 시간이 흐른 다음 평가하여야 한다. 정책과 제도를 수시로 바꾸는 것은 성과보다 비용을 크게 지불하게 만든다. 즉, 제도개혁이나 정책평가 시 원인변수와 결과변수의 성숙도와 변화과정에 대한 시간적 고려가 반드시 필요하다는 것이 시차적 접근이 제시하는 함의이다.

정책분석[27]

분석과정에서는 여러 학문 분야의 이론과 기법을 동원하게 된다. 즉, 행태 과학(behavioral science)을 비롯하여 행정학·사회학·철학·윤리학·체제분석·응용수학 등에서의 이론과 기법을 빌려 분석하게 된다.

이러한 정책분석 기법에는 정책분석, 관리과학, 체제분석 등이 대표적이다. 이들 과목은 별도로 연구·강의되고 있으며, 학문의 범위, 방법, 절차, 기법 등 유사한 점이 많다.

관리과학(management science)은 한마디로 정의하기 어렵지만, 운영연구(operations research), 체제분석(systems analysis) 등과 혼용하여 사용하기도 한다. 관리과학은 계량적 기법에 치중하고, 계량적 분석에 입각하여 분석자의 가치판단에 따라 처방을 제시한다.

관리과학(OR: 운영연구)은 1941년 군사작전의 효율화를 기하기 위하여 개발된 분석기법으로 문제 해결이나 의사결정에서 최적 대안을 탐색하는 데 활용되는 과학적·계량적 분석기법이다. OR이란 용어는 1939년 이후 제2차 대전 당시 영국군대의 작전연구에서 처음 사용된 것으로 의사결정문제의 분석에 있어서의 계량적 처리방법 혹은 집행부 관리 하에 있는 제 행동에 관한 결정에 대하여 집행자에게 계량적인 기초를 제공하는 과학적 방법이라 정의할 수 있다. 선형계획, 회귀분석 등 능률성 차원의 계량적 기법이 있다.

체제분석은 체제를 구성하는 하위요소들 간의 관계를 가시화함으로써 체제의 행위를 설명하고 예측하는 과학적 탐구방법론의 하나이다. 의사결정자로 하여금 최적 대안을 선택할 수 있도록 지원하기 위해 관련 자료들을 체계적으로 수집·조작·평가하는 분석 방법을 의미한다. 체제분석은 '전반적인 체제와 목적, 그리고 문제와 대안적 해결책, 최적의 해결책 실행, 결과의 평가에 영향을 주는 하위체제를 규명함으로써 문제를 점검하는 과정'이라고 할 수 있다. 이것은 관리과학 보다 분석범위가 포괄적이며 비용편익분석 및 비용효과분석 등 실행성 차원의 경제적 요인 분석을 중시한다.

정책분석의 내용도 관리과학이나 체제분석의 내용을 내포하고 있기 때문에 기본골격은 거의 비슷하다고 할 수 있다. 그러나 정책분석은 관리과학이나 체제분석에서 한계로 인식되고 있는 장기적인 목표개발, 정치적인 변수고려, 더욱 광범하고 복잡한 이슈 취급, 쇄신적인 정책대안 강조, 비합리적인 요소(이념성, 대중현상) 고려, 최적성(optimality) 대신에 만족성(satisfaction, preferization) 등을 추구한다는 점이다. 무엇보다도 정책분석은 당위성 및 정치성에 대한 고려와 여러 정책에 대한 이해가 더 요청된다고 할 수 있다. 정책분석의 요건을 설명하면 다음과 같다.

첫째, 정책분석은 정책의 기본가치를 중시한다. 체제분석과 관리과학은 가치선택의 문제를 고려하지 않으나 정책분석은 정책이 내포하는 목적가치를 중요시한다. 정책이 지향하는 목적가치란 현실의 사회문제를 해결하며 보다 바람직한 사회상태를 실현하고자 하는 것이기 때문에 정책분석은 광범위하고 동태적인 복잡한 사회문제를 다루기 위해 사회현상에 대한 보다 많은 통찰력을 요구한다.

둘째, 체제분석과 관리과학은 경제적 효율성을 중시하고, 수단과 부문의 최적화(optimization)를 강조하지만 정책분석은 주어진 자원과 비용의 사회적 배분을 고려하여 정책선호화(preferization)를 추구한다. 즉, 최적화의 기준은 충족시키지 못하나 알고 있는 기존의 다른 대안들보다 나은 대안을 찾아내고자 하며, 정책대안의 쇄신을 강조한다.

셋째, 정책분석은 정치적 요인을 고려한다. 체제분석과 관리과학은 대안의 비교, 평가의 기준을 경제적 합리성에 두나 정책분석은 이외에도 정치적인 요인까지도 고려하여 대안평가의 기준으로 정치적 합리성, 정치적 실현가능성, 공평성, 공익성 등을 포괄한다.

넷째, 정책분석은 질적 분석을 충실히 한다. 체제분석이나 관리과학에서 사용되는 B/C분석, 선형계획(LP), 의사결정분석, 자료포락분석(DEA), 사회연결망분석(social network analysis), 그리고 게임이론 등의 계량적 기법들은 정책분석에서도 그대로 사용되나, 정책분석에서는 이 외에도 분석적 계층화 과정(AHP), 델파이 기법, 시뮬레이션, 그리고 정책논변모형 등의 질적 분석을 포함한다.

다섯째, 정책분석은 정책과정 전반에 대해 광범위한 관심을 갖는다. 정책분석은 체제분석(관리과학)에 비하여 정책결정 이후의 집행이나 관리의 측면에도 많은 관심을 가진다.

정책분석과 관리과학, 체제분석의 관계를 표로 나타내면 다음과 같다.

✚ 표 27.1 정책분석과 체제분석, 관리과학 관계

구분	관리과학	체제분석	정책분석
조직구조	하위감독층	중간관리층	최고관리층
분석차원	능률성	실현가능성	당위성(정치성)
기능	계산	←계산, 판단→	판단
분석범위	협소	중간	광범
분석방법	선형계획(LP), 의사결정 등 계량적 접근	←계량적, 질적→	AHP, 델파이 기법 등 질적 접근
취급대상	수단최적화	부분최적화	정책선호화
평가기준	경제적 합리성	←경제성, 정치성→	정치적 합리성
기초 모형	폐쇄체제 모형	←폐쇄적, 개방적→	개방체제 모형

출처: 최창현 외(2005). 정책분석론. 시대고시기획을 수정함.

수요분석[28]

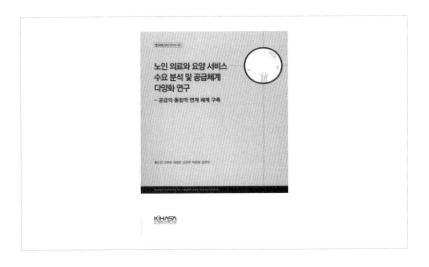

수요분석(needs assessment)은 프로그램이나 조직의 개선 또는 자원의 분배에 관하여 우선순위를 정하거나 결정을 내릴 목적으로 수행되는 체계적 절차이다. 우선순위는 파악된 필요로부터 나오는데, 관심을 가지고 있는 변수와 관련해서 현재 집단이나 조직의 문제의 상태(what is)와 바람직한 상태(what should be) 간의 측정된 격차가 바로 필요(needs)이다. 우선순위가 정해진 필요는 조직이나 집단을 위해서 시정되어야 하는 문제나 상황을 대변하는 것으로 생각할 수 있다.

수요분석 절차의 일반적인 단계는 다음과 같다.

① 분석을 위한 관심 영역에 일차적으로 초점을 맞춘다.

② 무엇을 해야 하는가(what should be)를 파악하고 우선순위를 결정한다.

③ 현재 상태(what is)를 확인한다.

④ 현재 상태와 바람직한 상태의 격차(gap)를 파악한다.

⑤ 파악된 격차의 우선순서를 정한다.

⑥ 가장 큰 격차의 원인을 분석한다.

⑦ 해결 전략을 선택한다.

⑧ 실행을 위한 활동계획(action plan)을 설계한다.

⑨ 수요분석 절차 자체도 평가를 받아야만 하지만 종종 행해지지 않는 경우도 있다.

외견상 단순해 보이는 필요의 개념과 분석 절차는 한 조직이 많은 필요가 있지만 그 모든것을 해결하기에는 불충분한 자원을 갖고 있다던가, 한 조직이 다양한 필요를 가진 복수의 고객집단을 위해서 일한다던가, 조직 내외의 이해관계자 집단들이 어떤 필요를 최우선순위로 둬야 하는지에 대해서 다양한 인식을 가지고 있다던가, 바람직한 상태에 대해서 합의를 획득하기가 어렵다거나 하는 상황들로 인해서 매우 복잡해진다.

무엇이 바람직한 상태인가의 측면만 생각해 본다면 대부분의 필요는 보건, 교육, 사회복지, 정신건강 등과 관련이 있는 가치중심적인 문제들이다. 심각한 사회문제들을 대표하는 몇몇 변수들을 보면 현재 상태를 평가하는 것도 어려운 일이다. 전체 인구 중 흡연비율은 어떻게 구하는가, 십대 인구 흡연율에 대해서는 어떻게 신뢰할만한 자료를 얻을 수 있는가, 국민들의 웰빙(well-being)을 어떻게 측정하고 평가할 것인가, 쉽게 조작적으로 정의할 수 없는 변수들을 어떻게 다룰 것인가 등이 그러한 문제들이다.

이외에도 수요분석을 하는 사람은 필요와 관련된 결정에서 정치적인 이슈에 대해 잘 인식하고 있어야 한다. 수요를 분석하는 절차 자체가 본질적으로 정치적인 행동이다. 우선순위가 정해진 수요를 다루는 것은 한정적인 소스로부터 재정, 시간, 동기와 에너지 그리고 행정적 지원을 요구하는 일이며 다른 필요를 위해 사용될 수 있는 자원을 감소시키게 된다. 수요는 항상 경쟁적이고 이익집단이 즉각적으로 나타나서 선정된 우선순위에 도전하는 상황이 발생한다. 공공부문의 많은 영역에서 이와 관련하여 다양한 사례들이 존재한다. 국가적 위기 상황에서는 군사적인 수요가 교육이나 사회복지 부문의 관심사에 대해서 우선권을 갖게 된다. 건강보험 체계 내에서도 어떤 치료나 약품이 보조를 받거나 받지 않는지와 같은 사례에서 명백하게 보여 주듯이 한 부문 내에서도 경쟁은 첨예할 수 있다.

keyword **29**

keyword **29** 비용편익분석[29]

1. 비용편익분석의 의의

비용편익분석(cost-benefit analysis)은 특정 사업에 투입되는 비용과 사업이 가져다 줄 미래 혜택의 흐름을 계량적으로 측정한 후 적정 할인율(discount rate)을 적용하여 그것들을 현재가치로 환산하고 편익과 비용을 비교하는 기법이다.

실제 적용에 있어 비용과 편익의 화폐가치 측정, 심미적·심리적 혜택과 같은 각종 질적 변수의 가치 측정, 누출효과(spillover effect)와 같은 2차 효과의 측정 등에 있어서 계량화의 어려움이 뒤따르기 때문에 모든 편익과 비용을 완벽하게 고려한 사업대안의 경제적 타당성 판단을 보장하는 것은 아니다.

2. 비용편익분석의 절차

✚ 그림 29.1 비용편익분석의 일반적 절차

비교대안의 식별

⇩

각 대안의 편익과 비용의 추정

⇩

사용될 할인율의 결정

⇩

편익과 비용의 현재가치화

⇩

적정대안의 판단기준 선택

⇩

적정대안 선택

⇩

민감도 분석

1) 비교대안의 식별

공공사업에 대한 비용편익분석의 첫 단계는 설정된 목표를 달성하기 위하여 이용 가능한 모든 대안들을 식별하는 단계이다. 대안의 식별과 정의는 대안의 분석과 선택과정에 중요한 영향을 미친다. 비교대안들은 실현가능하고 상호배타적인 대안들이어야 한다.

2) 각 대안의 편익과 비용의 추정

각 사업대안들과 관련된 비용과 편익들은 금전적 가치로 계량화하여야 한다. 이때 비용과 편익은 사업을 추진하는 특정 정부기관에 대해서가 아니라 전체 국민의 입장에서 발생하는 비용과 편익이어야 한다. 비용과 편익의 추정은 쉽지 않은 과정일 수 있지만 비용편익분석 결과의 품질은 비용과 편익이 얼마나 타당성과 신뢰성을 가지고 측정되었는가에 달려있으므로 비용편익분석 절차 중에서 가장 중요하게 다루어져야할 단계이다.

3) 사용될 할인율의 결정

사업대안들의 비용과 편익은 장기간에 걸쳐서 발생하기 때문에 비교를 위하여 현재가치로 환산하는 작업을 수행해야 하는데 이를 위해 할인율을 선택해야 한다. 비용과 편익의 추정이 정확하고 타당하게 이루어졌다 하더라도 할인율 선택이 잘못되면 비교대안에 대한 평가가 왜곡될 수 있으므로 비용과 편익의 현재가치화를 위해서 사용될 적절한 할인율의 선택은 매우 중요하다.

4) 적정대안의 판단기준 선택

비용과 편익이 추정되고 현재가치로 전환하기 위한 할인율이 결정되고 나면 각 사업대안을 비교하기 위한 판단기준을 선택해야 한다. 일반적으로 순현재가치(net present value), 편익비용비(benefit-cost ratio), 내부수익률(internal rate of return) 등이 판단기준으로 사용된다.

5) 적정대안 선택

위에서 제시된 판단기준을 이용하여 가장 적정한 사업대안을 선정하여야 한다. 이에 대해서는 다음 절에서 보다 자세히 살펴본다.

6) 민감도 분석(sensitivity analysis)

비용편익분석이 사전적(ex ante) 연구로 수행될 때에는 모든 비용과 편익의 금액이나 규모가 확정적인 것이 아니라 추정치이다. 일차적으로 비용편익분석이 수행된 후에 비용이나 편익 중 어떤 항목의 값, 사용된 할인율, 비용과 편익의 발생기간 등에 있어서의 조그만 변동에 대해서 원래의 분석결과가 어떤 반응을 보이는지, 특히 원래 분석에서 선정된 적정대안에 어떤 변화를 초래하는지 등을 검토하는 것이 민감도 분석이다.

3. 적정대안 선택을 위한 판단기준

1) 편익비용비

경제적 타당성을 평가하기 위해서는 우선 편익/비용 비율(benefit-cost ratio, B/C)을 구한다. 편익/비용 비율이란 총편익과 총비용의 할인된 금액의 비율, 즉 장래에 발생될 비용과 편익을 현재가치로 환산하여 편익의 현재가치를 비용의 현재가치로 나눈 것이다. 일반적으로 편익/비용 비율 ≥ 1이면 경제성이 있다고 판단한다.

$$\text{편익/비용비율}(B/C) = \sum_{t=0}^{n} \frac{B_t}{(1+r)^t} \Big/ \sum_{t=0}^{n} \frac{C_t}{(1+r)^t}$$

B_t: 편익의 현재가치, C_t: 비용의 현재가치, r: 할인율(이자율)

n: 투자사업의 내구년도(분석기간)

2) 순현재가치

두 번째로 순현재가치(Net Present Value, NPV)를 추정하는 방법도 있다. 순현재가치란 사업에 수반된 모든 비용과 편익을 기준년도의 현재가치로 할인하여 총편익에서 총비용을 제한 값이며 순현재가치 $\geq$ 0이면 경제성이 있다는 의미로 해석한다.

$$\text{순현재가치}(NPV) = \sum_{t=0}^{n} \frac{B_t}{(1+r)^t} - \sum_{t=0}^{n} \frac{C_t}{(1+r)^t}$$

3) 내부수익률

내부수익률(Internal Rate of Return, IRR)은 편익과 비용의 현재가치로 환산된 값이 같아지는 할인율 r을 구하는 방법으로, 사업의 시행으로 인한 순현재가치를 0으로 만드는 할인율이다. 내부수익률이 사회적 할인율보다 크면 경제성이 있다고 판단한다.

4. 판단기준의 비교

편익/비용 비율, 순현재가치, 내부수익률에 의한 경제적 타당성 유무

판단이 항상 일치하는 것은 아니다. 순현재가치는 순편익의 흐름을 사업 개시년도의 가치로 평가하지만 사업규모에 대하여 표준화(normalize)되어 있지 않기 때문에 사업 간 비교에는 적당하지 않다는 단점이 있다. 예를 들어 사업규모를 두 배로 늘릴 경우 순현재가치도 자동적으로 두 배로 늘어난다. 따라서 성격은 동일하지만 상이한 두 사업의 순현재가치만으로 두 사업의 수익성을 비교하는 것은 바람직하지 않다.

반면 내부수익률은 사업의 규모에 의존하지 않는다는 장점은 있으나 수익성이 극히 낮거나 높은 사업의 경우는 계산되지 않는 단점이 있다. 편익/비용 비율은 특정 항목을 편익 혹은 비용으로 처리하는가에 따라서 값이 달라진다는 단점이 있으나 일반적으로 공공사업의 경제적 타당성 기준으로 사용되고 있다.

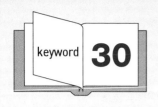

keyword **30** 비용효과분석[30]

비용편익분석은 정책개입이 공통적 목표를 지향하지 않는 경우에도 사업대안들의 경제적 능률성을 비교할 수 있도록 해준다. 그러나 1970년대에 사회과학 분야에서 비용편익분석을 사용하기 시작한 이래 일부 평가자들은 예컨대 가족계획사업의 비용편익계산을 주택사업이나 교육 프로그램의 비용편익계산과 직접적으로 비교하는 것을 불편하게 생각하게 되었다

비용편익분석과 대조적으로 비용효과분석(cost-effectiveness analysis)은 편익과 비용 모두 공통의 단위로 전환할 것을 요구하지 않는다. 그 대신 특정 사업이 주어진 목표를 달성하는 데에 있어서의 효과가 비용의 금전적 가치와 연결된다. 비용효과분석에서는 유사한 목표를 가진 사업과 그 비용이 비교된다. 따라서 학업 성취도를 높이는 목적의 둘 이상의 상이한 교육적 방법이나 또는 유아사망률을 감소시키기 위한 다양한 사업

들을 비교할 수 있다.

　비용효과분석은 주어진 목표 달성을 위한 비용의 측면에서, 또는 상이한 정도의 목표 달성에 대해서 요구되는 다양한 투입의 측면에서 비교와 순위 결정을 가능케 해준다. 그러나 편익이 공통의 단위로 전환되지 않기 때문에 비용효과분석에서 금전적인 단위로 정책개입의 가치나 장점을 검증할 수는 없다. 마찬가지로 각각 다른 분야에 있는 두 개 또는 그 이상의 사업들 중 어느 것이 더 나은 효과를 산출해줄지도 비교할 수 없다. 단지 여러 사업들이 동일하거나 유사한 목표를 가지고 있다면 그리고 동일한 유형의 결과 측정치를 가지고 있다면 각각 다른 사업의 상대적인 능률성을 비교할 수 있다는 것이다.

　비용효과분석은 비용편익분석을 복수의 동일한 척도로 계량할 수 없는 목표를 가지고 있는 사업의 분석으로 연장한 것으로 볼 수 있다. 비용효과분석은 비용편익분석에서와 동일한 원칙을 근거로 하고 있고 동일한 방법을 사용한다. 예를 들면 비용을 측정하고 할인을 하기 위해서 요구되는 방법의 가정뿐만 아니라 절차가 양자에 있어서 동일하다. 따라서 비용편익분석과 관련한 개념과 방법론은 비용효과분석을 이해하는 기초로 받아들일 수 있다. 특별히 비용효과분석은 결과를 금전적 가치로 환산하지 않고도 유사한 결과를 산출하는 프로그램들을 평가하기에 유용한 방법이다.

　비용편익분석이나 비용효과분석과도 같은 능률성 분석(efficiency analysis)은 많은 영향평가의 구성요소가 되어야 한다. 능률성 분석은 사업의 경제적 이득에 관하여 매우 가치 있는 정보를 제공해 줄 수 있으며 따라서 사업계획, 집행 그리고 정책결정에 있어서 중요할 뿐만 아니라 이해관계자들의 지지를 획득, 유지하는 데에도 필요하다.

keyword 31 규제영향분석[31]

1. 규제영향분석의 개념과 의의

규제영향분석(regulatory impact analysis)은 규제를 새로이 도입하거나 기존의 규제를 강화하려는 의사결정을 할 때, 좀 더 합리적인 의사결정을 내릴 수 있도록 필요한 정보를 산출하여 제공하는 활동이다. OECD는 규제영향분석을 새로 도입하거나 수정된 규제들의 편익, 비용 및 효과들을 검토하고 측정하는 것으로 규정하고 있다. 규제영향분석은 정책결정자들이 규제대안과 이들 규제대안들이 가져올 수 있는 결과들을 평가할 수 있도록 정책결정자들에게 귀중한 경험적 자료들을 제공해주고 종합적인 틀을 제공해주는 유용한 도구이다. 제기되고 있는 문제들과 정부의 규제 활동이 가져올 부수효과들을 충분히 이해하지 못한다면 규제

노력을 훼손할 수 있고 규제의 실패를 초래할 수 있다. 규제영향분석은 문제들을 정의하고 정부의 조치가 정당하고 적절하다는 것을 증명하는 데 활용될 수 있다는 데에 그 의의가 있다.

정부가 규제영향분석을 활용하는 경우 규제비용이나 규제효과와 관련해서 네 가지의 중요한 목적을 가지고 있다. 첫째, 규제영향분석을 활용함으로써 정부는 규제 활동의 편익과 비용을 포함하여 규제 활동이 실생활에 미치는 영향에 대한 이해를 증진시킨다. 서로 다른 규제대안들의 비용과 편익들을 비교함으로써 여러 규제대안들과 규제영역들에 대한 우선순위를 결정하는 데에도 도움을 줄 수 있다. 둘째, 규제영향분석은 정책결정자에게 여러 정책들의 비중을 잴 수 있는 능력을 부여하여 서로 다른 이해관계들을 조정할 수 있도록 함으로써 복수의 정책목표들을 통합할 수 있다. 셋째, 규제영향분석은 투명성과 자문효과를 높여준다. 넷째, 규제영향분석은 정부 부처의 책임자들이 정책결정에 더 많이 관여하도록 함으로써 정부의 책무성을 높여준다.

2. 규제영향분석의 특성

규제영향분석이 구체적으로 어떤 성격의 분석인지를 이해하기 위해서 OECD가 규제 활동 관련 의사결정시에 참조하도록 권고한 질문리스트를 살펴본다. 첫째, 정부의 활동은 정당한가 하는 질문과 규제의 편익들이 투입되는 비용을 정당화할 수 있는가 하는 질문들은 정부 규제가 편익과 비용들을 경험적으로 추정하고 실질적인 비용효과를 분석함으로써 그 정당성을 검토하여야 한다는 것을 의미한다. 둘째, 사회의 여러 분야에 걸친 배분은 투명한가 하는 질문은 정부의 간여에 의하여 사회 내의 여러 계층과 집단들의 가치배분과 형평성이 영향을 받기 때문에 규제에 따른 편익과 비용들의 배분이 투명하여야 함을 의미한다. 셋째, 규제가 사용자에게 명확하고 일관성이 있으며 접근이 용이한가, 그리고 모든 이해관계자들에게 그들의 의견이 반영될 충분한 기회가 주어졌는가 하는 질문은 규제의 내용이 규제의 대상이 되는 이해관계자들에게 충분히 이해되고 그들의 의견이 규제영향분석과정에 반영되어야 하며, 규제의 제정과정이 투명하여야 함을 의미한다. 넷째, 어떻게 순응을 확보할 것인가 하는 질문은 규제영향분석이 규제의 집행가능성을 충분히 고려하고 규제대안의 실행가능성을 높일 수 있는 방안을 강구하여야 함을 의미한다. 다섯째, 규제가 최선의 정부활동대안인가 하는 질문은 규제영향분석과정에서 정부 활동의 대안으로 규제대안 뿐만 아니라 비규제대안들까지 광범하게 검토하여야 함을 의미한다. 여섯째, 규제가 법률적 토대를 가져야 한다는 질문은 규제에 대한 의사결정이 법의 요건을 철저하게 준수하여야 하며, 상위수준의 규제나 적절한 법률적 원칙들과 일관성을 가져야 하며, 규제영향분석과정에서 이러한 요건들을 검토하여야 함을 의미한다. 일곱째, 규제 활동을 위한 적절한 정부의 수준은 무엇인가 하는 질문은 규제를 효과적으로 수행할 수 있도록 각 정부 수준의 활동들을 조정할 효율적인 시스템을 갖추어야 함을 의미한다.

3. 규제영향분석제도의 성공요건

규제영향분석제도가 성공적으로 운영되기 위해서는 실행전략과 제도적 장치가 필요하다. 아래에서는 OECD가 규제영향분석제도의 성공적인 운영을 위해서 필요한 것으로 제시한 핵심요소에 대해서 살펴본다. 첫째, 규제영향분석이 성공적으로 운영되기 위해서는 정부의 최고위 수준의 정책결정자들이 규제영향분석 결과의 활용을 제도화하는 것 등의 지원 약속이 있어야 한다. 둘째, 규제영향분석의 목표, 법률적 분석, 규제의 정당화와 효과들, 규제영향분석의 원칙과 지침 등 규제영향분석 프로그램 요소들에 대한 담당과 통제의 책임이 치밀하게 부여되어야 한다. 셋째, 수준 높은 규제영향분석 결과를 산출해내기 위해서는 규제 담당 공무원들에 대한 상시적이고 체계적인 훈련이 필요하다. 넷째, 규제영향분석에는 비용편익분석, 비용효과분석, 비용산출분석, 예산분석, 사회경제적 영향분석 등 여러 가지 방법이 사용되며, 규제영향분석에 사용되는 분석방법들은 일관성을 유지하면서도 융통성 있게 선택하여야 한다. 규제영향분석과정에서는 대부분의 경우 비용편익분석과 비용효과분석의 방법들을 사용한다. 물론 규제영향분석에서 사용하는 비용편익분석이나 비용효과분석은 규제의 종류에 따라서 일반적인 사회적 사업에 대해 사용하고 있는 비용편익분석이나 비용효과분석과 그 강조점들이 다를 수 있고 비용이나 편익을 추정하는 범위나 중점이 다를 수도 있다. 다섯째, 자료의 수집은 규제영향분석의 성공적 수행 여부에 가장 큰 영향을 미치기 때문에 자료수집전략을 수립하고 집행하여야 한다. 여섯째, 규제영향분석에는 많은 인력과 예산이 소요되므로 규제영향분석에 사용되는 제한적 자원들을 그 분석으로 내린 의사결정의 혜택이 가장 큰 사회적 영향을 미치는 곳에 규제영향분석 노력을 집중하여야 한다. 일곱째, 규제영향분석과 정책결정과정을 통합하여 규제영향분석이 의사결정과정의 초기 단계에서부터 시작되도록 하여야 한다. 여덟째, 규제영향분석에 사용된 분석방법, 자료 및 가정들은 전문가들과 이해관계자들에게 공개되어 검증을 받을 때 분석의 타당성과 정확성이 높아질 수 있으므로 규제영향분석 결과에 대한 커뮤니케이션이 필요하다. 아홉째, 규제영향분석과정에 규제에 의하여 큰 영향을 받는 이해관계자들이 광범위하게 참여함으로써 규제대안 개발과 분석에 필요한 정보들을 제공할 수 있고, 규제대상자들이 분석과정에 참여함으로써 규제가 제정된 후 이 규제대안이 규제대상자들에게 수용되고, 순응을 확보할 수 있는 가능성이 높아질 수 있다. 열 번째, 규제영향분석은 새로 도입하는 신설 규제에 대해서 뿐만 아니라 기존 규제를 변경시키고자 할 때에도 유용 하다. 기존 규제에 대한 영향분석 시에는 자료수집의 문제가 줄어들기 때문에 규세영향분석의 질은 더 높아진다.

keyword **32** 정책논변 모형[32]

1. 정책논변 모형의 정의

정책논변 모형은 법정에서의 변론과 유사하다. 즉 서로 경쟁관계에 있는 당사자(원·피고)들이 증거를 제시하여 그들 주장을 뒷받침하고 궁극적으로 법관에 호소하는 구조를 취하기 때문이다. 툴민(Toulmin)은 도덕적 또는 정치적 대화를 법률적 유추(jurisprudential analogy)이론에 비유하여 법정에서 변호사에게 이용되는 논쟁과 유사성이 있음을 지적하였다 (Toulmin, 1958). 유능한 변호사는 단지 사실만을 제시하는 것이 아니라 그들 고객을 유리하게 하는 상황적 측면을 강조하여 판사를 설득시키거나 납득시켜야 한다.

2. 정책논변 모형의 절차

정책논변 모형의 기본요소는 정책관련 정보, 정책주장, 본증(주장 논거), 보증(보충 이유), 반증(반론) 그리고 정책주장의 확신 정도를 나타내는 한정접속사(한정수식어) 등으로 구성되어 있다.

✦ 표 32.1 정책논변 구성요소의 간단한 예시

구분	자동차 운전면허
정책관련 정보	자동차 운전자가 운전법규 위반
정책주장	운전면허 취소
본증	도로교통법 규정
보증	목격자, 음주량 측정
반증	운전자가 운전법규 위반 당시 위반행위를 하지 않으면 안 될 어떤 필연적인 이유를 제시하거나 당해 행위에 대해 적용한 법규가 적절하지 못하다는 것을 주장
한정접속사	확실하게

출처: 최창현 외(2005). 정책분석론. 시대고시기획.

다음 <그림 32.1>은 징병제와 모병제 논쟁에 관한 정책논변 모형의 사례이다.

✦ 그림 32.1 분석틀

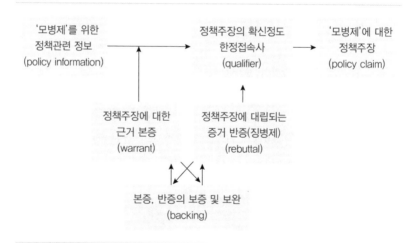

출처: 최창현·이광석·전상환(2015). 징병제 폐지와 모병제 도입 논의에 대한 분석: 정책논변 모형 적용을 중심으로. 한국보훈논총, 제14권, 제1호.

3. 정책논변 모형의 적용사례

정책논변 모형의 중요한 특성은 주장과 논거가 삼단논법에서처럼 보편성과 확실성을 가진 주장이 추론되는 것이 아니라 주장에 대한 이유 즉 논거가 얼마나 설득력 있는가에 의해 그 주장의 정당성이 결정된다는 것이다(유민봉, 1994;, 이광석, 2014). 또한 정책주장을 강화하기 위하여

✚ 그림 32.2 정책논변 모형 분석결과

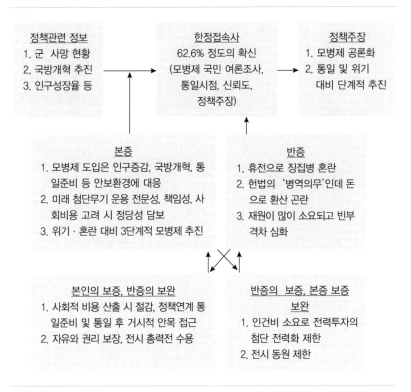

출처: 최창현·이광석·전상환(2015). 징병제 폐지와 모병제 도입 논의에 대한 분석: 정책논변 모형 적용을 중심으로. 한국보훈논총, 제14권, 제1호.

제시된 본증과 보증의 적합성과 신뢰성이 저해될 수 있는 예외적 상황이나 조건들은 본증이나 보증으로 제시된 자료의 질 및 이들이 전제하고 있는 가정과 밀접한 관련이 있다(Goldstein,1984).

<그림 32.2>의 분석결과를 보면 정책관련 정보로 제시된 군의 사망사고, 다수 징병인원의 감소, 경제적 부담 증가, 전시전작권과 병행한 국방개혁의 추진 2014~2030년 등이 정책주장에 이어 본증에서 논거를 통합적으로 잘 제시되었다.

1) 기여입학제 찬반 논쟁

① 찬반논쟁의 쟁점 정리

본증(Warrent)	쟁점	반증(Rebuttal)
대학의 자율성 보장	이념적 기초 (자유 vs 평등)	교육의 공공성 위배
대학의 재정난 타개	대학 재정 확충	다양한 재원확보 및 대학경영의 효율성 확대
건전한 기부문화의 조성	사회적 파급 효과	위화감 및 배금주의 조장

보증(Backing)	쟁점	보증의 반증(Backing)
헌법재판소의 결정과 대학의 가치	법적 근거	헌법재판소의 결정과 기본권의 법률유보
선진국에서 이미 실시	선진국의 시행여부	선진국에서 제도화한 국가 없음
설문조사 결과 찬성 비율이 높아짐	설문조사 결과의 해석	설문조사 결과 반대의견이 많음

② 기여입학제 정책논변모형

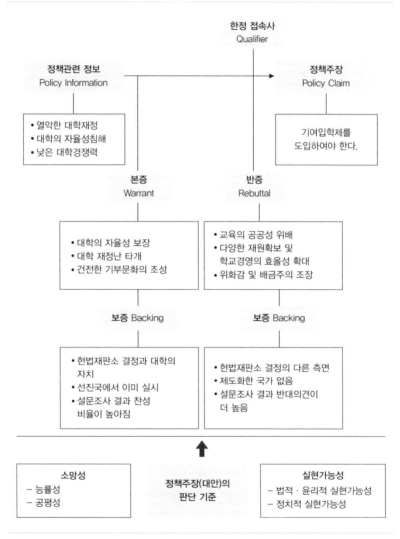

출처: 장연호(2006). 정책논변모형에 의한 기여입학제 찬반 주장의 타당성 분석. 서울대 행정대학원 석
사학위 논문.

기여입학제 주장은 소망성과 실현가능성 두 가지 기준을 완전히 충족하지 못하는 정책주장이다. 다만 소망성 기준은 논거에 따라 충분히 충족이 가능할 것으로 보이지만, 실현가능성 기준으로 볼 때 기여입학제는 도입이 불가능하다. 다만, 앞으로 토론과 합의를 통하여 국민적 공감대가 형성된다면 실현이 불가능하지만은 않을 것이다.

2) 수술실 내 CCTV 설치

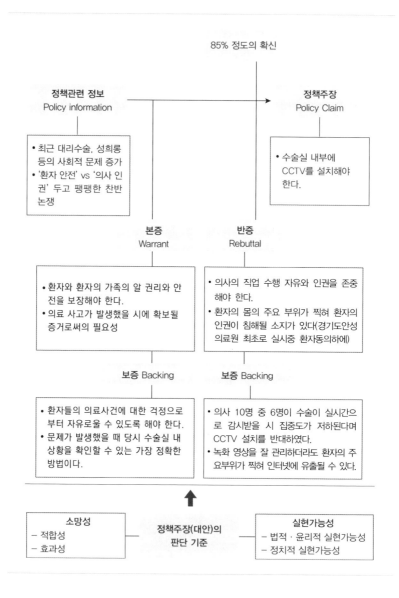

3) 양성평등채용목표제

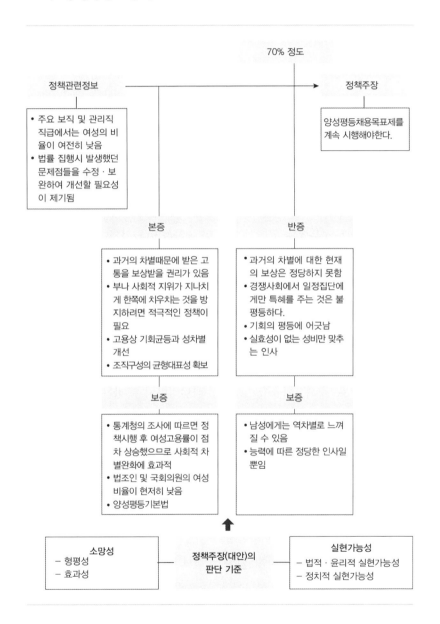

70% 정도

정책관련정보
- 주요 보직 및 관리직 직급에서는 여성의 비율이 여전히 낮음
- 법률 집행시 발생했던 문제점들을 수정·보완하여 개선할 필요성이 제기됨

정책주장

양성평등채용목표제를 계속 시행해야한다.

본증
- 과거의 차별때문에 받은 고통을 보상받을 권리가 있음
- 부나 사회적 지위가 지나치게 한쪽에 치우치는 것을 방지하려면 적극적인 정책이 필요
- 고용상 기회균등과 성차별 개선
- 조직구성의 균형대표성 확보

반증
- 과거의 차별에 대한 현재의 보상은 정당하지 못함
- 경쟁사회에서 일정집단에게만 특혜를 주는 것은 불평등하다.
- 기회의 평등에 어긋남
- 실효성이 없는 성비만 맞추는 인사

보증
- 통계청의 조사에 따르면 정책시행 후 여성고용률이 점차 상승했으므로 사회적 차별완화에 효과적
- 법조인 및 국회의원의 여성 비율이 현저히 낮음
- 양성평등기본법

보증
- 남성에게는 역차별로 느껴질 수 있음
- 능력에 따른 정당한 인사일 뿐임

소망성
- 형평성
- 효과성

정책주장(대안)의 판단 기준

실현가능성
- 법적·윤리적 실현가능성
- 정치적 실현가능성

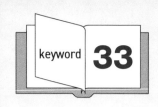

정책오차와 정책편차[33]

부작용 없는 정책은 없다. 정책은 진공관 속에서처럼 사회·경제적 환경으로부터 독립해서 존재하는 것이 아니라 사회·경제적 환경 속에서 작용하기 때문에 의도하지 않았던 결과를 낳기도 한다. 이러한 현상 때문에 정부의 정책은 의도했던 목적으로부터 벗어나 부작용을 낳고 이 부작용을 없애기 위해 또 땜질식 처방의 정책을 초래하는 경우가 생기게 된다. 어떤 경우에는 원래의 상태로 돌아가거나 심지어는 정책을 수행하지 않음만 못하는 경우도 볼 수 있다. 따라서 바람직하지 못한 정책의 귀결이 포함될 수 있다는 것이다.

1. 정책오차

일반적으로 정책오차(policy error)란 바람직하지 못한 정책의 귀결이 나타남을 의미하는데, 학자들마다 정책오류라고도 한다. 정책오차가 발생했다는 판단기준은 정책을 집행한 후에 있으므로, 정책오류란 정책의 집행결과가 의도했던 것과 다르게 나타난 것이라고 할 수 있다.

즉, 정책이란 가설이고 검증되지 않는 미래의 행동방안이기 때문에 항상 오류가 발생할 가능성이 있으며, 정책오류란 정책의 집행결과가 예상한 기대에 미치지 못한 바람직하지 않은 정책결과가 나타나는 것을 의미한다. 그러나 바람직하지 않는 정책의 모든 결과를 지칭하지는 않으며 그 중에서도 일정한 한도를 넘는 것을 가리킨다.

2. 정책오차의 요인

정책오차에 대한 요인은 학자들마다 다양하게 정의하고 있지만, 일반적으로 제시하고 있는 내용을 조명하면 다음과 같다.

1) 인식오차

인식오차는 정책문제에 대한 인식을 잘못하여 발생하는 현실과의 오차이다. 소위 3종 오차가 발생되는 것을 의미한다. 일반적으로 정책문제는 복잡하거나 애매한 성격을 가지고 있다. 복잡한 정책문제란 정책문제를 구성하는 인과적인 구성요소들이 상호 얽혀있어 이들 간의 관계를 파악할 수 없는 문제를 가리킨다.

정책문제는 너무 복잡하여 인과관계이론으로는 그것을 해결하기란 쉽지 않다. 아무리 합리적인 결정자라 하더라도 내용 면에서 제약을 받을 수밖에 없다. 정책은 소위 제한된 합리성 하에서 정책결정을 하게 되며 정책으로서 결정된 순간부터 이미 오류를 가지고 있게 된다. 정책은 그것이 현실로 구체화되는 단계에서는 오차가 더욱 커지게 된다. 정책결정자가 정책문제를 잘못 인식하여 인식오차를 가져올 경우에는 정책문제해결의 실패가능성이 크다. 왜냐하면 정책문제가 정확히 파악되어야만 정책목표의 설정도 보다 정확히 이루어질 수 있기 때문이다.

2) 집행오차

행정기관은 결정과정에서 학습된 규칙에 따라 결정하고 집행한다는 점에서 오차가 발생한다. 조직은 인간과 같이 학습하게 되며 학습의 결과로서 의사결정을 하는 규칙을 만들어내고 비슷한 문제가 발생할 경우

여기에 근거해서 의사결정을 하게 된다. 조직도 개인과 같이 인지상의 한계가 있기 때문에 프로그램의 레퍼토리에 따라 과거에 채택했던 대안을 현실의 문제해결에서 그대로 또는 약간의 수정을 거쳐 다시 사용하여 결정하게 된다. 그러나 표준운영절차를 사용하는 방식으로서의 집행은 관료제조직의 능률성을 가져오지만 이를 표준화시킬 수 없는 성격의 정책까지도 지나치게 적용하여 집행할 경우에는 오히려 비능률과 오류 발생의 소지가 높아진다.

행정조직은 이외에도 공식적 구조 자체가 가지는 한계로 오차를 발생시킨다. 행정기관은 수평적 구조이면서 수직적 구조를 가지고 있기 때문에 정책결정과정에서 하부부서 간 또는 상하부서 간 역할에 따라 정책결정에 미치는 영향이 다르다. 관료제 내의 하위조직들은 자신이 속한 부서의 이해관계를 우선적으로 고려하여 다른 부서에게 가지고 있는 정보를 제공하거나 협조하지 않는다. 소위 부처 내의 할거주의에 의한 조직구성원들의 활동이 정책결정에 작용하고 이러한 할거주의가 부처 간에도 이루어져 타 부처에 대한 정책문제에 대해서 소극적인 자세를 취하게 된다. 정책집행이 하나의 행정기관만이 아니라 다른 기관과의 관계 속에서 이루어지기 때문에 이러한 조직의 수평적인 특성은 정책오차를 유발시킨다.[*]

정책분석 시에는 정책결정상의 정책오차와 정책편차를 고려해야 한다. 정책오차를 정의하는 방식도 다양하지만 대체로 정책과 그 정책의 실행에서 오는 결과와의 차이로 의도했던 결과뿐만 아니라 의도하지 않았던 결과라고 정의한다. 한편 그 크기는 잘못된 긍정(false positives)과 잘

---

[*] 출처: 행정학전자사전, http://www.kapa21.or.kr/data/kapa_dictionary_view.php?num=1122&page=1&term_cate=&term_word=%C1%A4%C3%A5%BF%C0%B7%F9&term_key=&term_auth=.

못된 부정(false negatives)의 합으로, 전자는 정책을 통해 부당하게 혜택을 보는 대상이 발생하는 것이고 후자는 정책에서 부당하게 배제됨으로써 예측하지 못한 정책비용을 부당하게 지불하게 되는 대상이 발생하는 경우를 말한다. 따라서 정책결정과정에서 실질적 합리성보다는 절차적 합리성이 강조된다고 한다(심준섭, 2004; 최종원,1999; 김영평,1982; 이혁우, 2009). 즉 정책대상인 시장이 정책에 따라 반응을 한다는 전제와 의도되지 않는 결과를 도출할 수 있음을 전제한다. 이를 아래에 그림으로 나타내었다.

✚ 그림 33.1 정책오차

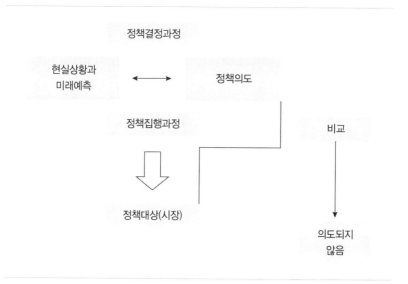

ㅋ. 정책편차

정책편차(policy deviation)는 정책의 원래 의도에서 벗어난 바람직하지 못한 귀결로서 거짓부정(false negative)과 거짓긍정(false positive)효과의 합으로 개념화할 수 있는 정책오차와는 달리 정책대상이 정책에 반응을 잘하는 경우로 정의한다.

합리포괄 모형대로 정책이 이루어지는 것이 아니라 점증주의 모형으로 정책이 이루어지는 것을 염두에 둘 필요가 있으며 합리포괄 모형에 따라 이루어진다 하더라도 여러 요인으로 예상치와 결과치의 격차가 제로가 되기는 쉽지 않다. 의도된 것만큼 반응을 못하거나 더 격렬한 반응을 보이는 경우를 연구할 필요가 있다. 즉 시장이 정책에 따라 반응하는 정도를 예상하고 그 예측범위를 정하자는 것이 바로 정책편차이다.

✚ 그림 33.2 정책편차

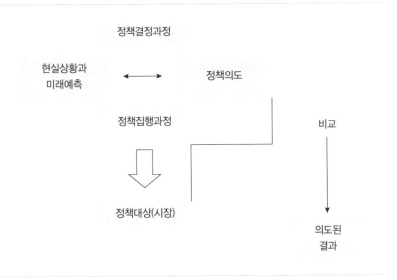

키워드로 보는 정책학

4. 정책오차와 정책편차의 정책적 함의

지금까지의 연구 경향은 정책오차에 대해서는 연구가 있어 왔지만 정책편차는 드물었다. 정책편차는 의도했던 결과로서 정책의 한계를 명시적으로 인정하고 그 차이를 인지하며, 예상치와 결과치와의 격차를 의미하는바, 이 정책편차를 줄이기 위해 현실적으로는 땜질식 처방이 이루어지고 있다. 이러한 땜질식 처방을 막고 정부정책의 신뢰를 회복하여야 한다.

keyword 34 정책델파이[34]

Delphi(사고의 체계적 수렴)

집단적 사고를 체계적으로 접근시켜 수렴
(집단의 의견 일치를 근접시키는 데에 유용)

출처: https://search.naver.com/search.naver?where=image&sm=tab_jum&
query=%EB%8D%B8%ED%8C%8C%EC%9D%B4rlqjq#imgId=blog100
173318%7C55%7C220088811928_433572900&vType=rollout

1. 일반델파이

델파이 기법(delphi technique)은 1948년 랜드연구소의 연구진에 의해 개발되어 공공부문 및 민간부문의 예측에 많이 활용되었으며, 이 기법은 미래사건에 관한 전문가의 견해를 획득·교환·개발하는 직관·판단적 예측방법이다. 델파이 기법은 위원회나 집단토의 등에서 나타나는 문제점(예 소수 몇몇 사람에 의한 발언권 또는 분위기 독점, 동료집단의 의견동조화 압력, 상급자 의견에 대한 이의 제기 곤란성 등)으로 인한 비효율성을 극복하기 위해 고안되었다. 델파이 기법의 기본 원리로는 첫째, 모든 참여 전문가는 익명성(anonymity)을 보장받음으로써 독립적이고도 동등한 입장에서 자유로운 의견개진을 할 수 있어야 한다. 둘째, 투표방식·설문지·컴퓨터 등의 이용을 통하여 전문가의 의견이 개진되면, 이것을 통계적으로 처리(예 중앙경향치, 분산도, 도수분포 등)하여 그 결과를 모든 참여 전문가들에 회람시킨다. 셋째, 반복성(iteration)과 통제된 환류(controlled feedback)과정에 의거, 전문가들의 의견제시과정을 2~3회 이상 반복하게 함으로써, 참여자들의 사회학습 기회에 따른 의견 재검토 및 수정(변화)에 의한 상호 의견접근을 유도한다. 끝으로, 가능한 한 전문가들의 의견을 종합하여 이들 간의 합의가 도출되도록 노력을 기울이는 합의성(expert consensus)이 필요하다.

1960년대 말까지 지배적이었던 델파이 기법은 이용 목적, 이용자의 능력, 이용 여건 등에 따라 다양한 형태로 수행되고 그 유용성도 높게 평가되었다. 하지만 특정 분야의 동질적 전문가들만의 참여는 편협한 시각을 가지게 함으로써, 오히려 예측의 오류를 범하게 한다는 비판을 받게 되었다. 더불어 조사연구 방법상에서 제기되는 표본추출·질문지 설계·응답과정 등의 신뢰성 수준문제는 근원적으로 예측의 정확도를 저하시킬 우려가 있다는 점이다.

2. 정책델파이

전통적인 델파이 기법의 한계와 비판을 극복하고 정책문제의 복잡성에 대응할 수 있도록, 정책대안의 개발 및 결과예측 차원의 새로운 시도가 정책델파이(policy delphi) 기법이다. 즉 전통적 델파이 기법의 반복된 질문과 회람, 통제된 환류와 같은 공통적인 요소 이외에 다음과 같은 특징을 새로운 요소로 포함하고 있는 것이다. 첫째, 선택적 익명성(selective anonymity)으로서 참여자들은 예측의 초기 단계에서만 익명으로 응답하고, 정책대안과 결과들에 대한 주장이 표면화되면 참여자들은 공개적 토론을 할 수 있게 된다. 둘째, 전문성뿐만 아니라 여러 의견과 대립되는 의견들이 표출될 수 있도록, 해당 정책이슈에 대한 식견과 통찰력·창의력을 지닌 다양한 정책관련자들의 참여(informed multiple advocacy)를 중시한다. 셋째, 정책델파이는 의견의 불일치 또는 갈등을 의도적·창의적으로 활용함으로써 정책대안이나 결과를 예측하고자 한다. 이에 참여자 간의 의견을 종합할 때에는 의견의 불일치 부분에 초점을 두고, 참여자 간의 어떤 부분에 차이가 있는지를 부각시키려는 관점에서 양극화된 통계처리(polarized statistical response)에 의한 의도적인 갈등조성(structured conflict)을 하게 된다.

한편 정책델파이의 단계별 추진은 ① 문제의 명확화, ② 참여자의 선정(표본의 크기는 대략 10~30명 정도), ③ 질문지 설계(예측·이슈·목표·대안의 항목 포함), ④ 1차 질문지 결과분석, ⑤ 후속 질문지 개발, ⑥ 토론회의소집(3~5회 정도의 토론), ⑦ 최종보고서 작성(다양한 이슈들과 대안들의 제시 필요)과 같은 7단계 과정으로 구성된다.*

---

* 출처: 최창현 외(2005). 정책분석론. 시대고시기획.

　게임이론(game theory)은 상호 의존적인 의사 결정에 관한 이론이다. 게임(game)이란 효용 극대화를 추구하는 행위자들이 일정한 전략을 가지고 최고의 보상을 얻기 위해 벌이는 행위를 말한다. 게임이론은 사회과학 특히 경제학에서 활용되는 응용 수학의 한 분야이며, 생물학, 정치학, 컴퓨터 공학, 철학에서도 많이 사용된다. 게임이론은 참가자들이 상호작용하면서 변화해 가는 상황을 이해하는 데 도움을 주고, 그 상호작용이 어떻게 전개될 것인지, 매 순간 어떻게 행동하는 것이 더 이득이 되는지를 수학적으로 분석해 준다.

1. 게임과 게임이론의 개념

게임은 놀이, 오락, 경기 등의 의미를 갖고 있다. 흔히 하는 게임에는 바둑이나 장기, 화투나 포커, 축구나 야구, 또한 각종 전자오락도 있다. 이들은 서로 상관이 없어 보임에도 불구하고 게임이라는 동일 범주 안에 분류되는데 그것은 이들 상호간에 공통점이 있기 때문이다. 그 공통점은 첫째, 모든 게임은 나름대로의 규칙 아래에서 진행된다는 점이다. 우선 규칙은 게임의 주체가 되는 경기자(player) 혹은 팀의 구성을 정하고 선수들이 어떠한 순서로 게임을 할 것인가를 규정한다. 규칙에 따라 선수들이 해도 좋은 행동과 해서는 안 되는 행동이 정해진다. 이에 따라 규칙에 어긋나는 반칙 행동을 했을 때에는 벌칙을 받거나 퇴장당할 수도 있다.

두 번째의 공통점은 전략(strategy)의 중요성이다. 어떤 선수나 팀이 잘못된 전략을 계속해서 사용할 경우에는 게임에 지게 된다. 게임이론의 중요한 역할 중의 하나는 어떤 전략이 잘된 전략이고 어떤 전략이 잘못된 전략인지를 가려내는 데에 있다.

세 번째의 공통점은 모든 게임에는 최종적인 결과(outcome)가 있다는 것이다. 운동경기의 경우 최종적으로 우리 편이 이기든가 상대편이 이기든가 혹은 비기든가 셋 중 하나의 결과가 나타난다.

넷째, 게임의 결과는 전략적 상호작용(strategic interaction)에 의하여 결정된다. 바둑에서 내가 아무리 악수를 두더라도 상대방이 악수를 더 많이 둔다면 내가 승리할 수도 있는 것이며, 내가 아무리 훌륭한 전략을 쓴다 하더라도 상대방이 더 훌륭한 전략을 쓴다면 나는 게임에서 지게 될 것이다.

우리는 일상생활에서 의식적이든 무의식적이든 게임의 상황에 참여하고 있으며 인간의 사회적 행태와 경제사회의 현상을 파악하는데 게임을 이해하는 것이 중요하다. 게임을 이해하기 위해서 게임의 특징을 체계화시킨 것이 게임이론(game theory)이다. 구체적으로 게임이론은 전략적 상호작용이 존재하는 게임의 상황에서 개인의 전략 또는 행동이 초래하게 될 결과에 대한 모형을 세우고 그 모형화된 게임에서 경기자의 전략적 행동을 이해하는 분석틀을 제공하는 학문이다. 게임이론은 더 나아가서 개인의 전략이 초래하게 될 결과 중 가장 바람직한 결과를 얻기 위하여 어떠한 전략을 선택해야 할 것인가를 제시하는 실용적인 기여도 할 수 있다.

2. 게임이론의 발전

게임이론의 역사는 이론물리학자 폰 노이만(John von Neumann)과 경제학자 모르겐슈테른(Oskar Morgenstern)의 1944년 저서 「게임의 이론과 경제적 행태(Theory of Games and Economic Behavior)」가 그 시초로 알려져 있다. 폰 노이만이 게임의 이론적인 분석틀을 제시하고 모르겐슈테른이 이를 경제사회적 상황에 적용하여 설명했다는 것이다. 게임이론의 발전에 가장 큰 공헌을 한 사람은 내쉬(John F. Nash)로서 그의 1950년 박사학위논문은 오늘날에 이르기까지 게임이론의 초석이 되었다. 내쉬는 1994년도에 게임이론가인 하사아니(Harsanyi), 젤텐(Selten)과 함께 노벨경제학상을 공동 수상하였다.

John von Neumann　　Oskar Morgenstern

　게임이론은 경제학, 경영학, 정치학, 사회학 등 사회과학뿐만 아니라
생물학과 같은 자연과학에서도 활발히 연구되어 응용되고 있다. 그중에
서도 게임이론은 경제학을 중심으로 발전되어 왔는데 이는 경제적으로
상호관계에 있는 주체들에게 게임의 결과로 초래되는 이해득실이 명확
하기 때문이다. 또한 이윤은 화폐단위로 측정되므로 게임의 결과로 권
력이나 계급 같은 추상적 가치의 변동이 초래되는 정치학이나 사회학에
서의 게임보다 경제학에서의 게임이 모형화가 쉽고 설득력이 있다.
　경제학에서 가장 먼저 게임이론의 분석틀이 적용된 분야는 산업조직
이론이다. 산업조직론이란 시장의 구조와 그 성과를 연구하는 분야로서
특히 게임이론은 독점 및 과점시장을 분석하는데 적합하다. 게임이론은
경영학의 발전에도 커다란 영향을 미치고 있다. 재무관리 분야에서는
주주 간 또는 주주와 경영자 간의 전략적 관계를 게임이론으로 설명하
고 있다. 또한 회계학에서는 주인－대리인문제라는 게임이론적 분석틀
을 적용하여 경영자측이 제공하는 회계정보의 누출 정도와 공개된 회계
정보를 해석하는 이해관계자들의 행태를 설명한다.
　경제사회적 현상의 분석틀로서의 게임이론은 위에 제시한 것 이외에

도 정치경제학, 행정학, 심리학 등 수많은 분야에 적용되어 활발한 연구가 진행되어 왔다. 게임이론의 연구는 사회과학의 새로운 분석도구를 터득하는 것뿐만 아니라 전략적 상황에서 합리적이고 체계적으로 행동하는 실질적 방법을 도출하는 데에도 매우 유용하다.

ㅋ. 게임의 구성요소와 형식

게임에는 다음과 같은 구성요소들이 있다.

① 경기자
② 경기의 순서
③ 게임 도중 각 경기자가 알고 있는 정보에 관한 설명
④ 매 시점에 각 경기자가 취할 수 있는 행동 또는 전략
⑤ 경기자들의 행위에 따라 생길 수 있는 결과
⑥ 결과의 실현으로 각 경기자가 누리게 되는 보수(payoff)

1) 경기자

경기자는 게임에 있어 의사결정의 주체이다. 과점시장에서는 해당 기업들 모두가 경기자이며, 임금협상에서는 노조와 사용자가 경기자이다. 경제학의 기본 패러다임 중 하나는 경제행위의 주체인 경제인이 합리적인 의사결정을 한다는 것이다. 합리성이란 두 가지 요건으로 정의되는데 첫째, 다른 사람들의 이해에 상관없이 철저히 자신의 이익만을 추구한다. 둘째, 의사결정에 있어서 항상 일관성 있는 선택을 한다. 경기자의 합리성에 더 강한 추가적 가정은 모든 경기자의 합리성이 주지사실이라는 것이다. 게임이론에서는 전략적인 의사결정을 하는 경기자

들 이외에도 자연법칙(nature)이라 불리는 비전략적 경기자의 존재를 가정한다. 예컨대, 주식투자의 경우 내일 주식 값은 주어진 확률분포에 따라 실현된다. 확률분포 중 어떤 값이 실제로 결정되는 것은 자연법칙에 의한 것으로서 경제주체들이 통제할 수 없다.

2) 의사결정의 순서

의사결정이 순차적으로 이루어지는 게임을 순차게임이라고 부르며, 모든 경기자의 의사결정이 동시에 이루어지는 게임을 동시게임이라고 부른다. 예컨대 바둑이나 장기는 순차게임이며 입찰경매나 특허취득 경쟁은 동시게임이다. 동시게임에서는 상대방의 전략에 관한 정보가 없는 상태에서 자신의 전략을 선택해야 하며, 순차게임에서는 나중에 행동하는 경기자가 앞서 행동한 경기자의 선택에 관한 정보를 갖고 자신의 전략을 선택한다는 특징이 있다. 순차적 의사결정과 동시적 의사결정이 상호 배반적인 것은 아니며, 이 둘이 혼재되어 있는 게임도 많이 있다.

3) 정보의 묘사

게임이론에서 경기자들이 갖고 있는 정보의 종류에 따라 정보를 완전정보와 불완전정보, 그리고 완비정보와 미비정보로 구분한다. 완전정보나 불완전정보란 각 경기자가 자신의 전략을 선택할 때 상대방이 어떠한 행동을 취했는지 알고 있느냐 모르고 있느냐에 따른 구분이다. 예컨대 바둑은 상대방의 이전 수를 확실히 알고 나의 다음 수를 두므로 완전정보 하의 게임이다.

완비정보와 미비정보는 상대방 경기자의 특성 혹은 유형을 알고 있느냐 모르고 있느냐에 따른 구분이다. 예를 들어, 어떤 기업이 신입사원을 공개 채용할 때 생산성이 높은 응시자를 뽑고 싶지만 응시자 개개인의 생산성이 높은지 낮은지 개별 응시자의 유형을 모르는 상태에서 뽑게 되면 미비정보 하의 게임이 된다.

4) 행동과 전략

의사결정의 상황에서 경기자가 선택할 수 있는 대안들을 행동이라 부른다. 어떤 경기자가 '아무 행동도 취하지 않는 선택'을 할 수도 있다면 이것도 행동의 하나로 포함된다. 순수전략(pure strategy)은 일어날 개연성이 있는 모든 경우에 대해서 해당 경기자가 취할 행동의 완전한 계획(complete contingent plan)으로 정의된다. 혼합전략이란 경기자가 여러 개의 행동 가운데 하나를 선택하되 주어진 확률분포에 따라 임의로 택하는 것을 말한다.

5) 결과와 보수

게임의 결과(outcome)는 모든 경기자들이 규칙에 따라 전략을 선택함으로써 실현되는 최종적인 상태를 뜻한다. 보수(payoff)란 주어진 게임에서 경기자가 궁극적으로 얻고자 하는 금액 또는 효용으로 정의된다. 권투경기의 승패에 따라 달라지는 대전료 및 승리감, 주식투자를 통해 얻는 매매차익, 시장점유율의 상승을 통해 얻는 추가적인 이윤 등이 각 게임에 참가한 경기자가 추구하는 보수의 예이다.

keyword **36** 분석적 계층화 과정(AHP)[36]

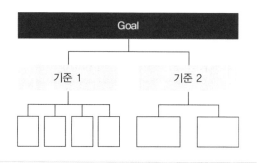

출처: https://blog.naver.com/jongguman/220774288848

1. 분석적 계층화 과정(AHP)의 정의

새로 승용차를 구입하신다고 할 경우 어떻게 기종을 선택할 것인가를 생각해보자. 각자 나름대로의 기종 선택의 기준이 있을 것이다. 먼저 시중에 나와있는 아반테, 마티즈, SM3, SM5, 그랜져 등 구체적인 기종을 염두에 둘 것이다. 그 다음에 연비, 가격, 색상, 자동차 메이커, 승차감, 안전도, 엔진성능, 배기량 등을 고려하여 선택할 것이다.

행정 분야에 있어서 예컨대 광역자치단체인 도청의 소재지를 이전한다고 할 경우, 도청 후보지를 어디로 입지시킬 것인가는 이른바 선호시설(PIMFY)로서 대안후보지의 이해관계자들은 서로 자기연고지역에 입지해야 한다는 당위성을 주장하게 될 것이다. 다수의 후보지들 중에서 거리, 소요시간, 도시기반시설(SOCs), 도로능력, 향후 발전 잠재력 등을 고려하여 최종적으로 후보지를 선정하게 될 것이다. 그렇다면 어느 기준에 더 가중치를 둘 것이며, 복수의 선택기준을 어떻게 조합할 것인가가 문제로 된다. AHP는 평가 기준이 여러 개인 경우, 그 기준들 간에 가중치(weight)가 있는 경우에 그 계층이 문제가 복잡해서 여러 단계로 나눠야 할 경우에 질적인 문제를 평가하는 것이다.*

2. 분석적 계층화 과정(AHP)의 절차

AHP는 여러 가지 목표와 다양한 이해관계가 존재하는 다목적 의사결정문제(multi-criteria problem)의 해결방법으로 각광받고 있다. 정책결정자들은 여러 가지 목표 또는 요소들의 중요도를 동시에 고려하는 데 어려움을 느끼지만, 한두 가지 요소들을 주어진 기준으로 동시에 판단하는 것은 큰 어려움이 없다는 데에서 착안한 기법이다. AHP는 집단적의사결정에 효과적인 분석기법으로서, 특히 공공부문에 있어서는 문제를 정의하고 구조화하는 과정에 여러 관련자들이 참여하게 되며 다양한 관련자들의 이해를 반영하는 정책은 실효성도 높을 것이기 때문에 AHP는 유용성이 높을 것이다. 이러한 계층적 분석과정은 비구조적이고 전략적인 의사결정에 유용한 방법론으로서 정량적인 요소는 물론 정성적인 요소의 평가에도 적합하다.

AHP는 각 변수들의 이원비교방식(pairwise comparison method: 쌍체비교)을 반복수행하여 기하 평균하는 방법이다. 각 요소 간의 중요도를 평가하기 위하여 어느 한 요소가 다른 요소를 지배하는 정도를 나타내는 요소 간의 이원비교방식을 사용한다. 요소 간의 상대적 중요도는 고유벡

---

* 출처: 최창현 외(2005). 정책분석론. 시대고시기획.

타 — 고유값(eigen vector — eigen value) 방법을 사용하면 쉽게 구할 수 있다. 그리고 복잡한 문제를 분해(decomposition)하는 과정에서 의사결정자의 주 관적 신념이나 행위들이 상호 위배됨이 서로 논리적으로 일치되는가를 체크해봐야 한다. 정책결정자가 내리는 판단상의 일관성(consistency)을 측정하기 위해 고유값을 이용한다.

정책집행과정 모형[37]

1. 고전적 하향적 접근

Van Meter와 Van Horn(1975), Sabatier와 Mazmanian(1979) 등의 연구에 의해 제시된 하향적 접근방법은 정책집행을 정책결정과정에서 채택된 정책목표를 달성하는 과정으로 간주한다. 하향식 접근 방법의 주요 관심은 바람직한 집행이 가능하도록 정책결정자에게 규범적 처방을 제시하는 데 있으며, 따라서 정책결정자의 관점에서 집행을 보는 시각으로 체크리스트 상의 요인을 어떻게 제도화할 것인지에 대하여 고민한다.

정책집행에 대한 하향식 접근방법을 제시한 가장 대표적인 연구는 Sabatier와 Mazmanian(1979)의 연구로 집행과정에 영향을 미치는 요인을 첫째, 문제처리의 용이성, 둘째, 집행에 대한 법규의 구조화 능력, 셋째, 집행에 영향을 미치는 비법규변수 등의 세 유형으로 구분하였다.

또한 효과적인 정책집행을 위해 갖추어야 할 조건으로 다음을 제시하고 있다. 먼저 성공적인 정책집행, 즉 목표의 달성을 위하여 정책목표와 정책 수단, 수단의 실현을 통해 달성하는 정책 산출은 타당한 인과이론에 바탕을 둔 것이어야 한다. 또한 정책 내용으로서 법령은 명확한 지침을 내포하고 있어야 하며, 정책 대상자의 순응을 확보할 수 있어야 한다. 정책집행의 성공을 위해 유능하고 헌신적인 집행 관료가 정책집행을 담당해야하며, 결정된 정책에 대하여 이익집단·유권자·행정부의 장 등으로부터 지속적인 지지를 얻을 수 있어야 한다. 무엇보다 정책목표가 집행과정 동안 우선순위가 변하지 않는 안정성을 가지고 있어야 한다(정정길 외, 2010).

1) T. Smith의 정책집행 매트릭스 모형

정부의 정책을 새로운 제도를 확립하거나 기존의 제도 내에 이미 확립되어 있는 유형을 변화시키기 위한 정부의 의도적 소치라고 정의하고, 정부에 의해 형성된 정책이 사회 내의 긴장유발력(tension generating force)으로 작용한다고 보는 T. Smith는 다음과 같은 정책집행 모형을 제시하였다.

✚ 그림 37.1 Smith의 정책집행 모형

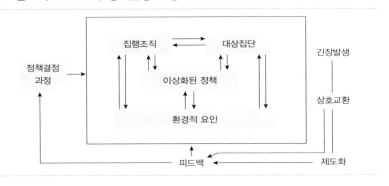

그는 정책집행을 매트릭스화하여 정책집행 매트릭스 내부의 구성변수로서 이상화된 정책(idealized policy), 대상집단(target group), 집행조직(implementation organization), 환경적 요인(environmental factor) 등을 들고 있다.

① **이상화된 정책**: 이상화된 정책(idealized policy)이란 정책결정자들이 유발시키고자 하는 이상적인 상호작용의 유형을 말하는데, 이에 대한 분석에서는 다음과 같은 사항들이 고려된다.

　첫째, 정책의 형태로서, 정책이 법률의 형태를 취하는가, 대통령령, 선언 등의 형태를 취하는가 하는 것이다. 둘째, 정책의 유형인데 이것은 정책의 성격이 복잡한 것이냐 단순한 것이냐 또는 정책이 공식적 조직의 변형 또는 신설을 요하는가의 여부, 정책의 성격이 배분적이냐 재분배적이냐, 규제적이냐 자기규제적이냐, 정서적·상징적이냐 등으로 구분된다. 셋째, 정부가 정책집행에 집착하는 정도, 즉 정책에 대한 정부의 지지강도(intensity of support)와 정책이 사회적 필요와 요청에 의해 생겨난 것이냐 아니면 요구와 지지 없이 생겨난 것이냐 하는 정책의 근원(the source of policy), 그리고 정책이 광범위하고 전반적인 것이냐 아니면 국지적이고 한정적인 것이냐 하는 정책의 범위 등의 세 측면이 고려된다. 또한 정책에 대한 인상(image of the policy)도 중요한 고려요인이 된다.

② **대상집단:** 대상집단(target group)이란 정책에 의해서 새로운 상호작용의 유형을 가지도록 요구된 사람들로서, 정책으로부터 가장 많은 영향을 받는 집단이다. 이에 관한 분석에 있어 중시되는 변수들은 다음과 같다.
- 대상집단의 조직화나 제도화의 정도
- 대상집단의 리더십
- 대상집단의 과거 정책경험(정책의 영향과 그에 대한 대상집단의 반응)

③ **집행조직:** 집행조직(implementation organization)은 정책을 실천에 옮기는 역할을 하는 조직을 말하는데, 이에 대한 분석에서 고려하게 되는 주요 변수들은 다음과 같다.
- 집행조직의 구조와 구성원의 속성
- 집행조직의 리더십
- 집행계획과 그것을 수행할 능력

④ **환경적 요인:** 환경적 요인(environmental factor)은 정책집행에 영향을 미치거나 정책집행으로부터 영향을 받는 정치·경제·사회·문화적 여

건들을 말한다. 환경적 요인에 대한 분석에서 고려해야 할 주요 변수들로서는 정책집행이 환경으로부터 받는 이점과 제약점들을 생각해 볼 수 있다.

정책이 집행됨에 따라 이 변수들은 이상화된 정책을 중심으로 상호간에 긴장이 유발되고, 이 긴장은 상호교환과정(transaction process)을 밟게 되며, 상호교환과정이 원만하게 이루어지지 못할 경우에는 다시 정책집행 매트릭스 내부나 또는 정책결정과정으로 피드백된다. 상호교환과정이 원만히 이루어지면 제도화가 나타나게 되는데, 이 제도화는 다시 긴장유발력으로 작용해 피드백과정을 밟게 된다는 것이다.

Smith의 모형은 정책집행의 주요 변수들을 명백히 제시하고 그 변수들 간의 상호관계를 제시함으로써 제도점검 시에 주목해야 할 가장 기초적인 요소를 명확히 제시하고 있다.

2) D. Van Meter와 C. Van Horn의 정책집행 모형

D. Van Meter와 C. Van Horn은 조직론적 관점에 입각하여 정책집행 단계에서의 행태에 영향을 미치는 심리적 요인을 중심으로 체계적인 정책집행연구를 위한 이론적 틀을 제시하였다.

Van Meter와 Van Horn은 정책집행을 포함한 전체 정책체계를 구성하고 있는 주요 변수와 변수들 상호간의 관계를 밝히고 있다. 그들은 다음의 <그림 37.2>에서 볼 수 있는 바와 같이 정책과 성과를 연결 짓는 것을 정책집행이라고 보고 그러한 정책집행의 주요 변수로서 여섯 가지의 변수를 들고 있다.

✚ 그림 37.2 Van Meter와 Van Horn의 정책집행 모형

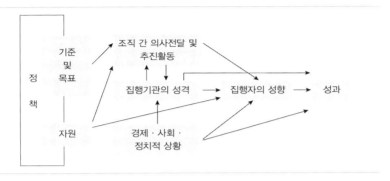

① **정책의 기준과 목표**: 정책의 기준과 목표는 정책의 전반적 목적을 비교적 상세하게 나타내주는 것으로서 정책이 무엇을 달성하려고 하는가와 정책의 결정 및 집행에서 어떤 행위기준을 따라야 하는가를 명백하게 해준다.

　　정책의 기준과 목표는 정책집행조직 간의 의사전달과 정책의 추진 활동에 직접적인 영향을 끼치며 이를 통하여 집행자의 성향에 간접적인 영향을 미친다. 그리고 이러한 집행기준과 목표에 부합된 추진 활동을 확보하기 위하여 다양한 권력관계가 형성된다.

② **자원**: 정책에는 집행을 촉진시키는 데 필요한 자원의 동원가능성에 대한 고려도 포함된다. 자원에는 물적 자원, 인적 자원을 비롯한 각종의 유인(incentives)들이 포함된다. 정책집행에 동원가능한 자원의 형태와 범위는 의사전달과 추진 활동에 직접적인 영향을 미치게 되며 집행자의 성향도 이러한 자원의 형태와 범위에 의해 직접적인 영향을 받게 된다.

③ **조직 간의 의사전달과 추진 활동**: 정책체제 내에서의 의사전달이 정확하고 일관성을 지닐수록 정책집행의 효과성, 즉 원래의 정책이 의도한 결과를 초래할 가능성이 높아진다. 정책집행자들이 정책을 충

실히 추진할 수 있도록 하는 자극 및 통제장치가 있게 마련인데 일반적으로 인사권과 재정권이 이러한 목적을 위해 활용된다.

④ **집행기관의 성격**: 정책집행기관이 어떤 성격을 나타내고 있느냐는 기관 내 구성원, 즉 정책집행자들의 성향에 직접적인 영향을 줌으로써 집행의 성패를 좌우하는 매우 중요한 요인이 되는데, 그러한 성격은 기관의 공식적 구조의 특성과 관련하여 설명될 수 있다.

여기에 영향을 미치는 요인에는 기관의 규모와 구성원의 자질, 계층제적 통제의 정도, 기관이 소유하고 동원할 수 있는 정치적 자원, 기관의 조직적 활성도, 개방적인 의사 전달의 정도, 정책결정체와의 공식·비공식연계의 정도 등이 있다.

⑤ **경제·사회·정치적 상황**: 경제·사회·정치적 상황은 공공정책의 집행에 매우 중대한 영향을 미친다. 이에 대한 연구에 있어 관심을 기울여야 하는 사항에는 다음과 같은 것들이 있다.

- 성공적인 집행을 뒷받침해 줄 수 있는 경제적 자원이 있는가
- 어떤 정책의 집행이 경제·사회·정치적 상황에 어떻게, 얼마나 영향을 미치는가
- 여론의 반응은 어떠하며, 관련된 정책문제가 얼마나 현저하게 눈에 띄는 것인가
- 정책집행에 대한 엘리트의 반응은 호의적인가 부정적인가
- 정책집행의 지지를 위해 다른 정부기관 및 이익집단들은 얼마나 동원되었는가

⑥ **집행자의 성향**: 집행자의 성향은 집행자가 앞서 언급한 정책집행의 제반 변수들에 대해 판단하고 여과하는 것과 관련된 심리적 상태를 의미하는 것으로서 정책이 성과로 전환될 가능성을 최종적으로 확정하는 중요한 기능을 한다.

이러한 정책집행자의 성향에 대한 연구에 있어 분석의 초점은 정

책의 전체적 의도에 대한 집행자의 인식정도, 정책의 구체적인 기준과 목표에 대한 인식 및 태도, 집행자들의 성향에 나타난 강도 등에 두어지는 것이 바람직하다.

3) D. Mazmanian과 P. Sabatier의 정책집행 분석틀

D. Mazmanian과 P. Sabatier는 다양한 현실의 정책분야에 관한 연구에 공통적으로 적용할 수 있다고 보는 정책집행에 관한 일반분석틀을 제시하였다.

집행이란 법령(statue)에 규정된 기본정책결정을 수행하는 것이다. 그러한 결정의 가장 이상적인 형태는 해결해야 할 문제와 추구해야 할 목표가 명확히 규정되어 있고 집행과정을 다양하게 '구조화'하고 있는 정책이다.

정책집행에 관해 분석한다는 것은 바로 전체 정책과정을 통하여 법령의 목표에 영향을 끼치는 그러한 제반 요인을 확인하는 것이며, 그 요인은 아래와 같이 세 가지의 범주로 나눌 수 있다.

① **법령이 규정하는 문제의 용이성**: 타당한 기술적 이론과 기술(technology)의 활용가능성, 대상집단 활동의 다양성, 전체 국민의 일부로서의 대상집단, 요구되는 행태변화의 범위 등의 요인이 포함된다.
② **집행과정을 유리하게 구조화시킬 수 있는 법령의 능력**: 명백하고 일관성있는 목표, 적절한 인과이론의 결합, 재정적 자원, 집행기관 내부의, 또 집행기관 간의 계층제적 결합, 집행기관의 의사결정규칙, 집행담당자의 충원, 외부인사(outsiders)의 공식적 참여 등의 요인이 포함된다.
③ **법령의 목표에 대한 지지의 균형**(balance of support)**에 영향을 미치는 다양한 정치적 변수**(집행에 영향을 미치는 비법률적 변수)**의 순효과**(net effect): 사회경제적 조건과 기술, 문제에 대한 언론매체의 관심, 대중의 지

지, 유권자집단(constituency group)의 태도와 자원, 주권자로부터의 지지, 집행담당자의 개입과 리더십 등의 요인이 포함된다.

✚그림 37.3 Mazmanian & Sabatier의 일반정책집행 분석틀

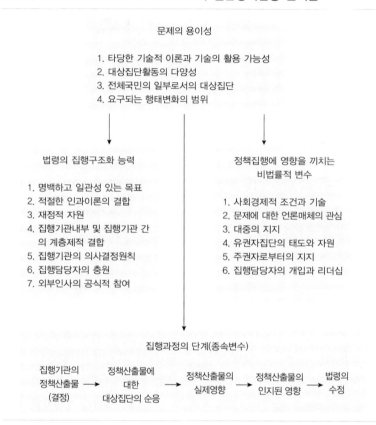

4) 나카무라와 스몰우드의 집행 모형

나카무라(Nakamura)와 스몰우드(Smallwood)는 정책결정자와 집행자의 역학관계에 착안해 집행자의 재량정도에 따라 구분한 다섯 가지 유형화

를 시도했다(Nakamura & Smallwood, 1980 남궁근, 2016: 472-473).

첫째, 고전적 기술자형(classical technocrat)이다. 이 유형은 정책결정자가 집행 과정에서 강력한 통제력을 행사하나 집행자는 기술적인 문제에 관해서 다소간의 재량권을 가진다.

둘째, 지시적 위임형(instructed delegates)이다. 이 유형은 정책결정자가 정책형성에 대한 통제권을 보유하나 집행자는 정책결정자가 수립한 목표의 달성에 사용될 수단을 결정할 권한을 지닌다. 전술한 고전적 기술자형의 경우보다 정책결정자가 집행자에게 더 많은 권한을 위임하게 된다.

셋째, 협상형(bargainers)이다. 전술한 두 유형은 정책결정자와 집행자가 목표의 필요성에 관해서 합의를 보고 있는 데 반해, 양자는 대등한 권한을 갖고 정책목표와 수단을 집행하는 과정에서 협상·조정을 한다. 이 유형은 정책결정자와 집행자가 목표나 수단에 대해서 반드시 합의를 보고 있지 않다. 양자 간의 협상의 결과는 누구의 힘이 더 강력하냐에 따라서 달라지며 정책집행자는 결정자의 권위에 쉽게 압도당하지 않는다.

넷째, 재량적 실험형(discretionary experimenters)이다. 정책결정자가 구체적인 정책을 결정할 수가 없어서 광범위한 재량권을 집행자에게 위임하는 경우이다. 이 유형은 정책결정의 복잡성, 시간과 전문성의 부족 등의 경우가 많을 때 관료의 전문성에 의존하는 현실적인 방법이다.

다섯째, 관료적 기업가형(bureaucratic entrepreneurs)이다. 정책집행자가 가장 많은 재량권을 가지고 정책결정자의 권력을 장악하고 정책과정을 지배하는 경우이다(사득환·최창현·왕재선·주성돈, 2019: 164–166).

집행자가 정책을 결정하고 공식적인 정책결정자에게 이를 받아들이도록 하는 직업공무원제가 확립된 많은 국가에서 나타난다.

나카무라와 스몰우드의 정책집행의 유형은 정책결정자와 정책집행자 간의 권력의 배분 관계를 이해하는 데 도움을 줄 뿐만 아니라, 정책집행에 지대한 영향을 미치는 재량문제를 이해하는 데에도 도움이 된다(유훈, 2016: 168).

✦ 표 2.1 Nakamura & Smallwood의 정책집행의 유형

집행유형	정책결정자	정책집행자
고전적 기술관료형	a. 정책결정자가 구체적 목표를 설정한다. b. 정책결정자는 목표달성을 위해 집행자에게 '기술적 문제'에 관한 권한을 위임한다.	집행자는 정책결정자가 설정한 목표를 지지하며 이러한 목표를 달성하기 위해 기술적 수단을 강구한다.
지시적 위임형	a. 정책결정자가 구체적 목표를 설정한다. b. 정책결정자는 집행자에게 목표달성에 필요한 수단을 강구할 수 있도록 행정적 권한을 위임한다.	집행자는 정책결정자가 설정한 목표를 지지하며 집행자 상호간에 목표를 달성하기 위한 행정적 수단에 관하여 교섭이 이루어진다.
협상형	a. 정책결정자는 목표를 설정한다. b. 정책결정자는 집행자와 목표 또는 목표달성수단에 관하여 협상한다.	집행자는 정책결정자의 목표 또는 목표달성수단에 관하여 협상한다.
재량적 실험가형	a. 정책결정자는 추상적 목표를 지지한다. b. 정책결정자는 집행자가 목표달성수단을 구체화할 수 있도록 광범위한 재량권을 위임한다.	집행자는 정책결정자를 위하여 목표와 수단을 구체화시킨다.
관료적 기업가형	a. 정책결정자는 집행자가 설정한 목표와 목표달성수단을 지지한다.	집행자가 정책목표를 설정하고 정책목표의 실행수단을 강구한 다음 정책결정자를 설득하여 목표와 수단을 받아들이게 한다.

출처: Nakamura & Smallwood, 1980. The Politics of Policy Implementation. pp.114-115; 김영기·남궁근·유낙근·최용부 공역. 1985. 「정책집행론」, pp.163, 남궁근. 2016. 「정책학」. p.473.

2. 현대적 상향적 접근

합리 모형을 기반으로 한 하향식 접근방법과는 다르게 상향식 접근방법은 집행과정에서 가장 크게 영향을 미치는 요인으로 정책결정자가 아니라 실질적인 정책집행을 담당하는 일선의 관료에 초점을 둔다. 정책 일선에서 이의 집행을 담당하는 관료는 문제 해결에 필요한 전문성과 지식을 보유하고 있으므로, 정책집행과정을 정확하게 이해하기 위해서 이들과 대상집단의 행태를 고찰해야 한다는 입장이다. 뿐만 아니라 실제 정책과정에서 안정적이며 일관된 정책목표의 설정을 부인하고 정책목표의 달성보다는 집행문제의 해결에 초점을 맞추고 있다.

현대적 상향적 접근은 Lipsky의 일선집행관료이론과 Berman의 적응적 집행이론 등을 기초로, Elmore(1979), Hjern과 Hull(1982, 1985), Hull과 Hjern(1987) 등의 연구를 통해 이론적 정립을 이루게 된다(정정길 외, 2010).

3. 통합 모형: 사바티어의 비교우위 접근

정책집행과정을 이해하기 위한 하향식 접근방법과 상향식 접근방법의 대립 이후 1980년대 중반에 들어 이들이 지닌 각각의 장·단점을 보완하기 위한 통합 모형이 등장하게 되었다. 이 통합 모형은 상·하향식 접근법이 모두 집행의 부분적인 측면만을 강조한다고 지적하고 더욱 포괄적인 집행 연구를 위하여 각 접근방법의 변수들을 통합하여 집행과정의 다양한 측면을 이해하고자 시도하였다.

이와 같은 통합이론의 대표적인 연구로 Sabatier(1986), Elmore(1985),

Matland(1995), Winter(1990) 등이 있으며, 이 가운데 대표적 이론으로 오늘날 다양한 정책집행과정을 설명하기 위하여 활용되는 Sabatier (1986)의 정책지지 연합 모형(Advocacy Coalition Framework, ACF)을 간략히 살펴보면 다음과 같다.

Sabatier의 ACF 모형은 상향식 접근방법의 분석 단위를 채택하고 여기에 영향을 미치는 요인으로 하향식 접근방법의 변수·사회 경제적 상황·법적수단을 결합하는 포괄적 통합 모형에 해당한다. 이 모형은 시간의 경과에 따라 자신의 목표를 달성하기 위해 정책의 법적 속성을 변화시키려는 다양한 행위자의 전략과 시도를 강조한다. 행위자들을 그들의 신념 체계에 따라 단순화하여 '지지 연합(advocacy coalition)'이라는 행위자 집단에 초점을 두었으며, 정책집행이 단순히 결정 이후 한 번의 과정을 거쳐 완료되는 것이 아니라 정책결정 – 집행 – 재결정 – 재집행 등을 통해 정책 변동(policy change)을 이루는 것으로 파악하고 있다.

① **정책하위체제와 외적 요소들**: ACF 모형은 현대사회에서 정책결정은 실질적으로, 또 법적으로 아주 복잡하여 정책참여자들은 전문가이어야 한다고 가정한다. 정책참여자집단은 전통적 '철의 삼각(Iron Triangle)'인 입법부, 정부관계자 및 이해관계집단 외에 그 정책분야의 연구원과 언론인, 그리고 정책하위체제 내에서 정기적으로 관여하는 사법부 관계자를 포함한다(Sabatier and Weible, 2007: 192).

ACF 모형은 10년 이상의 정책변화에 관심이 있으며 정책참여자들의 신념은 그 장기간 동안 매우 안정적이며, 따라서 주요한 정책변화가 매우 어렵다는 것이다.

하위체제 내의 정책참여자들의 행동은 두 가지의 외적 요소 집합들인 비교적 안정적 변수와 비교적 역동적 변수의 영향을 받는다. 비교적 안정적인 변수들은 문제의 기본적 속성(예 지하수 또는 지표수 인가), 자연자원의 기본적 분포, 근본적 사회문화적 가치와 구조, 그리고 기본적 헌법 구조를 포함한다. 이들 안정적인 외생적·외부적인 요인들은 10년 안에는 거의 변하지 않으며, 따라서 행동이나 정책변화에 자극(impetus)을 거의 주지 않는다.

비교적 역동적 변수(dynamic events)는 정책하위체제에 직접적인 영향을 주고, 사회 경제적 조건의 변화, 여론의 변화, 지배집단의 변화 그리고 다른 하위체제로부터의 정책결정 등이 포함된다. 이러한 외적 조건은 정책하위체제 행위자들의 행동과 전략을 제약하기도 하고, 옹호연합을 형성하고 작동하게 하는 자원이 되기도 한다.

② **연합기회구조**: 미국의 다원주의에 기반을 두고 있는 ACF 모형의 가정들은 제한된 참여형태와 장기적인 의사결정구조, 그리고 합의적 의사결정 규칙을 가진 유럽의 조합주의 정치체제와는 잘 맞지 않는다는 비판을 듣는다.

연합기회구조는 안정적 변수들과 정책하위체제를 연결하는 새로운 변수들의 범주(category of variables)이며, 유럽의 정치기회구조(political opportunity structures)에 근거한 개념이다. 기회구조(opportunity structures)란 하위체제 행위자들의 자원과 제약조건에 영향을 주는 정체(polity)의 비교적으로 지속적인 특징들을 말한다.

옹호연합들의 자원과 행태에 크게 영향을 주는 2개의 요소가 존재하는데, 첫째는 주요 정책변화에 필요한 합의의 정도(degree of consensus needed for major policy change)이다. 다수의 거부점(veto points)을 가진 다원주의(pluralist) 사회인 미국에서 정책혁신을 추진하기 위해서는 절대다수결이 필요하다. 영국이나 뉴질랜드와 같은 웨스트민스터(westminster)체제에서는 의사결정이 매우 집중되어 있으며 의회의 다수당은 의석의 45% 이상을 획득하기가 매우 어렵다. 권위적 정권에서는 소수의 지배가 되고 있다. 일반적으로, 요구되는 동의의 정도가 높을수록, 옹호연합의 배제가 아닌 참여를 더욱 촉진시키면서 상대편 옹호연합과 타협을 모색하고, 정보를 나누며, 악의적 편견(devil shift)을 최소화한다.

둘째, 정치체제의 개방성(openness of political system)이다. 두 가지 변수의 함수로는 어떤 주요 정책제안이 통과해야할 의사결정 장소(venues)들의 숫자와 각 장소에의 접근성이 있다. 예를 들어서, 권력이 분리되어 있고 강력한 지방정부체제를 갖춘 미국은 다수의 의사결정 장소를 갖고 있다. 삼권분립에 따른 개방체제는 정책과정에서 ACF 모형이 분석구조로서 매우 적합한 환경을 제공한다. 즉, 다원주의적 연합기회구조는 온건한 타협의 규범과 개방 의사결정체제를 유지하는 경향이 될 것이다.

✚ 표 37.2 옹호연합기회구조의 유형

		정책변동에 필요한 동의의 정도		
		높음	중간	낮음
정치체제의 개방성 정도	높음	다원주의	다원주의	
	중간	최근의 조합주의	웨스트민스트	
	낮음	전통적 조합주의		권위주의적 집행

출처: Weible and Sabatier(2007). p.201.

③ 개인적 모델과 신념체계: ACF 모형은 세 가지 층 구조의 신념을 개념화한다. 가장 광의의 '기저 핵심신념(deep core beliefs)'과 중간 수준의 '정책핵심신념(policy core beliefs)', 그리고 하위수준의 '이차적 신념(secondary beliefs)' 등이 있다.

규범적 기저핵심(normative deep core)신념은 옹호연합을 형성하게 되는 가장 근본적인 시각으로, 신념체계 중 가장 최상위의 수준이며 가장 넓은 범위를 가지고 있다. 이는 자유, 평등, 발전, 보존 등의 존재론적 공리가치의 우선순위, 예를 들어 정부와 시장의 우위를 결정하는 것이 이에 속한다. 이는 종교적 신념이나 정치적 좌파 혹은 우파적 이데올로기와 마찬가지로 좀처럼 변화하지 않으며, 이의 변화를 촉구하는 상황이 오면 옹호연합은 이를 보호하기 위해서 보다 낮은 계층의 신념들을 수정하거나 폐기시킨다.

정책핵심(policy core)신념은 특정 하위체제에서 실제 운용되는 정책과 밀접히 연관되어 정책의 특정 목표가 어떤 것인지 혹은 목표달성의 필수조건들이 어떠한 것인지에 관한 인과적 인식을 말한다. 경제발전과 환경보존 간의 상대적 우선순위, 문제의 심각성 및 주된 원인에 대한 기본적 인식, 핵심가치를 실현하기 위한 전략 등이 이에 해당된다. 정책핵심신념은 정책 엘리트집단 내의 기본방침과 관련되기 때문에 이 역시 쉽게 변하는 것은 아니지만, 외적 조건에서 심각한 변화가 발생하면 변화가 가능하다.

이에 비해 이차적 측면(secondary aspects)은 주로 정책핵심 신념을 집행하는 데 필요한 행정상 또는 입법상의 정책수단과 관련되는 것으로 도구적 신념으로도 불린다. 도구적 신념은 특정한 세부적 정책에만 국한되는 것으로 구체적이며 변화 가능성이 가장 크다. 그리고 규범적 기저핵심이나 정책핵심보다 더 순응성이 있는데(malleable). 그 이유는 그 범위가 좁기 때문에 변화를 유도하는데 정보가 덜 필요하기 때문이다.

✚ 표 37.3 정책옹호연합의 신념체계 구조

구분	기저 핵심신념	정책 핵심신념	도구적 신념
특징	근본적, 규범적, 존재론적인 공리	규범적 공리를 달성하기 위한 기본적인 전략에 관한 근본적인 정책입장	정책핵심을 집행하기 위하여 필요한 도구적 결정과 정보 탐색
적용 범위	모든 정책영역에 대한 적용	관심 있는 특정 정책규범에 적용	관심 있는 특정 정책절차에 적용
변화 가능성	매우 어려움: 종교 개종과 비슷	어려움: 심각한 변혁이 일어나면 변화가능	쉬움: 가장 행정적이고 법적인 정책결정의 주체임
예시	• 사람의 성격 • 다양한 가치, 아름다움, 자유, 건강	• 근본적인 정책갈등 방향: 환경보호와 경제개발 • 정책도구에 관한 기본적 선택: 강제, 유인, 설득	• 행정규칙, 예산배분, 규정 해석에 관한 결정 • 프로그램 실적에 관한 정보

출처: 권기헌(2008: 388).

④ **옹호연합:** 인간행동을 설명하는 정책네트워크 문헌의 증가와 개인 간 관계의 중요성의 인식 증가 추세에 따라서, ACF 모형은 비공식 네트워크 내에 형성된 이해관계자들의 신념과 행동, 그에 따른 정책결정이 중요한 정책 참여자들 간의 네트워크에 의해서 부분적으로 구조화되는 것을 예측한다.

ACF 모형에서 정책참여자들은 비슷한 정책핵심신념을 지닌 사람들과 연대를 모색한다고 주장한다. 정책참여자의 성공 여부는 그들의 정책핵심신념(policy core beliefs)을 실질적 정책으로 전환하는 능력에 달려 있다. 성공 기회를 높이기 위해 정책참여자들은 그들이 가지고 있는 신념과 유사한 정책핵심신념을 공유하고, 실질적인

(nontrivial) 정도로 조정에 참여하는 정책참여자들을 포함한다. 옹호연합을 형성하는 구성원들로는 공공정책에 직접적으로 영향을 행사하는 입법의원, 행정부의 공무원, 이익집단의 활동가뿐만 아니라 정책에 간접적으로 영향을 미치는 언론의 저널리스트들과 객관적 조사를 담당하는 전문가가 존재하며, ACF는 이러한 공적 조직과 사적인 행위자를 광범위하게 포함한다.

옹호연합의 개념은 ACF 모형의 특징 중 하나이면서, 또한 많은 학자들의 토론과 비판의 원천이기도 하다.

⑤ **정책연합의 활동과 정책중개자**: 연합의 구성원들은 정책에 관한 핵심적 신념을 공유하면서 각기 다른 시각을 통해 상황을 인식하고 또 각기 다른 방식으로 관련된 정황증거들을 해석한다. 이들 옹호연합들은 그들의 믿음체계가 정부의 정책과 프로그램으로 관철되도록 자신들이 동원할 수 있는 자원을 최대한 이용하여 다양한 전략을 구사하게 된다. 자원(resources)이 있기 때문에 정책에 영향을 미치기 위한 전략을 개발하는 것이 가능하게 되는데, 이러한 자원에는 ㉠ 결정을 위한 공식적인 법적 권위, ㉡ 일반여론, ㉢ 정보, ㉣ 동원할 수 있는 인적 자원(mobilization troops), ㉤ 재정자원, ㉥ 능숙한 리더십(skillful leadership) 등이다.

서로 경쟁적인 정책하위체제에서 옹호연합 간의 정책 불일치(policy disagreements)는 흔히 심각한 정치적 갈등으로 가속화된다. 이는 양 옹호연합이 상충하는, 때로는 도저히 양립할 수 없는 목표와 전략을 추구하고 있기 때문이다. 이러한 갈등은 정책중재자에 의해 조정(mediate)된다. 대부분의 정책참여자들이 옹호연합에서의 정책과정과 정책결정에 영향을 미치고자 하지만, 정책중재자들은 연합 사이에서 합리적인 타협안을 찾는데 주력한다. 선출직 관료, 고위공무원 그리고 법원 등이 정책중재자에 포함되는데, 정책중재자는 양 연

합으로부터 신뢰를 받으며 의사결정상의 권위를 가지고 있음을 알
수 있다.

⑥ **정책학습(policy learning)**: 옹호연합의 구성원들의 행동은 공유된 신
념을 정책으로 전환시키도록 설계되어 있다. 정책지향적 학습의 중
요성이 부각되고 있는 것은 바로 그러한 맥락에서다. 옹호연합들 간
에는 물론 옹호연합 내의 행위자들 간에도 동일한 내용이 상이하게
해석될 수 있다. 그리고 옹호연합들은 정책지향 학습을 통해 자신들
의 정책방향이나 전략을 수정하기도 하는데, 이 정책지향 학습은 옹
호연합들이 자신의 신념체계를 강화하거나 수정하는 과정을 의미한
다. 이러한 신념체계의 수정은 주로 이차적인 측면에 집중되며, 학
습을 통하여 기저핵심 신념을 변화시키기는 어렵다. 정책핵심 신념
을 변화시키는 데에는 정책연구의 계도기능(enlightenment function)을
통한 10년 이상의 장기간에 걸친 정보의 축적을 필요로 한다.

옹호연합의 구성원들은 기존의 신념을 확신시키는 정보는 수용
하고 부합하지 않는 정보는 걸러낸다. 이러한 학습을 통해 공유된
신념을 강화하고 이를 통해 문제에 대한 공통적 인식과 문제해결방
안에 대한 공통된 인식을 토대로 신뢰감을 형성함으로써 상호간의
거래비용을 줄인다. 각 옹호연합들은 그들이 선호하는 방향으로 정
책변동을 가져오기 위해 로비와 같은 행동전략을 중심으로 조직화
된다.

✚ 그림 37.3 Sabaier의 정책 옹호(지지)연합 모형

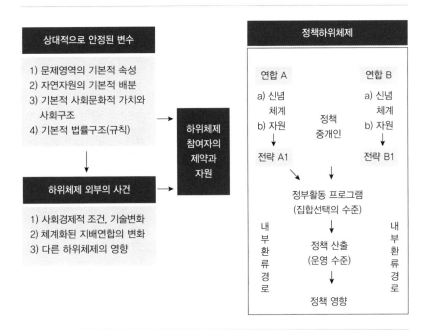

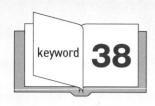

keyword 38 정책집행 영향 요인[38]

정책집행 연구는 1973년 프레스만과 윌다브스키에 의해 시작된 이래 많은 학자들에 의해 다양한 측면이 연구되어 왔다. 정책집행의 성패에 영향을 주는 요인에 대해 학자들이 주장한 다양한 연구를 종합해서 살펴본다.

1. 정책 내용적 요인

정책내용이란 정책의 특성이라고 할 수 있으며 보는 관점에 따라 정책을 구성하는 요소들의 특성이나 정책유형에 의해 분류할 수 있다. 그린들(1980)은 정책내용이 어떻게 구성되었는가는 그 정책의 집행능력을 가늠할 수 있는 잣대가 될 수 있다고 한다. 예컨대 정책목표가 명확한 정책은 그렇지 못한 정책보다 집행이 원활히 이루어져 의도한 결과를 초래한다. 이와 같은 정책 내용적 변수로 정책목표, 정책이 의도하는 변화의 크기, 정책이 초래할 혜택의 유형, 집행과정에 관여하는 행정기관의 범위, 집행 관료의 능력, 집행에 필요한 자원의 양과 질 등이 있다.

1) 정책목표의 명확성

집행될 정책목표가 명확하지 않다면 집행을 담당할 일선기관과 관료들은 집행과정에서 큰 어려움에 직면하게 될 것이다. 목표가 명확하다면 그것을 성취시키기 위해 무엇을 해야 할지 분명해질 것이다. 따라서 정책목표가 무엇을 의도하는지 분명한 정책은 추상적이고 불분명한 목표를 가진 정책보다 효과적으로 집행될 가능성이 높다.

2) 정책목표에 대한 합의

정책목표와 목표들 간의 우선순위에 대한 정책 관련 집단들의 합의 정도는 정책집행을 좌우하는 요인이 된다. 성공적인 정책집행은 정책 관련 집단들의 정책에 대한 합의와 순응을 전제한다. 정책에 대한 합의와 순응이 확보되지 못한 가운데 정책을 집행한다는 것은 집행과정이 의도한대로 진행되기 어렵다는 것을 의미한다. 많은 학자들이 집행될 정책에 대한 순응과 합의를 성공적인 정책집행의 필수적인 요인으로 언급하고 있다.

3) 정책목표의 지속성

새로운 정책은 기존의 사회질서에 변화를 야기하게 된다. 정책목표가 기존의 정책목표와 크게 다르다면 그 정책은 집행과정에서 큰 어려움에 부딪칠 수 있다. 정책에 대한 합의와 순응이 전제되지 않았기 때문이다. 만일 새로운 정책이 기존의 정책으로부터 점진적인 변화만을 추구한다면 그 정책은 의도한대로 비교적 쉽게 집행될 수 있을 것이다.

4) 장기적·단기적 정책목표

장기적인 목표를 가진 정책은 단기적인 목표를 가진 정책보다 의도한대로 집행되기가 어렵다. 정책집행 결과가 가시적이고 단기적으로 나타날 때 집행은 쉽게 이루어진다. 예컨대 예방프로그램은 실질적인 집행효과가 장기간에 걸쳐 나타날 뿐만 아니라 그 실효성도 가시적이지 못해 정책대상집단의 호응을 얻어내기가 어렵고 집행을 위해 필요한 자원의 동원 역시 매우 제한적일 때가 많다. 따라서 정책목표가 단기간 내에 가시적으로 나타날 수 있는 정책이 더욱 효과적으로 집행될 수 있다.

5) 정책이 추구하는 변화의 크기

새로운 정책은 그 정책과 관련된 이해관계자들이 유지하고 있는 기존의 균형을 변화시킬 것으로 예상된다. 기존의 정책으로부터 변화의 정도가 큰 정책은 점증적으로 변화하는 정책보다 집행과정에서 난관에 봉착할 가능성이 높다.

6) 정책이 초래할 혜택의 유형

정책이 초래할 혜택은 포괄적 혜택(collective benefit)과 분할적 혜택(divisible benefit)으로 나눌 수 있다. 포괄적 혜택이란 정책집행의 결과가 정책대상집단에서 골고루 분배되는 정책이며 분할적 혜택이란 정책집행의 결과가 정책대상집단의 개인에게 돌아가는 것이다. 상하수도, 전력 공급, 도로 항만 건설 등과 같이 특정 지역에 거주하는 모든 이해당사자들에게 정책결과가 초래할 혜택이 골고루 돌아가는 정책은 포괄적 혜택을 산출하는 정책이며 도심 재개발 정책과 같이 정책 산출이 그 지역 주민 개개인에게 귀속되는 정책은 분할적 혜택을 창출하는 정책이 된다.

일반적으로 포괄적 혜택을 추구하는 정책이 분할적 혜택을 추구하는 정책보다 정책집행과정에서 정책대상집단 간의 갈등을 최소화시킴으로써 정책집행이 의도한 산출로 이어질 확률이 높다.

7) 정책집행에 관여하는 행정기관의 범위

정책집행에 관여하게 되는 행정기관의 범위는 정책집행의 성공여부에 영향을 미치는 중요 변수이다. 통상적으로 재정정책과 같이 정부정책에 관여하는 행정기관의 범위가 좁은 정책은 교육정책과 같이 의사결정에 참여하는 범위가 전국적으로 넓게 산재되어 있는 정책보다 효과적으로 집행될 수 있다. 의사결정의 범위가 비교적 넓은 정책네트워크를 통해 정책이 형성되고 집행되는 정책은 가장 복잡한 양상을 띠게 되어 원래대로 집행되기 어렵다. 뿐만 아니라 집행 장소가 지역적으로 넓게 분산되어 있고 많은 정부기관이 관여하게 될수록 의사결정을 요하는 문제에 대해 다양한 의제가 다각도로 제기되어 실질적인 결정과 집행에 도움이 되지 못하는 밴드웨건효과(band-wagon effect)가 발생할 가능성이 높아져 정책은 의도한 대로 집행되기 어려워 질 것이다.

8) 집행기관과 관료의 능력

정책은 집행을 담당할 기관과 관료들의 능력에 크게 좌우된다. 중앙정부에 의해 결정된 정책이 다수의 지방자치단체에 의해서 집행되는 경우 각 지방자치단체마다 동일하게 같은 정책집행을 기대하지만 실제로는 그렇게 되지 않을 가능성이 높다. 중앙정부에 의해 폭 넓게 정의된 정책은 지방자치단체 차원에서 사업으로 세분화되어 집행되게 되고 이과정에서 집행을 담당할 기관의 정책에 대한 전문성, 적극성, 정치적 지원을 확보할 수 있는 능력, 재량권 등이 결국 정책집행의 성패를 좌우하는 요인이 될 것이다.

9) 정책집행에 요구되는 자원의 규모

정책집행에 필요한 자원의 규모는 정책집행에 직접적인 영향을 미치는 중요한 요인이 된다. 목표가 명확하고 모든 정책관련 집단이 합의를 가지고 있으며 집행능력을 갖춘 집행기관이 정책을 담당한다 하더라도 집행에 필요한 충분한 시간적, 물질적, 인적 자원의 양이 충분치 못하다면 그 정책은 의도한대로 집행되기 어려울 것이다. 예산 부족으로 주어진 기간 내에 정책사업을 집행하지 못하고 다음 회계연도를 기다리는 경우가 발생하는 것을 보면 적절한 집행기간과 충분한 자원이 성공적 집행의 조건이 된다는 점을 알 수 있다.

ㄹ. 정책 환경적 요인

같은 정책이라도 정책이 집행되는 환경에 따라 크게 다른 결과를 초래할 수 있다. 정책내용에 의해 정책집행의 결과가 크게 좌우되는 것은 사실이지만 특정 정책의 내용은 그 정책이 집행되는 환경에 의해 조건화된다. 특히 정책이 집행되는 과정에서 많은 행위자들이 관여하게 되고, 행위자들은 정책집행에 필요한 예산을 배정하고 구체적으로 그 예산이 어디에 사용될 것인가를 결정하는 데에 큰 영향을 미치게 된다. 따라서 정책내용은 정책 환경에 의해 조건화되며 집행과정에 대한 연구는 정책내용과 함께 정책 환경적 요인들이 고려되어야 한다.

정책내용에 영향을 미칠 수 있는 행위자들에는 중앙정부 차원의 관료집단, 중앙, 지방 차원의 정치인들, 경제엘리트집단, 정책 수혜집단, 일선 집행관료 등으로 이들의 정책집행 관여 여부는 집행될 정책유형이나 내용이 그들의 이해관계와 얼마나 연계되어 있는가에 달려 있다. 정책과 관련한 행위자가 다양한 만큼 정책형성과 집행은 항상 누가 무엇을 얼마나 가질 것인가를 놓고 벌이는 갈등과 경합의 과정이 된다.

1) 정책에 대한 순응

정책목표를 달성하기 위해 집행을 담당하는 관료들에게 필요한 것은 정책과 관련된 다양한 행위자들로부터 정책에 대한 순응을 확보하는 것이다. 정책에 대한 긍정적인 반응과 협조를 기대할 수 있다는 것은 집행과정이 어떻게 전개될 것이라는 것을 미리 예상할 수 있는 요인이 된다. 정책집행을 담당한 관료들은 정책 관련 집단인 정치엘리트집단, 집행기관, 일선관료, 지방의 정치엘리트 등으로부터 집행할 정책에 대한 순응을 확보해야 한다.

정책 관련 집단을 대상으로 정책에 대한 순응을 확보한다는 것은 정책에 대한 지속적인 협상을 통해 있을 수 있는 갈등을 관리하여 정책적 조화를 이루어 내야하는 정치적 과정이다.

일반적으로 정책에 대한 순응은 두 가지 관점에서 논의되고 있는데 첫 번째는 하향식 관점으로 정책목표를 달성하기 위한 정책집행과정의 통제와 정책 관련 집단들의 정책에 대한 순응을 확보할 수 있는 능력이 성공적인 정책집행을 좌우한다는 것이다. 이러한 관점에서 성공적인 정책집행이란 적절한 보상이나 강제적 제재를 통하여 이루어질 수 있다. 정책집행을 관료적 행정업무 수행의 연장선상에서 바라보는 관점에서는 순응을 확보하기 위한 구체적인 통제수단으로 설득, 유인, 보상, 처벌, 강제 등을 들고 있다.

두 번째 관점은 정책에 대한 순응을 상향식 관점에서 바라보는 것으로 순응을 통제의 대상으로 취급하기 보다는 다양한 정책 관련 집단들이 가치체계를 일정 부분 공유하는 합의의 연장선으로 이해하려고 한다. 상향식 관점에서는 정책집행은 무엇인가를 성취하려는 것으로 정의할 수 있고 정책에 대한 순응보다는 주어진 업무의 수행이 정책집행을 통해서 성취하고자 하는 궁극적 목표가 될 수 있다. 이러한 관점은 정책결정자와 정책집행자를 상하간의 수동적인 관계로 인식하기보다는 정책을 통해 무엇인가를 성취하려는 상호 교류를 통한 협력자의 관계로 본다. 따라서 정책집행과정에서 정책에 대한 순응 확보는 설득, 유인, 보상, 처벌, 강제 등에 의하기 보다는 타협, 협상, 양보 등을 통해서 획득할 수 있다고 보는 것이다.

2) 집행기관과 관료의 책임

정책집행을 담당하는 정부기관과 일선관료들은 주어진 정책환경 내에서 목표를 달성해야 할 책임이 있다. 정책집행에 대한 책임은 집행을 담당하는 정부기관과 관료의 특성에 따라 크게 달라진다. 일선관료들에게 주어진 책임으로는 계층적 책임, 법적 책임, 정치적 책임, 전문적 책임이 있다. 집행을 담당하는 기관과 관료들의 정책에 대한 책임과 반응의 정도는 동일한 정책이라도 집행결과를 크게 좌우하는 요인이 된다.

집행 업무를 수행할 때 요구되는 네 가지의 책임관계로부터 집행을 담당하는 기관과 관료들에게 요구되는 기대감은 구체적으로 계층적 책임 관계에서는 복종, 법적 책임 관계에서는 의무, 정치적 책임 관계에서는 반응, 전문적 책임 관계에서는 신뢰라고 할 수 있다. 집행을 담당하는 기관과 관료들이 직면하게 되는 어려움은 이들 네 가지의 책임 관계가 중복되어 나타날 경우이다. 계층적·법적 책임의 중복, 법적·정치적 책임의 중복, 또는 계층적·전문적 책임의 중복 상황은 관료에게 처리하기 곤란한 상황이 될 수 있다.

3) 집행기관과 관료의 반응

집행을 담당한 기관과 관료들은 그들의 업무를 수행할 때 정책 관련 집단의 기대에 부응해야 한다. 집행을 담당하는 기관과 관료들을 대상으로 이미 많은 통제제도들이 설치되어 있고 아울러 그들에 대한 많은 기대감이 중복적으로 주어진 상황에서 모든 정책관련 집단의 기대에 부응한다는 것은 쉬운 일이 아닐 것이다.

이런 상황에서 집행을 담당하는 기관과 관료들은 누구의 기대에 부응하고 누구의 기대를 저버릴 것인지와 관련해서 어려운 결정을 해야 한다. 누구의 기대에 부응해 정책이 집행될 것인지는 누구로부터 얼마만한 기대를 받고 있고 또 통제를 받고 있는지에 따라 관료들의 행태가 달라진다. 즉 관료들이 취하게 되는 행위의 수준은 그들의 업무를 수행할 때 누구의 기대에 반응하는지에 달려있다.

4) 정치체제의 구조와 정권의 특성

정치체제의 특성은 정책집행의 주요한 환경적 요인이 되며 정책집행의 결과를 좌우하게 된다. 정치체제의 특성으로는 중앙집권화와 지방분권화 성향, 정치체제의 진보성과 보수성을 들 수 있다. 정치체제의 진보적 또는 보수적 성향은 정권(regime) 차원에서 논의될 수 있으며 정권의 유형 또는 특성은 정책 내용에 영향을 미치는 중요한 환경적 요인이 된다. 정권의 특성 또는 유형은 권위주의, 민주주의, 진보 성향, 보수 성향 등으로 분류할 수 있으며 동일한 정책이라도 어떤 유형이나 정치적 특성을 가진 정권에서 추구되는가에 따라 정책 형성과 집행에 상당한 영향을 미치게 된다.

keyword 39 정책의 적정성[39]

1. 정책의 적정성 진단 모형

D. Van Meter와 C. Van Horn의 정책집행 모형은 정부정책의 설립에 있어서 새로운 규제정책을 확립하거나, 기존 규제정책에 이미 확립되어 있는 유형을 변화시키기 위한 정부의 의도적 조치를 설명하기 위한 모형으로 설명될 수 있다.

정책집행 모형을 통해서 살펴보면, 정부에 의해 형성된 정책은 집행조직과 대상집단을 통하여 이상화된 정책이 실현된다. 또한 환경적 요인의 영향을 받으며 집행조직과 대상집단의 상호간 의사소통과 피드백(feed back)의 과정을 통하여 제도화 된다.

이상화된 정책의 집행은 결국 각 구성요인을 중심으로 상호교환과정(transaction process)을 밟게 되며, 상호교환과정이 원만하게 이루어지지 못할 경우에는 다시 정책집행과정과 정책결정과정에 피드백을 주게 된다. 이와 같은 Van Meter와 Van Horn의 정책집행 모형은 정책집행의 주요 변수들을 제시하고 그 변수들 간의 상호관계를 제시함으로써 정책점검 시에 주목해야 할 기초적인 요소를 명확히 제시하고 있다.

또한 D. Van Meter와 C. Van Horn은 조직론적 관점에 입각하여 정책집행 단계에서의 행태에 영향을 미치는 심리적 요인을 중심으로 체계적인 정책집행연구를 위한 이론적 틀을 제시하였다. 즉, Van Meter와 Van Horn은 정책집행을 포함한 전체 정책체계를 구성하고 있는 주요 변수와 변수들 상호간의 관계를 밝히고 있다. 이를 정리하면 다음의

<그림 39.1>에서 볼 수 있는 바와 같이 정책과 성과를 연결짓는 것을 정책집행이라고 보고 그러한 정책집행의 주요 변수로서 다음과 같은 여섯 가지의 변수를 제시하고 있다.

✚ 그림 39.1 Van Meter와 Van Horn의 정책집행 모형

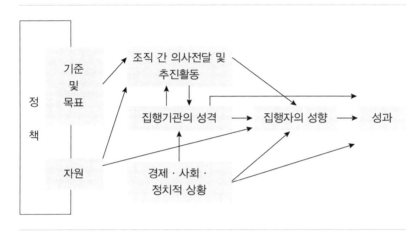

2. 정책의 적정성 점검을 위한 지표의 체계

정책이나 제도의 적정성 점검을 위한 지표의 체계 검토에 있어서, 정책의 적정성을 점검하기 위해서는 다음과 같은 3단계의 검토가 필요하다. 먼저 제1단계로는 정책이나 제도의 필요성을 점검하는 단계를 거쳐야 한다. 다음 2단계로는 정책이나 제도의 운영에 따른 제도준수, 목표달성정도, 목표성취정도, 정책이나 제도에 대한 만족도 등의 운영차원의 검토가 필요하며, 마지막으로는 정책이나 제도의 유지를 위한 정책 자체의 적정성과 정책운영의 효율성 점검이 필요하다. 또한 이러한 과정은 환류과정을 통하여 정책을 수정 및 보완되며 이때 정책 관리의 역량

을 보완하는 피드백과정이 필요하게 된다. 이를 정리하여 다음의 그림으로 나타낼 수 있다.

✛ 그림 39.2 정책의 적정성 검증 Flow Chart

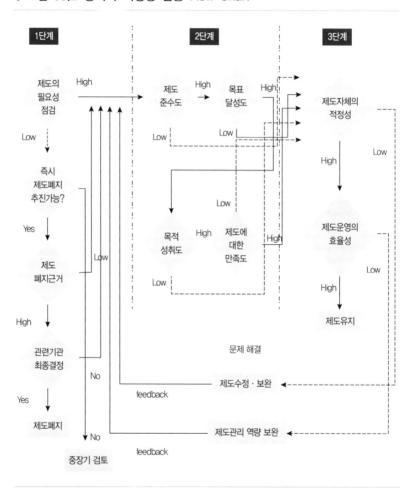

출처: 황성돈·최창현 외(2009). 행정제도 적정성 점검체계 구축방안. 행정안전부 프로젝트 보고서.

공공선택론[40]

공공선택론(public choice theory)은 정치과정을 경제학의 원리와 방법으로 분석한 이론이다. 즉, 시장에 생산자와 소비자, 고용자와 피고용자가 존재하듯이 공공부문에도 정치가, 관료, 특수이익집단, 투표자가 존재한다고 가정하고 이들의 행태를 경제학적으로 분석한 이론이다.

1. 공공선택론의 배경과 발전

공공선택론의 기원은 스웨덴의 경제학자 크누트 빅셀(Knut Wicksell)이 1896년에 제시한 이론에서 찾을 수 있다. 그는 공무원은 효율을 희생으로 예산을 늘리고, 자신들의 조직을 비대화하려는 등, 자기 이익 극대화를 위해 일할 뿐이라고 주장했다. 현대적 공공선택론의 선구자로 꼽히는 것은 덩컨 블랙(Duncan Black)이다. 그는 중위자투표 모형

크누트 빅셀(Knut Wicksell)

(median voter theorem)의 기본 개념을 발전시켰다.

제임스 M. 뷰캐넌과 고든 털럭이 1962년에 출간한 「국민합의의 분석: 입헌민주주의의 논리적 근거(The Calculus of Consent: Logical Foundations of Constitutional Democracy)」는 공공선택론의 대표작으로 평가된다. 뷰캐넌과 털럭은 공공재의 배분 결정이 정치적 표결에 의하여 이루어짐을 설명

제임스 M. 뷰캐넌
(James McGill Buchanan)

하였다. 또한 정치인과 정부 관리는 다른 사람과 마찬가지로 개인의 이익을 좇는다고 가정한다. 따라서 재선을 하거나 더 큰 권력을 얻으려고 하지 항상 공공의 이익을 위해 행동하지는 않는다는 것이다. 뷰캐넌은 공공선택론을 바탕으로 작은 정부와 적자 축소, 규제 완화를 주장했으며, 1986년 노벨경제학상을 수상하였다.

2. 공공선택론의 기본 가정

종래의 경제학에서의 개인은 경제 활동을 할 때에는 이기심에 따라 자신의 이익을 최대화하기 위해 행동하는 한편, 정치행동을 할 때에는 이기심이 아닌 공공심에 따라 행동한다고 가정하였다. 그러나 공공선택론은 인간 행동을 일원적으로 받아들여 개인이 정치행동을 하는 경우에도 경제행동을 하는 경우와 마찬가지로 자신의 이익을 극대화하기 위해 행동한다고 가정하고 그 연구대상을 정치가, 관료, 이익집단 등의 정치영역으로 확대시켰다. 즉, 정치가나 투표자, 관료 역시 기업가나 상인처럼 자기 자신의 이익을 위해 노력한다는 것이다.

또한, 모든 사회적 실체는 기본적으로 개인 행위자들의 집합이라고 가정한다. 국가는 인격이 있는 유기체가 아니라 개인의 총합일 뿐이고, 개인들은 경제행위를 할 때나 정치행위를 할 때나 똑같이 이기적으로 행동한다는 것이다.

3. 공공선택론의 핵심 내용

1) 가치기준과 관료제 비판

공공선택론의 가치기준은 시민적 선택의 존중이다. 시민 개개인을 이기적 존재로 파악하고 개인적 선택을 존중한다. 공공선택론에서는 정부를 공공재의 생산자라고 규정하고, 시민은 공공재의 소비자라고 규정한다. 이러한 관점에서 전통적 관료제를 비판하고 공공부문의 시장경제화를 통해 시민 개개인의 편익을 향상시켜야 한다고 주장한다.

엘리너 오스트롬은 대규모 관료제를 비판하며, 이를 대신할 공공재 공급방식인 민주행정을 구현할 것을 주장했다. 오스트롬이 대규모 관료제를 비판한 이유는 다음과 같다.

첫째, 대규모 관료제는 시민의 다양한 수요에 대한 반응이 느리다.

둘째, 대규모 관료제는 수혜자에게 높은 사회적 비용을 부과하며, 수요와 공급의 조절에 실패한다.

셋째, 대규모 관료제는 공공재화를 부식시키고, 공공행정이 공공목적에 부합하지 못하게 한다.

2) 합리적 무시와 특별이익집단

합리적 무시는 어떤 정보가 주는 편익보다 그것을 얻기 위한 비용이 큰 경우 그 정보를 얻지 않고 무시하는 게 경제적으로 합리적이라는 개념이다. 이는 투표에도 적용된다. 즉, 유권자는 투표가 주는 편익보다 투표에 필요한 비용이 크다고 판단할 경우 투표를 '합리적'으로 무시한다. 이는 투표율을 낮추는 요인 중 하나이다.

개인의 합리적 무시 행태와는 대조적으로 특별이익집단(special interest groups)은 정치시장에 적극적으로 개입한다. 자신들에게 유리한 방향으로 입법이 이루어지도록 만드는 비용보다 입법의 결과로 얻는 편익이 훨씬 크기 때문이다. 이들의 개입에 관료들은 쉽게 무너진다. 그들은 공복이 아니라 봉급, 수당, 권력, 위신, 퇴직연금 등을 극대화하기 위해 경쟁하는 이기적 개인이기 때문이다. 이렇듯 관료와 이익집단의 이해관계가 어울려 지대 추구 현상이 나타나게 된다.

특별이익집단을 위해 마련된 정책의 집행에는 일반 국민들의 세금이 재원이 된다. 그러나 일반 국민들은 특정한 집단의 이익을 위한 정책에 크게 반발하지 않는다. 그 이유는 불합리한 정책집행으로 인해 자신이 지불해야 할 비용은 소액의 세금이지만, 불필요한 소액의 세금 지출을 막기 위해서는 많은 시간과 노력을 투입해야 하기 때문이다. 결국 개개인으로서는 무시하는 게 더 합리적인 선택이 되는 것이다.

3) 중위자투표 모형

중위자투표 모형(median voter theorem)은 정당의 정책이나 공직 선거 후보자의 공약이 큰 차이가 없는 이유를 설명한다. 중위투표자는 전체 투표자의 50%에 해당하는 투표자를 말하는데, 만약 후보자가 중위투표자에서 벗어나는 정책을 공약하면 다른 후보자에게 패할 가능성이 높아지게 된다. 결국 선거가 막바지에 접어들면서 두 후보 사이의 정책적 차이는 거의 없어지게 된다는 것이다.

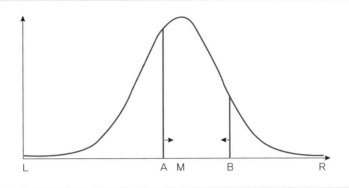

4) 예산극대화 모형

니스카넨(Niskanen)이 1971년에 발간한 「Bureaucracy and Representative Government」에서 제기한 가설로, 관료들은 자신들의 영향력과 승진기회를 확대하기 위해 예산규모의 극대화를 추구한다는 것이다. 관료들이 오랜 경험과 유리한 정보, 홍보능력을 활용하여 재정선택과정을 독점한다는 점에서 재정선택의 독점 모형이라고 불리기도 한다.

니스카넨
(William A. Niskanen)

공공지출의 특징에 관한 니스카넨의 예산극대화 가설은 다음과 같다. 예산의 규모는 과다한 반면, 산출물의 질은 낮고 생산효율성은 예외 없이 저조하다. 관료조직과 정치세력 모두 지출감축을 위해 노력할 필요성을 느끼지 못한다. 현실의 관료들은 유교적 관료나 윌슨(Wilson)적 관료처럼 이기심이 없는 공평무사한 인간도 아니지만, 언론이나 풍자만화에 나타나는 바와 같이 멍청하고, 부패하고, 게으른 사람들도 아니다. 대부분 지적일 뿐만 아니라 사명감을 가진 근면한 사람들로, 회사원이나 민간전문가에 상응하는 능력을 가지고 있다. 지금까지의 중요한 정책적 실패는 '가장 뛰어난(the best and the brightest)' 관료들이 주도한 것이다. 따라서 공공서비스의 수요 및 공급과정을 근본적으로 개혁하지 않는 한 정부의 효율성은 제고될 수 없다.

그러나 1994년 니스카넨은 자신의 가설에 대해 제기된 많은 비판과, 관료의 재정선택 행태에 관한 새로운 이론들을 수용하여 「Bureaucracy and Public Economics」를 발간하였는데, 이 책에서 니스카넨은 관료들이 예산의 극대화보다는 재량적 예산(discretionary budget)의 극대화를 추구하는 경향이 있다고 가설을 수정하였다. 물론 재량적 예산이 관료와 관료집단을 지지하는 정치세력의 사적 소득으로 분배되지는 않지만, 잉여재원의 일부는 관료조직의 인력증원, 자본 및 기타 기본시설의 구입에 사용되어 관료의 이익에 간접적으로 기여할 수 있기 때문이다.

니스카넨은 관료들은 권력의 극대화를 위해 소속 부서의 예산규모를 극대화한다는 전제하에, 관료들의 예산극대화 행태를 예산산출함수 및 정치적 수요곡선과 총비용함수 그리고 목적함수를 도입한 수리적 모형을 사용하여 설명하였다. 니스카넨에 따르면 정부산출물은 적정 생산수준보다 2배의 과잉생산이 이루어진다.

최근의 연구결과에 따르면 많은 정부서비스가 민간계약을 통해서 보다 효율적으로 공급될 수 있다. 그럼에도 불구하고 대부분의 정부서비스가 관료조직에 의해 직접 생산·공급되는 이유는, 관료조직이 전체국민의 이익이라는 관점에서 보면 비효율적인 공급자이지만 정치인의 이익보호라는 관점에서는 효율적인 공급자이기 때문이다. 흔히들 관료조직의 탓이라고 생각하는 정부의 비효율성은 실제로 입법부의 구조 및 의사결정원리 때문에 생겨나고 있다. 정치인의 입장에서 보면 관료조직은 그들의 이익을 충실히 반영하는 대리인인 것이다.

따라서 이와 같은 잉여의 전리품을 배분할 수 있는 체계를 없애지 않는 한 민간이양을 통한 효율성 제고나 정부감축은 불가능하다는 니스카넨의 주장은 설득력이 있다. 그 결과, 정부지출이 공공수요의 증가율보다 빠른 속도로 증가하는 현재의 재정팽창추세는 계속될 수밖에 없다. 그러나 증가하는 재정지출의 상당부분은 관료조직과 정치세력의 특수이익에 기여할 뿐 서비스수준을 개선시키는 것은 아니라는 것이다.

4. 공공선택론에 대한 비판

공공선택론은 '작은 정부'를 역설하는 이론으로 간주되지만, 정치적 입장은 학자마다 다르다. 예컨대, 맨커 올슨(Mancur Olson)은 압력 단체의 로비 활동을 막기 위해 '강력한 국가(strong state)'의 필요성을 역설한다.

공공선택론은 다음의 몇 가지 이유 때문에 현실적합성이 떨어진다고 평가된다.

첫째, 인간을 이기적이고 합리적인 존재로만 가정한 것은 지나친 단순화이다.

둘째, 정부의 산출과 그에 대한 비용부담은 대부분의 경우 분리될 수밖에 없고, 정부 활동의 성과를 시장적 가치로 측정할 수 있는 경우는 오히려 예외적인데, 공공재공급의 분석에 자유시장논리를 직접 도입하려는 방법론에 문제가 있다.

셋째, 공공선택론의 실천적 처방들은 급진적이어서 현실적합성이 낮다. 기존의 정부조직 구성원리와 심한 마찰을 빚기 때문에 지나치게 이상적이다.

넷째, 공공선택론의 처방들은 행정에 대한 시민참여의 수준이 높은 문화를 전제한다. 시민참여의 문화가 성숙되지 못한 곳에서 공공선택론의 현실적합성은 낮다.

keyword 41 담합행위(logrolling)[41]

1. 담합행위(logrolling)의 정의

정치세력이 상호지원의 차원에서 투표거래나 투표담합을 하는 행위를 지칭한다. 즉, 자신의 선호와 무관한 대안에 투표하거나, 암묵적인 동의를 하는 의사결정 행태를 가리킨다. 원래는 '통나무 굴리기'라는 의미로 통나무 굴리기 경기에서 물위에 떠 있는 통나무 위에 두 사람이 올라가 그것을 굴려서 목적지까지 운반할 경우 서로 보조를 맞추지 않으면 떨어지게 되는 상황에서 유래하였다. 통나무를 원활하게 굴리기 위해서는 경쟁세력이 서로 적극적으로 협력해야 한다는 의미에서 나온 말이다. 이 같은 로그롤링은 미국의회에서 자주 볼 수 있는데, 의회 내의 로그롤링은 당신이 나의 안건에 대해 찬성투표해주면 내가 당신의 안건에 대해 찬성투표해주겠다는 지지 혹은 표의 교환이다.

2. 담합행위(logrolling)의 유형

이러한 협상방식에는 다시 세 가지의 유형이 있다. 첫째는 단순형으로서 어떤 공동의 목표를 성취하기 위하여 동시에 똑같은 협조를 하는 형태와 두 번째는 시차형(time logrolling)으로서 상호 합의에 의하여 이번에는 A가 B의 갑(甲)법안에 협조를 해 주는 대신 다음번에는 B가 A의 을(乙)법안에 협조해 주겠다는 거래가 성립되는 경우다. 다음으로는 부수혜택 제공형(side—payments logrolling)으로서 이것은 서로 도와주는 조건으로 현안문제와 관련이 없는 혜택이나 이익을 교환하는 것이다. 예컨대 선거지원, 희망하는 위원회에의 배정, 파티에의 초청 등 혜택 제공의 범위는 다양하다. 이와 같이 통나무 굴리기식 협상은 흥정이나 거래를 통하여 서로 필요한 사항을 만족시켜 주면서 목적을 이룬다는 점에서 '서로 등 가려운데 긁어주기(mutual back—scratching)' 혹은 '호의의 교환(exchange of favors)'이라고도 불리는 방식이다.

선심정치(pork barrel politics)⁴²

1. 선심정치(pork barrel politics)의 정의

선심정치란 '현직의 정치가나 정권 정당이 자신의 정치 목적을 위해 예산을 비롯한 공적 자금을 이용하는 것'이다. 특정 선거구, 의원만을 이롭게 하는 정부 사업(보조금)을 뜻한다. pork는 "돼지고기", pork barrel은 원래 "돼지고기 보존용 통"인데, 왜 그런 뜻을 갖게 되었을까? 이 말이 생겨난 1870년대의 미국에선 돼지고기는 가장 싼 고기였기 때문이라는 설이 있다. 의원이 정부 예산을 자기 지역구로 가져오는 것은 표를 얻을 수 있는 가장 싼 방법이라는 뜻에서 그렇게 부르게 되었다는 것이다.

그런가 하면 남북전쟁 이전에 노예주가 흑인 노예에게 소금에 절인 돼지고기를 나눠주면서 노예들끼리 서로 경쟁해서 그걸 차지하게끔 한 관행에서 비롯된 말이라는 설도 있다. 의원들이 정부 보조금을 자기 지역구로 가져가려고 벌이는 경쟁이 노예의 경쟁을 방불케 한다는 의미에서다.

2. 선심정치의 예

100개의 선거구에서 각각 선출된 대표 100명으로 구성된 입법부에서 총액 100달러의 공공사업 법안이 심의에 걸려 있다고 하자. 이 100달러는 선거구당 1달러씩의 새로운 세금에 의해 부담되도록 되어 있지만 이 사업의 경제효과는 실은 60달러라고 하자. 그러면 왜 이러한 확실히 비경제적인 선심 법안이 가결되어 버리는 것일까? 뷰캐넌(James McGill Buchanan)과 털록(Gordon Tullock)에 의하면 이러한 경우 100명 중 51명의 의원이 결탁하여 각각의 선거구에 이러한 사업이 전개되도록(즉, 51개의 사업을 포함하도록) 일괄법안을 통과시키게 될 것이라고 한다. 그러면 이들 의원의 선거구는 각각 51달러씩을 부담하게 되지만 그러나 선거구에는 반드시 하나의 사업이 전개되기 때문에 거기에서는 60달러의 경제효과를 기대할 수 있게 된다는 것이다. 당연히 이러한 결탁은 다른 사업을 둘러싸고 차례차례로 형성되어 몇 개의 선심 법안이 가결되어 버린다고 예상할 수 있다.

이 예에서도 알 수 있듯이 민주주의 하에서 선심정치가 횡행하는 것은 개개의 정치가가 자신의 재당선을 우선하고 무엇보다 지방선거구의 이익을 제일로 생각하여 행동하는 것에 기인하는 것이다. 따라서 선심정치라는 말은 부정적인 이미지를 가지고 사용되는 경우가 많다.

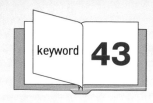

keyword 43 평가의 모형[43]

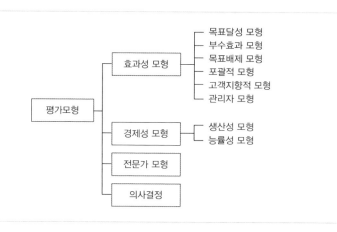

정부개입의 실제적인 결과에 초점을 맞춰 크게 효과성 모형, 경제성 모형, 전문가 모형, 의사결정 모형 등을 평가의 대표적인 모형으로 분류할 수 있다. 효과성 모형(effectiveness model)은 여러 대안적인 정부개입 활동의 결과를 강조한다. 이에는 목표달성 모형, 부수효과 모형, 목표배제 모형, 포괄적 모형, 고객지향적 모형, 관리자 모형 등이 포함된다. 경제성 모형은 효과성뿐만 아니라 비용 측면에도 관심을 갖는 모형이다. 이에는 생산성 모형과 능률성 모형이 포함된다. 전문가 모형은 구체적인 평가대상이나 평가절차가 아니라 누가 평가를 수행하는가 하는 평가의 주체에 초점을 둔다. 의사결정 모형은 앞으로 있을 의사결정을 평가의 주요 구성체로 삼는 모형이다.

1. 목표달성 모형(goal - achievement model)

목표달성에 초점을 두는 이 모형은 평가문제에 접근하는 가장 고전적인 방법으로 목표달성의 측정과 영향 평가의 두 요소로 이루어진다. 목표달성의 측정은 성취된 결과가 프로그램의 목표와 얼마나 일치하는가 하는 것이고, 영향 평가는 해당 프로그램에 의해서 그런 결과가 도출되었는가 하는 것으로 세분할 수 있다.

이 모형의 장점은 민주주의적 특성, 연구적 특성, 단순성 등을 들 수 있다. 첫째, 민주주의적 특성이란 이 모형이 민주주의적 관점에 바탕을 두고 있다는 것이다. 정부정책은 국민의 대표로 구성된 정치기구에서 공식적으로 채택하는 것이기 때문에 이런 시스템을 통하여 어떤 결정이 내려지면 그 결정사항은 다른 어떤 사회기구에서 내려진 결정사항들과는 비교할 수 없는 절대적인 지위를 차지하게 된다. 따라서 정부 프로그램의 목표는 국가의 의사결정 기구를 통하여 설정되기 때문에 극히 중요한 의미를 지니게 된다. 둘째, 연구적 특성은 이 모형에서의 평가 작업이 사회과학적 연구의 성격을 띤다는 것이다. 프로그램 목표는 원래 입법취지나 준비작업을 통하여 명확하게 제시되고 있으므로 그 목표를 해석하는 작업을 통하여 평가의 기준이 실증적으로 설정될 수 있다. 프로그램 결과를 프로그램의 목표에 비추어 평가하게 되면 평가자가 평가의 대상이 되는 프로그램에 대하여 자신의 주관적 입장을 반영하게 되는 것을 피할 수 있다. 셋째, 단순성은 이 모형이 이해하고 적용하기가 매우 쉽다는 점이다. 반면에 이 모형의 단점은 첫째, 비용을 고려하지 않는다는 점, 둘째, 프로그램의 목표가 불명확하면 평가의 기준을 설정하기가 어렵다는 점, 셋째, 의도하지 않았던 효과를 반영하지 못한다는 점이다.

2. 부수효과 모형(side - effects model)

어떤 정책이든 의도되지 않고 예측할 수 없었던 부수효과가 나타날 수 있다. 이 모형은 바로 그런 부수효과들을 어떻게 평가할 것인가를 고려하는 모형이다. 이 모형의 특징은 공식적인 목표는 여전히 중요하며 부수효과가 보충적인 역할을 한다는 데에 있다. 그렇지만 이 모형에서는 공식목표에 더해서 그 목표에서 미리 정해 놓은 대상 분야 이외의 영역에서 나타나는 현상들도 고려한다. 이러한 부수효과는 예측하지 못한 긍정적, 부정적 효과와 예측할 수 있었던 긍정적, 부정적 효과를 포함한다.

목표달성 모형과 마찬가지로 부수효과 모형도 의회 명령 체계의 불가침성이라는 규범적인 신념에 그 바탕을 두고 있다. 이런 전제조건이 주어진다면 이 모형이 목표달성 모형보다 더 우수하다고 할 수 있다. 정책평가를 실시하는 주요 이유가 일차적으로 정부 활동이 어느 정도까지는 예측이 불가능하고 또 항상 프로그램 채택 단계에서는 예측치 못하였던 부수효과를 가져오기 때문이라고 할 수 있다. 이런 부수효과를 구체적으로 찾아내고 평가하는 일은 평가의 중요한 의무라 할 수 있다.

부수효과 모형에서 가장 큰 문제가 되는 것은 정책의 장단점을 판단하는데 어떤 기준을 적용할 것인가 하는 점이다. 그러나 특히 예측이 불가능한 부수효과는 사전에 판단할 수가 없기 때문에 평가를 위한 가치기준을 만드는 것은 불가능하다. 하나의 방법으로 중심효과를 구체적으로 찾아내고 그것을 사전에 결정된 목표와 비교하는 작업과는 별개로 평가자는 일련의 부수효과들을 모두 찾아내어 그 가치를 규명하는 작업이 필요하다. 그리고 그 프로그램에 대한 전반적인 사후적 평가 활동을 수행하는 임무는 평가의 사용자들에게 넘겨줄 수도 있다.

3. 목표배제 모형(goal - free model)

이 모형은 목표를 배제하고 문제에 접근하는 것을 주장하는 모형으로 평가자들이 사전에 결정된 프로그램의 목표에 지나칠 정도로 집착하는 것을 강력히 비판하면서 평가의 출발점은 목표가 아니라 프로그램이 가져온 결과로부터 시작되어야 한다고 주장한다. 평가를 할 때 공식화된 프로그램 목표에 지나치게 집착하는 태도를 버리면 평가자는 정부개입 프로그램의 전체적인 영향을 좀 더 개방적인 시각으로 바라볼 수 있게 된다는 것이다.

목표배제 모형에서 평가자의 역할은 정부개입의 전반적인 모습을 파악하고 그로부터 파생되는 모든 효과를 찾아내는 것이다. 평가자가 사전에 공식적인 목표에 대한 지식을 갖고 있지 않기 때문에 의도된 효과와 의도되지 않은 효과를 구분하는 편견을 갖지 않게 된다.

목표배제 모형의 장점은 첫째, 부수효과 모형에 비하여 프로그램 실시과정을 방해하는 일이 적다. 실시 중간에 목표가 변화하는 경우 그에 따라 적응하기가 매우 쉽다. 둘째, 전환이 용이하다는 점인데 평가를 시작할 때 목표배제 모형으로 시작한 다음 일차적인 검증이 끝난 다음에는 부수효과평가로 전환하여 부수효과평가의 장점들을 다 취할 수 있다. 이 모형의 단점은 첫째, 목표달성 모형의 장점인 민주주의적 특성을 무시한다는 점이다. 둘째, 발생할 가능성이 있는 모든 효과라는 엄청난 범위를 다루기 쉬울 정도의 범위로 축소하는 것이 어렵다는 점이다. 셋째, 목표달성 모형이나 부수효과 모형과 마찬가지로 비용을 고려하지 않는다는 점이다.

4. 포괄적 모형(comprehensive model)

포괄적 모형은 평가란 목표달성 모형보다는 좀 더 포괄적인 성격을 가져야 한다는 생각에 그 뿌리를 두고 있다. 즉 평가와 관련된 판단과정에서는 프로그램이 달성한 결과만을 그 대상으로 제한해서는 안되며 최소한 집행 단계 그리고 어떤 경우에는 기획 단계까지도 포함해야 한다는 것이다.

이 모형의 주된 특징은 평가대상의 범위, 즉 산출과 결과만이 아닌 다른 구성요소들도 평가의 대상이 된다는 점이다. 이런 의미에서 이 모형은 시스템을 강조한다. 포괄적 모형은 정부 활동의 기획, 의사결정, 집행 단계까지도 명시적으로 포함한다는 점이다.

포괄적 모형은 투입 결정과 실제적인 성과 사이의 집행과정에 대하여 분명하게 그 중요성을 부여하고 있다는 점이 장점이라고 할 수 있다. 반면 공식적으로 제시된 실제적인 목표만을 집중적으로 평가의 대상으로 삼기 때문에 부수효과를 발견하지 못하게 될 수 있다는 점과 비용에 대해 관심을 기울이지 않는다는 점, 평가이용자의 관점을 무시하고 있다는 점이 그 단점이다.

5. 고객지향 모형(client - oriented model)

고객지향 모형은 프로그램의 대상이 되는 사람들의 목표기대, 관심사, 필요성 등을 평가의 기본 원칙 및 판단의 기준으로 삼는다. 고객지향평가의 가장 주된 요소는 해당 프로그램이 고객의 관심, 욕구, 기대를 충족시켜 주는가의 여부를 살펴보는 것이다.

고객지향 모형은 정부에 의한 공급보다 시장기능이 더 우위에 있다는 생각에 그 뿌리를 두고 있다. 정책소비자들이 정책시장에서 정책을 선택하는 행위나 서비스 공급에 대하여 반응하는 태도 등을 통하여 표출된 압력이 앞으로의 정책서비스를 향상시키고 소비자의 만족을 증대시키는 요인으로 작용하게 된다는 것이다. 또한 고객지향 모형은 민주주의적, 참여적 성격을 가진다. 고객이라는 개념이 소비자라는 개념에는 결여되어 있는 참여적이고 민주주의적인 측면을 포함하고 있다. 참여적인 측면이란 고객이 서비스의 제공자에게 자신들의 불편과 요구사항을 전달할 수 있으며, 서비스의 내용에 대해서도 고객이 어느 정도 영향을 미치고 책임을 지게 된다는 의미이다.

고객지향 모형의 또 다른 특징은 프로그램의 어떤 구성요소가 평가의 대상이 되어야 하는가에 대해서 구체적으로 정하지 않고 있다는 점으로, 이 때문에 여러 가지 다양한 형태의 평가 활동이 가능해진다.

6. 이해관계자 모형(stakeholder model)

이해관계자 모형에서는 프로그램에 관심을 갖고 있거나 그 영향을 받는 사람들의 관심사나 견해가 평가의 기본 구성원리가 된다. 이해관계자 모형은 고객지향 모형과 유사한 점이 많지만 대상 범위에 있어서는 많은 차이를 보인다. 고객지향 모형은 프로그램과 관련하여 이해관계의 영향을 받는 여러 집단 가운데 한 집단만을 대상으로 하는 것인 반면 이해관계자 모형은 그들 모두를 대상으로 하는 것이다.

이해관계자 모형의 장점은 첫째, 관련지식 측면에서 관련 당사자들이 가지고 있는 사업 관련 지식들을 평가자들이 충분히 활용할 수 있게 된다는 점, 둘째, 활용성 측면에서 사업 관련자가 평가에 직접 참여하게 되면 평가를 통하여 얻은 교훈을 활용하는 정도가 매우 커지는 바람직한 현상이 나타날 것이라는 점, 셋째, 목표관리 측면에서는 사전에 분명한 목표가 결정되어 명시되지 않았거나 명시된 목표가 존재하지 않아 이해관계자의 관심사나 사안을 명백히 밝혀내야 하는 경우 또는 동시에 몇 가지 상충되는 목표가 제시되었을 때 이를 조정해야 하는 경우에 유용하다는 점이다.

이해관계자 모형 역시 비용 측면을 무시하고 있다는 단점이 있고, 모든 이해관계 당사자들을 접촉해서 자료를 획득해야 하므로 상당히 비현실적이고 자원의 소모가 많다는 단점도 있다. 또한 이 모형에서는 누가 이해관계자인가 하는 문제에 대하여 권위 있는 해답을 제시하기 어려워서 경우에 따라 결정하여야 한다는 점도 단점이 될 수 있다.

7. 생산성 모형(productivity model)

위에서 살펴 본 모든 효과성 모형의 공통된 특징은 비용에 관심을 기울이지 않는다는 것이다. 프로그램 실행에는 자원이 필요함에도 불구하고 효과성평가 모형은 목표 달성 여부를 따져보는 일은 중요하게 생각하면서 그 목표에 도달하는 데에 필요한 비용은 고려하지 않는다는 것이다. 이와 대조적으로 경제성 모형의 전형적인 특성은 바로 비용에 관심을 둔다는 점이다.

생산성은 비용에 대한 산출의 비로 정의된다. 공공부문의 활동에 대한 척도로서 생산성 개념을 활용하는 데 따른 기술적 장점은 사업 비용이 현금화된 재원의 형태로 각 기관에 배분되기 때문에 비용을 계산하는 것이 그다지 어렵지 않다는 점이다. 반면 생산성 개념은 내부적인 척도로서 최종 수혜자나 사회 전체와 관련하여 그 성과가 가져온 어떤 결과와 그 결과의 가치 등을 포함하지 못하며, 또 그렇게 해서 얻은 편익이 그만한 비용을 들일만한 가치가 있는 것이었는가 하는 문제를 포괄하지 못한다는 단점을 가지고 있다.

8. 능률성 모형(efficiency model)

능률성은 비용편익과 비용효과라는 두 가지 방법으로 측정될 수 있다. 능률성평가는 비용과 사업결과를 연결시키는 준거 틀을 제공해준다. 비용편익분석에서 사업의 투입과 산출은 모두 금전적인 기준으로 측정되는 반면, 비용효과분석에서 투입은 금전적인 기준으로 측정되고 산출은 실제적인 영향의 측면에서 측정된다.

이 모형은 현대 민주주의 국가의 공공부문 활동에서 일반적으로 요구되는 가치 기준, 예컨대 법적 형평성, 절차상의 공정성, 대표성, 참여의 가치 그리고 개방성의 원칙 등을 고려하지 못한다는 단점이 있다.

9. 의사결정 모형(decision - making model)

평가의 중요한 목표는 앞으로의 정부 활동에 활용될 수 있는 타당한 지식을 제공해 주는데 있다. 이러한 유용성이라는 역할이 강조됨에 따라 평가자들은 사전에 결정된 목표나 실질적인 결과, 또는 고객의 관심사보다는 미래의 의사결정 형태나 현재 의사결정과정이 진행 중인 사안을 평가의 구성체로 삼아야 한다는 주장이 대두되었다. 이러한 경향을 의사결정 중심적 평가라고 한다.

평가는 앞으로 나아갈 방향을 결정하기 위하여 뒤를 돌아보는 일이라 할 수 있다. 대부분의 평가 모형은 평가 작업의 여러 구성요소 가운데 회고 지향적인 부분을 그 출발점으로 삼는다. 반면 의사결정 중심 평가는 평가과정 중에 미래 지향적인 측면을 그 구성체로 삼는다. 즉, 평가활동 가운데 과거 지향적인 부분을 통하여 가까운 장래의 구체적인 의사결정 상황에서 사용될 적절한 정보와 판단을 도출해 내야 한다는 것이다.

평가의 유형[44]

평가의 유형(types of evaluation)은 평가의 목적, 주체, 대상, 시점, 단계,
방법 등에 따라 다양하게 분류될 수 있다. 일반적으로 평가의 주체가 해
당 정책사업의 추진기관인가 아니면 독립적인 제3자에 의한 평가인가에
따라 내부평가와 외부평가로 구분되고, 평가의 대상이 정책, 사업, 또는
기관인가에 따라 정책평가, 사업평가, 기관평가로 구분되며, 평가의 시
점이 정책사업의 집행 이전인가 집행과정 중인가, 집행 후인가에 따라
사전평가, 과정평가, 사후평가로 구분된다. 또한 여러 평가의 결과를 종
합평가하는 메타평가도 있다. 이상의 평가 유형은 상호 배타적이라기보
다는 상호 보완적이라 할 수 있다.

1. 예비평가와 본평가

예비평가(preliminary evaluation)는 현재 진행 중인 정부개입이 그 형태상
전면적인 과학적 평가에 적합한가를 결정하기 위하여 본격적인 평가 전
에 소규모로 살펴보는 것을 말한다. 1970년대 특별한 사정평가 기법으
로 평가성 사정(evaluability assessment)을 개발한 홀리(Joseph Wholey)는 평
가성을 어떤 프로그램이 평가될 수 있는가의 여부를 말하는 것이 아니
라 그 프로그램이 결과지향적인 방향으로 관리되기 위한 모든 요건을
갖추고 있는지 또한 결과지향적인 관리를 위해서는 어떤 변화가 필요한
가를 따져보는 것으로 제시한다.

이러한 평가성 사정은 현재 진행 중인 사업의 어떤 측면이 앞으로의 전면적인 평가에 포함되어야 할 것인지를 결정하기 위하여 실시되는 연속적인 자료수집과 분석의 과정이다. 그 첫 번째 단계는 사업 분석(program analysis)으로 사업의 내용 및 구성요소의 확인을 통하여 사업의 본질을 파악하는 것이다. 이 단계의 구체적인 과정으로 프로그램 문서화 흐름 모형의 준비, 주요 관련자들의 사업에 대한 인식 및 견해 탐구, 사업 정찰(scouting), 평가 가능한 사업 모형의 개발 등이 포함된다. 두 번째 단계는 실현가능성 분석(feasibility analysis)으로 전면적인 평가가 실시되어야 하는가, 만약 그렇다면 프로그램의 어떤 측면이 평가에 포함되어야 하는가에 대한 결정을 하게 된다. 어떤 프로그램은 방법론적 관점뿐만 아니라 사회적, 정치적 관점에서 평가가 불가능하다고 판단할 수도 있다.

본평가(substantive evaluation)는 예비평가 이후에 실제적으로 이루어지는 평가로서 대부분의 평가가 이에 해당한다.

2. 내부평가와 외부평가

통상 평가의 주체에 따라 내부평가와 외부평가로 구분하나 누가 평가를 제안하고 구성할 것인가, 누가 평가를 실시할 것인가, 누가 평가를 활용할 것인가 하는 세 가지 요소를 동시에 고려하여 세분될 수 있다.

평가의 제안자는 평가 실시의 결정을 내리고 그 비용을 대는 개인, 조직 및 기구를 말한다. 평가의 실시자는 평가의 구성, 자료 수집 및 분석, 보고서 작성 등의 책임을 맡고 있는 개인, 조직 및 기구를 말한다. 평가의 사용자란 평가를 통하여 정책이나 사업에 대한 정보의 수요를 충족시키는 개인, 조직 및 기구를 말한다.

평가의 제안자, 실시자, 사용자는 각각 다를 수 있다. 하나의 같은 주체가 평가를 제안하고 실시해서 활용하는 경우가 있을 수 있는데, 그 때 평가의 제안과 실행 주체가 바로 그 평가의 대상이 되는 정책이나 사업을 담당하고 있는 부서라면 그러한 평가는 매우 강한 의미의 내부적 평가가 된다. 반면, 평가가 평가의 대상이 되는 정책이나 사업을 책임지고 있는 기구가 아닌 외부 기구에 의하여 제안되고 실시되며 활용되는 경우일 때 그러한 평가는 매우 강한 의미의 외부적 평가가 된다.

3. 사전평가와 사후평가

평가의 시기에 따라서 사전평가와 사후평가로 구분되는데 사전평가 (ex ante evaluation)는 평가 대상 정책·사업이 확정되었으나 집행하기 전에 행하는 평가로서 가장 보편적인 것이 사업의 사전타당성 검토이다. 사업 타당성 검토는 정책분석 활동으로서 정책대안을 최종적으로 확정하기 전에 최선의 대안을 결정하기 위한 사전적 정책분석과는 다른 것이다.

일반적인 정책분석과정과 사전타당성 분석과정의 결정적인 차이는 집행 대상 정책사업이 확정되어 있느냐 여부이다. 전자는 집행할 정책이 아직 확정되지 않은 상태에서 최선의 정책대안을 결정하기 위한 분석 활동인 반면 후자는 집행할 정책이 확정되어 실행되기 전에 계획된 효과와 비용을 점검하는 활동이다.

사후평가(post facto evaluation)는 정책·사업이 이미 확정되어 집행된 결과를 평가의 대상으로 삼는 평가이다. 그 대표적인 것이 영향평가 (impact evaluation)로서 영향사정(impact assessment) 또는 영향분석(impact analysis)이라고도 부른다. 이는 프로그램의 결과가 어디에서 기인한 것인지 등의 인과관계를 밝히는 것이 그 핵심 활동이다. 평가와 영향사정을 동일한 것으로 취급하지 않는다고 하더라도 대부분의 평가 학자들은 평가 시에 인과관계를 밝히는 영향평가의 중요성을 강조하고 있다.

이러한 영향평가의 어려움은 프로그램 실시로 인한 영향과 프로그램 이외의 원인으로 인한 영향을 구분하여야 하는 것이다. 정책·사업의 실시 이후에 나타나는 결과는 그 사업뿐만 아니라 같은 시기에 실시된 또 다른 사업 등의 요인에 의해서도 일어날 수 있기 때문이다. 따라서 영향평가에는 실질적인 인과관계를 밝히기 위해서 다양한 방법론이 도입되는데 가장 고전적인 무작위 배정 실험집단 비교방법, 짝짓기 구성에 의한 비교집단활용방법, 포괄적 통제집단 비교방법, 통계적 비교집단 활용방법, 재귀적 통제집단 비교방법 등 다양한 방법이 있다.

ㄴ. 과정평가와 총괄평가

평가의 단계에 따라 과정평가와 총괄평가로 구분할 수 있으며 과정평가(process evaluation)는 특정 사업이 왜 성공했는지 또는 실패했는지, 어떻게 그 사업이 그러한 영향을 가져왔는지 또는 그렇지 못하였는지에 대한 구체적인 설명을 찾는 활동이며, 총괄평가(summative evaluation)는 정책이나 사업이 성공하였는지를 파악하는 평가로서 결과평가(outcome evaluation)가 이에 해당한다.

과정평가는 사업의 형성과 집행, 그리고 사업의 배경이 되는 행정적이고 정치적인 모든 상황에 관한 총체적인 정보를 도출해내는 것을 그 목표로 한다. 또한 과정평가는 정부개입의 활동을 통하여 나타나는 모든 종류의 결과를 추적하는 과정이라고 할 수 있으며 어떠한 정책의 결과를 결정짓는 과정은 상호작용하는 요인들이 서로 복잡하게 얽혀있는 네트워크와 같다. 과정평가는 이러한 인과적 상호관계를 하나의 전체적

틀로 구성해 보자는 데에 그 목적이 있다. 이러한 작업을 통하여 사업의 시작과 그 결과 사이의 과정들 그리고 관련 요인들이 결과에 미치는 영향을 탐색할 수 있게 된다.

과정평가의 대표적인 유형에는 정책집행분석(policy implementation evaluation)과 모니터링(monitoring)이 있다. 정책집행분석은 정책이나 사업의 집행을 활동에서부터 최종결과에 이르는 중간목표들로 파악하여 그 인과관계를 규명하는 평가이다.

모니터링은 정책이나 사업의 집행과 결과의 향상에 초점을 맞춘다. 모니터링은 정책이나 사업의 집행 및 결과 단계에서 모든 실질적인 연결지점에 대한 실증적인 검증을 하는 것이다. 즉 프로그램 등이 의도하였던 그대로 대상자에게 전달되고 있는가와 프로그램 등이 대상자 모두에게 빠짐없이 전달되고 있는가 하는 두 가지의 질문이 모니터링의 중심적인 내용이다.

모니터링은 사업과 관련된 결정사항들이 하위 담당기관에서 계획대로 잘 수행되고 있는가를 살펴봄으로써 집행과 전달과정에서 나타날 수 있는 실수나 태만을 바로 잡기도 하고, 사업이 대상집단에 전달되는 단계에서 그 사업내용이 대상집단이 실제로 기대하거나 원하는 것과 부합하는가의 여부에 대해서도 살펴봄으로써 프로그램의 전달을 향상시킨다.

정책이나 사업이 성공하였는지 여부를 알아보는 평가인 총괄평가에는 결과평가가 해당되는데 결과평가는 프로그램을 통하여 발생한 직·간접적 결과 및 효과 자체를 대상으로 분석하는 것이다. 평가기준이 무엇이냐에 따라서 다양하게 구분할 수 있으며 정책이나 사업의 목적달성도를 기준으로 한 평가를 효과성평가(effectiveness evaluation)라고 하고, 능률성을 평가기준으로 삼는 평가를 능률성평가(efficiency evaluation)라고 한다. 이외에도 경제성, 형평성, 민주성 등의 평가기준에 따라 다양한 유형의 평가가 있을 수 있다.

5. 메타평가와 종합평가

메타평가(meta-evaluation)는 평가주체가 일차적으로 실시한 평가를 대상으로 평가 자체의 강점과 약점은 물론 그 평가결과의 유용성, 정확성 및 타당성, 실현가능성에 대해 판단하는 비평적인 평가이다. 한마디로 평가의 평가(the evaluation of an evaluation)로 정의할 수 있으며, 특정 평가의 품질과 가치를 결정하는 평가이다.

메타평가의 방식은 일반적인 평가의 기준 빛 방식을 원용하여 특정 정책이나 사업의 성격에 맞춰 적용할 수 있으며, 특정 평가 자체의 가치를 평가하는 것이기 때문에 평가의 구성요소인 평가의 주체, 대상, 기준 등에 대한 준거적인 틀을 메타평가의 요소로 구성하게 된다.

종합평가(synthetic evaluation)는 평가의 종합(a synthesis of evaluations)을 의미하는 것으로 시간이나 기술적인 제약으로 인하여 직접 평가 실시가 어려울 경우에 특정 사업이나 정책의 실태에 관한 종합적이고 통합적인 정보를 적기에 제공하기 위한 집합적인 평가기술을 말한다. 즉 본질적으로 다른 여러 개의 평가 연구들의 결과를 체계적으로 종합하는 절차이다. 이는 주로 특정 사업이나 정책에 관한 평가 보고의 시의성 문제를 극복하기 위하여 기존의 평가결과들을 활용하는 것으로서 실제로 일차적인 자료수집을 하지 않고 사업에 관련된 문제들에 대한 해답을 구하고자 할 때 이용되는 평가방법이다.

종합평가는 여러 가지 방법으로 수행된 평가들이 일관된 결과를 얻게 되는 경우에는 그런 평가결과의 종합은 상대적으로 더 유익하다는 장점과 특정 평가연구가 제대로 수행되지 않은 경우에는 평가결과에 따른 시정조치를 취해서 직면하게 되는 위험을 피할 수 있게 되는 장점을 활용하려는 목적이 있다. 이러한 장점들을 살리기 위하여 종합평가는 다른 사람들에 의하여 다른 시기에 여러 가지 방법으로 수행된 여러 가지 평가보고서들의 결과들을 수집하여 전반적인 사업의 효과성 문제나 특정 사업이나 정책들이 성공하거나 실패하게 된 이유들을 밝히고자 하는데 활용된다.

1. 평가성 사정의 개념과 의의

평가성 사정(evaluability assessment)은 특정 사업의 구조를 설명하고 그 사업이 목표를 달성할 타당성과 가능성, 해당 사업의 심층적인 평가에 대한 적합성, 그 사업의 사업관리자, 정책결정자 및 사업운영자에 대한 수용가능성 등을 분석하기 위한 체계적인 절차이다. 이는 다음의 절차에 의해서 달성된다.

• 사업의 의도를 사업 내·외부의 주요 활동가의 관점에서 설명한다.
• 사업목표의 타당성과 사업성과의 획득가능성을 명확히 하기 위해서 사업의 실체를 탐구한다.
• 사업성과를 개선할 수 있는 기회를 파악한다.

평가성 사정으로부터는 두 가지의 일차적인 산출을 기대할 수 있다.

① 사업이론(program theory)의 정의: 여기에는 인과관계를 포함한 기본적인 논리와 여러 활동과 자원과 같은 기능적 측면에다가 성과지표와 같은 증거의 유형이 포함되며 아울러 계획된 활동이 언제 실행될 지와 언제 의도한 결과나 의도하지 않은 결과가 달성될지에 관한 내용이 설명된다.
② 이해관계자의 사업에 대한 인식과 관심의 파악: 사업이 무엇을 성취하고자 하는지에 대한 이해관계자의 인식과 목표달성을 향한 사업의 진전

에 관한 그들의 관심이나 염려, 사업자원의 적정성에 대한 인식 그리고 사업의 평가정보에 대한 관심이나 필요 등을 의미한다.

영향평가가 계획되어 있을 때, 평가가 설계되기 전에 위의 두 가지 평가성 사정의 산출물이 준비되어야 한다. 사업이 계획 중이거나 사업 개선이 의도한 목표일 경우, 첫 번째 내용만 필요할 것이다. 잘 정의된 사업의 기본 틀을 갖고 있다는 것은 사업운영자가 자신들의 사업을 운영하여 의도한 결과를 획득할 가능성을 높여준다.

목적이 추가적인 평가에 대한 준비 단계일 때 이들 평가성 사정의 산출 내용은 심층적인 평가가 반드시 필요한지 만일 그렇다면 사업의 어떤 구성요소나 활동이 가장 바람직한 자료를 제공할지에 관한 분명한 정보를 제공할 것이다.

본질적으로 평가성 사정은 평가자들이 두 가지 유형의 오류를 범하는 것을 예방한다. 존재하지 않는 무엇인가를 측정하는 'Type III 오류'와 관리층이나 정책결정자에게 관심이 없는 무엇인가를 측정하는 'Type IV 오류'가 그것이다.

'Type III 오류'는 사업이 실행되지 않았을 때, 사업이 의도한대로 실행되지 않았을 때 또는 수행된 사업 활동과 측정되는 사업목표 사이에 검증할만한 관계가 존재하지 않을 때 발생한다. 'Type IV 오류'는 평가자가 정책결정자나 관리층이 필요가 없거나 취할만한 행동이 없는 정보를 가져올 때 발생한다. 두 가지 종류의 오류 모두 평가성 사정을 수행함으로써 피할 수 있다. 'Type III 오류'는 사업을 정의하고 집행의 범위를 설명함으로써 피할 수 있고, 'Type IV 오류'는 이해관계자들로부터 사업과 사업평가에 관해서 무엇을 중요시 여기는가를 확인함으로써 회피할 수 있다.

2. 평가성 사정의 절차

일반적으로 평가성 사정에서는 다음과 같은 단계가 반복적으로 일어난다.

1) 사업 설명의 준비

사업의 설명은 법률, 행정 규정, 자금공여 제안서, 발간된 안내문, 행정 매뉴얼, 연간보고서, 회의록, 완료된 평가연구 등 공식적인 문서를 토대로 작성된다. 사업설명에는 사업목표를 파악하는 서술, 사업요소나 구성요소를 분류하는 설명이 포함된다. 환언하면, 영향평가 모형과도 같이 사업설명은 어떻게 정책·사업간여가 작동하게 되어 있는지와 실제로 사업이 어떻게 운영되고 있는지를 비교한다.

2) 사업 담당자와의 면담

사업의 목적과 이론적 근거에 관한 설명뿐만 아니라 실제적인 사업의 운영에 관해서 알기 위해서 주요 인사들을 면담한다. 이러한 정보로부터 사업의 의도와 실제 운영의 모형이 개발되고 이어서 면담을 한 사람들로부터 검증을 받게 된다.

3) 사업 현장의 방문

비록 평가성 사정이 대규모 자료수집과도 같은 의미에서 공식적인 연구를 포함하는 것은 아니지만 일반적으로 어떻게 사업이 실제로 작동하는지에 대한 직접적인 인상을 얻기 위해서 현장방문을 하기도 한다.

4) 평가 가능한 사업 모형의 개발

수집된 다양한 유형의 정보로부터 평가계획에 포함시킬 것들을 고려하기 위해서 사업요소와 사업목표를 해설한다.

5) 평가 활용자의 파악

수행될 평가 활동의 목적과 평가결과가 보고될 주요 이해관계자를 파악한다. 그에 더하여 사업의 변경은 행정적으로 실행할지 아니면 입법에 의해서 실행할지 변화에 대한 결정이 내려질 방향이 정해진다.

6) 사업추진에 대한 합의 달성

마지막으로 평가계획을 다양한 이해관계자들과 검토한다. 평가성 사정의 과정 동안 정보 수집의 절차는 전형적으로 핵심 개인이나 집단과의 대화를 포함한다. 따라서 이 지점에서 계획의 대부분의 구성요소에 대한 승인을 받게 된다. 다양한 이해관계자들이 계획에 대해서 승인을 하기 전에 다음의 항목에 대해서 명확한 합의가 이루어져야만 한다.

① 사업이 달성하려 하는 목적
② 분석할 사업의 구성요소, 평가의 설계 그리고 업무를 수행할 우선순위
③ 요구된 자원의 약속과 필요한 협력과 제휴
④ 평가결과 활용계획
⑤ 현재 평가를 수행하기에 적합하지 않은 사업 구성요소들의 잠재적 평가성을 강화하기 위해서 사업담당자로부터 요구되는 노력에 대한 계획, 이후에 이들에 대한 평가노력을 보완하기 위한 접근방법

keyword 46 프로그램 모니터링[46]

1. 프로그램 모니터링의 개념과 연혁

프로그램 모니터링(program monitoring) 또는 사업 모니터링은 일반적으로 평가연구자들이 사업의 적용범위(program coverage)와 사업의 전달(program delivery)을 검사하기 위해서 수행하는 체계적 노력이라고 정의할 수 있다. 사업의 적용범위를 평가하는 것은 정부사업이 그 의도한 대상 인구에게 도달하는 정도를 측정하는 것이고, 사업의 전달을 평가하는 것은 서비스나 처리를 제공하기 위한 계획과 실제로 그들이 제공되는 방식 간의 일치 여부를 평가하는 것이다. 뿐만 아니라 많은 경우 사업 모니터링은 자원 지출에 관한 정보를 수집하는 것도 포함하는데 이 정보는 특정 사업의 혜택이 그 비용을 정당화하는지를 확인하기 위해서 반드시 필요한 것이다. 아울러 모니터링은 사업 활동이 법적, 규제적 요건을 준수하는지 여부를 평가하기도 한다.

역사적으로 평가자들은 영향평가에 대한 보조 활동으로 적절한 대상들에게 올바른 처리가 전달되는 정도를 측정하기 위해서 모니터링과 같은 유형의 활동을 수행해왔다. 한편 절차평가(process evaluation)란 용어는 사업 영향을 평가하는 데에 직접적으로 연관된 사람들로부터 이런 연구 활동을 대조적으로 표현하기 위해서 사용되었다. 절차평가는 사업의 초기 설계나 시험 기간 동안에 형성적인 연구 절차로서 수행되었다. 적절한 처리가 의도한 대상들에게 전달될 수 있다는 합리적인 증거 없이, 사회적 사업의 시범실시 단계에서 대규모 집행 단계로 옮겨가는 것은 전혀 의미가 없기 때문이다.

영향평가에 대한 보조 활동으로 수행되는 절차평가는 사업 활동을 추적하고 그에 대해 보고를 하는 사업관리자들의 노력과는 별개로 수행되었다. 사실상 내부이던 외부이던 평가자는 사업관리자들로부터 가능한 한 독립성을 유지하도록 요구받았기 때문에 종종 자기 자신들만의 자료를 수집하고, 자신들만의 분석을 수행하고, 평가 작업이 완료될 때까지는 사업관리자나 때로는 사업후원자나 이해관계자들에게 주어지는 피드백도 상당히 제한을 했다. 영향평가 목적을 위한 모니터링은 경영관리 목적을 위한 모니터링과는 별개의 활동으로 인식되었다.

근래에는 모니터링과 절차평가 간의 구분은 불분명해졌으며 사실상 두 용어는 서로 호환적으로 사용되고 있고 프로그램 관리자와 평가자 간의 협업도 상당히 증가했다. 부분적으로는 평가 노력이 보다 더 제도화되어서 평가자들이 프로그램 관리팀의 일원으로 인정받게 되었고 평가 활동 자체를 사업관리자들이 잘 이해하게 되었기 때문이다. 또 한편으로는 평가자들이 모니터링 결과를 사업관리자들과 공유하고 사업의 개선을 위해서 협력하고 있기 때문이다.

2. 프로그램 모니터링에 대한 다양한 관점

평가연구자, 사업관리자, 정책결정자, 후원자, 이해관계자 등 프로그램 모니터링 결과로 얻어지는 정보를 필요로 하는 집단은 다양하다. 아래에서는 프로그램 모니터링의 목적에 대한 주요 관련집단의 관점의 차이를 살펴본다.

프로그램 모니터링 정보는 사업을 후원하고 자금을 대는 집단에게 매우 중요하다. 그들의 관점에서 보면 일차적인 문제는 책임성(accountability)

이다. 사업후원자나 자금공여자는 독립적으로나 자율적으로 활동하지 않는다. 정부의 자금 지원을 하는 기관 역시 필요할 때에는 사업을 승인하는 의회나 감사원과 같은 정부 내 감시기구에 설명할 책임이 있다.

이상적으로는 사업후원자나 자금공여기관은 사업의 효과성과 능률성에 초점을 두어야 한다. 사업은 문제점이나 상태에 눈에 띌만한 영향을 미치는가? 비용은 편익과 비교하면 어떠한가? 뿐만 아니라 자금이 적절하게 지출되고 있는지? 사업은 특정한 대상 인구에 잘 도달하고 있는가? 의도한 서비스 중 얼마나 실제로 전달되고 있는가?

책무성 관점에서 평가는 비판적 시각에서 행해진다. 반면에 관리지향적인 모니터링 활동은 결정적 판단을 내리는 데에는 관심이 적고 정규적 사업 운영의 일환으로 개선 조치들을 반영하는 데에 더 많은 관심을 둔다.

관리자의 관점에서 모니터링은 특히 혁신적인 사업의 집행이나 시범 실시 기간 중에 더욱 중요하다. 아무리 잘 계획된 혁신적 사업이더라도 기대하지 못한 결과와 원치 않는 부수효과가 사업집행의 초창기에 나타날 수 있다. 사업설계자와 관리자들은 이러한 문제들을 신속하고 완벽하게 알아야 할 필요가 있다. 그래야만 가능한 한 빨리 사업의 설계에 변화를 줄 수 있다.

정책영향 평가의 원리 [47]

영향평가는 정부간여(government intervention)가 그 의도한 효과를 달성하였는가 아닌가를 확인하기 위해서 실시되는 것이다. 모든 연구에서와 마찬가지로 달성된 효과의 예측치는 확실성이 아니라 단지 일정한 정도의 개연성을 가지고 추정된다. 일반적인 원칙으로 설계가 더 좋으면 결과로 얻어지는 예측치는 더 실현가능성이 높다고 할 수 있다.

영향평가의 설계는 두 가지의 경쟁적인 부담을 고려해야 할 필요가 있는데 한편으로 평가가 확고한 결론에 도달될 수 있도록 충분한 엄격성을 갖고 실시되어야 한다는 것이고, 다른 한편으로는 시간, 비용, 협조, 실험대상의 보호 및 활용 가능한 방법론적 절차라는 실질적인 측면을 고려하면서 실시되어야 한다는 것이다.

통상적으로 평가자는 참가자와 비참가자에 관한 정보를 비교하거나 또는 참가자에 대해서 프로그램 실시 전후에 반복된 측정을 함으로써 프로그램의 결과를 평가한다. 영향평가의 기본적인 목표는 정책개입의 순효과(net effects)의 추정치를 산출해내는 것이다. 즉, 평가대상인 정책프로그램이 대상으로 하는 행태나 조건에 영향을 줄 수 있는 다른 절차나 사건에 의해서 오염되지 않은 정책개입효과의 추정치를 측정하는 것이다.

1. 영향평가의 핵심 개념

모든 영향평가의 기본이 되는 공통의 준거 틀은 '영향을 결정하는 것은 특정한 정부개입을 경험한 사람의 상태와 경험하지 않았거나 다른 무엇인가를 경험한 사람의 상태를 최대한의 엄정성을 가지고 비교함으로써 가능하다는 것'이다. 비교대상은 아무런 처리도 받지 않았거나 아니면 무엇인가 다른 처리를 받은 하나 또는 그 이상의 동질적 집단이다. 다른 대안으로 연구의 대상인 행태나 상태에 관한 정보와 그 이전 시점의 유사한 정보를 비교할 수도 있고, 아니면 정부개입 이후의 행태나 상태의 변화와 정부개입의 부재 시에 발생했을 수 있는 결과의 측정치나 추정치를 비교할 수도 있을 것이다.

1) 실험적 모형

인과관계를 확정하기 위한 이상적인 방법은 무작위 배정에 의한 실험(randomized experiment) 방법이다. 이러한 실험실에서의 실험 모형은 실험대상이 무작위적으로 두 개 이상의 집단으로 분류된다. 한 집단은 통제집단으로 지정되어 전혀 어떤 처리를 받지 않거나 효력이 없는 처리를 받게 되고 다른 집단은 실험집단으로서 검사 중인 절차나 물질을 처리받게 된다. 그리고 난 후 실험집단과 통제집단에서 결과가 관측되고 어떤 차이가 발견되었을 때 그 차이는 실험적 처리나 개입에 원인이 있는 것으로 간주된다.

이러한 실험실의 실험 모형이 영향평가의 기초가 된다. 평가는 실험실의 실험과 마찬가지로 인과관계를 설정하기 위한 노력이다. 때로 영향평가가 무작위 배정에 의한 실험의 모형을 면밀하게 따라갈 수도 있고 또 때로는 실제 상황, 시간 제약, 비용 제한 등의 이유로 이상적인 실험 모형에서 어느 정도 벗어나는 타협이 이루어지기도 한다.

2) 정부개입과 결과의 연결

정책사업의 영향을 입증하는 문제는 그 사업이 어떤 특정한 결과의 원인이라는 점을 입증하는 것과 동일한 것이다. 따라서 영향의 입증은 필연적으로 인과관계(causality)의 입증과 동일하다.

사회과학에서 인과관계는 보통 확률의 개념으로 표현된다. 따라서 "A가 B의 원인이다"라는 말은 보통 우리가 A를 도입하면 A를 도입하지 않았을 때에 비해서 B가 발생할 가능성은 더 높아진다는 것이다. A가 도입되면 B가 항상 발생한다거나 A가 도입된 이후에는 단지 B만 발생한다는 의미는 아니다.

바꾸어 말하면, 직업기술훈련과 같이 실업을 감소시키기 위해서 고안된 사업은 성공적이라면 참여한 사람들이 실업을 면할 확률을 높여줄 가능성이 높아진다. 그러나 직업을 구할 가능성은 기술적 능력 이외에도 지역사회의 경제 상황과 같은 예처럼 훈련사업과는 독립적인 다수의 상태와 조건과 같은 많은 요인들에 달려있다. 따라서 성인들을 위한 자발적 고용훈련사업의 도입은 이전에 기술이 없던 근로자들에게 가용하지 않았던 고용의 기회를 제공하는 직업기술을 제공해야만 하는 것이다. 그러나 명백히 어떤 훈련사업도 아무리 잘 설계되었다 하더라도 완전히 실업을 없애지는 못할 것이다. 어떤 사업대상자는 단순히 제공되는 기회의 이득을 취하기를 거절할 수 있고, 어떤 참여희망자는 공석이 없어서 혜택을 보지 못할 수도 있을 것이다. 나아가서 우리가 평가하려고 하는 사업이 실시되는 것과 동일한 시기에 실업자를 고용하는 고용주에게 특별한 인센티브를 지급하는 것과 같은 다른 정책사업들이 실행될 수도 있다. 그러므로 어떤 특정한 고용훈련사업이 고용을 증대시킬 것인지에 대한 평가는 고용의 추세가 훈련사업 이외의 다른 많은 요인에 반응을 보인다는 사실에 의해서 복잡해진다. 따라서 영향평가에서의 핵심적인 사안은 어떤 사업이 그 사업이 실시되지 않았을 경우나 아니면 다른 형태의 사업이 실시되었을 때와 다른 결과를 산출해내는가 아닌가의 문제이다.

3) 총효과와 순효과

영향평가의 시발점은 해당 사업의 목적을 대변하는 하나 또는 그 이상의 결과측정치(outcome measures)의 파악이다. 성인 가독률을 증가시키기 위해서 고안된 사업을 연구하는 데에 있어서 사업의 목적은 표준화된 학습능력 시험에서 획득한 가독 수준 점수를 증가시키는 것으로 구체화할 수 있을 것이다. 사업은 만일 이 사업에 참여한 후에 참가자의 점수가 사업 참여가 없을 경우에 기대되는 점수에 비해서 높게 나온다면 성공적이라고 할 수 있을 것이다.

여기에서 총효과(gross outcome)와 순효과(net outcome)를 구분하는 것이 대단히 중요하다. 총효과는 어떤 사업을 평가할 때 관찰되는 결과측정치의 모든 변화로 구성된다. 성인가독율 증가 사업의 총효과의 측정치는 사업참여 이전에 측정된 가독 수준 시험 점수와 참여 이후에 측정된 가독 수준 시험 점수 간의 차이로 정의할 수 있다. 총효과는 쉽게 측정될 수 있고 보통 어떤 측정치의 사업 전 후 차이로 얻어진다. 사업 시행 이전의 점수를 측정할 수 없을 때에는 사업 시행 이후 점수만으로 총효과가 측정되는 경우도 있다.

순효과는 측정하기가 훨씬 더 어렵다. 순효과는 순전히 정책개입의 결과로만 인정될 수 있는 효과로서, 작용하고 있었을 수 있는 다른 어떤 원인의 결과로부터 완전히 자유로운 결과이어야 한다. 총효과는 물론 순효과를 포함한다.

따라서 성인 가독률 제고사업에 참여한 집단에게서 사업 참여 이전과 이후에 측정된 가독 수준 점수에서 관찰된 차이는 세 가지 부분으로 구성된다. 첫째, 사업의 효과(순효과), 둘째, 사업 외적인 혼동요인들(confounding factors)의 효과 그리고 셋째, 측정오류, 표본추출 변량 또는 자료수집의 효과성 정도와 같은 연구과정 자체에서 발생하는 설계효과(design effects)이다. 영향평가는 당연히 일차적으로 순효과에 관심을 갖는다. 아래에서는 외적인 혼동효과를 어떻게 제거하는가를 살펴본다.

2. 외적 혼동요인

총효과가 정책개입의 결과뿐만 아니라 동시에 발생하는 다른 사건의 효과까지도 반영한다는 사실에 비추어 볼 때, 영향평가는 정책개입의 순효과의 측정치에 도달해야만 한다. 이를 달성하기 위해서 평가자는 총효과로부터 혼동요인들을 제거해야만 하는데 혼동요인이란 대상인구에서 관찰되는 변화를 전체적으로나 부분적으로 설명하는 어떤 외적인 요인이다. 이들 혼동요인들은 단지 특정 측정에서 원하지 않는다는 의미에서 외적인 것이며 사실상 통상적으로 결과를 산출하는 그런 요인들이다.

1) 내생적 변화

정책사업들은 통상적이고 자연적인 일련의 사건들이 결과에 영향을 미치는 환경 속에서 작동한다. 그렇게 자연적으로 발생하는 효과를 내생적 변화라고 칭한다. 예컨대 대부분의 사람들은 질병으로부터 자연적으로 치유되는데 이는 보통의 신체 방어체제가 질병을 극복하기에 충분하기 때문이다.

2) 간섭 사건

장기적인 추세와 마찬가지로 단기적인 사건도 증진 또는 감소효과를 가져온다. 전쟁의 위협이 공동체 협력을 증진시키기 위한 사업을 효과적인 것처럼 보이게 할 수 있지만 사실상 공동체 구성원들을 하나로 단합하게 해준 것은 잠재적인 위기인 것이다.

3) 숙성효과

특정 연령층 대상집단의 개인의 변화를 목표로 하는 사업의 평가는 숙성효과가 개인에게 있어서 상당한 변화를 만들어낼 수 있다는 사실을 잘 파악해야 한다. 어린이들의 언어능력을 증대시키기 위한 교육사업의 평가는 연령의 변화와 함께 발생하는 그런 능력의 자연적인 증가를 감안해야 한다.

4) 통제 안 된 선발효과

통제 안 된 선발은 연구자의 통제 하에 있지 않은 어떤 변수가 특정 대상자가 평가 중인 사업에 참여할 가능성에 영향을 끼치는 것을 말한다. 가장 익숙한 것은 자가선발(self-selection)의 문제인데 직업훈련에 자원해서 참여하는 사람들은 자원해서 훈련사업에 참여하지 않는 사람들에 비해서 더 많이 동기부여된 사람들이며 이 동기 수준이 혼동요인이 되는 것이다. 왜냐하면 훈련 그 자체의 효과와 관계없이 직업훈련 후에 취업될 가능성에 영향을 끼치기 때문이다.

3. 외적 요인의 효과를 고립시키기 위한 설계 전략

영향평가의 과제는 두 상태의 차이를 추정하는 것이다. 정책개입이 존재하는 상태와 정책개입이 존재하지 않는 상태. 여기에서 전략적인 사안은 어떻게 외적인 요인들의 효과를 고립시켜서 관찰된 차이가 안전하게 정책개입에 기인하는 것으로 해석할 수 있느냐 하는 것이다.

이상적으로는 비교되는 상황이 정책개입을 제외한 모든 측면에서 동일해야만 한다는 것이다. 상호배타적이진 않지만 이러한 이상적인 것을 대략 추정하기 위한 몇 가지의 대안적 접근방법이 있다. 모두 통제집단 즉 실험적 처리를 받지 않는 상태를 나타내는 대상집단을 설정하는 것을 포함한다. 통제집단을 설정하기 위한 공통적안 접근방법에는 다음과 같은 것들이 있다.

① **무작위 배정에 의한 실험**: 대상자들은 무작위적으로 정책개입이 집행되는 실험집단과 정책개입이 유보되는 통제집단으로 나누어진다.
② **회귀 – 불연속 통제집단**: 정교하게 파악된 선발 특성에 있어서 상이한 실험집단과 통제집단의 결과 측정치에 대해서 실험 이전과 이후의 궤적을 비교한다.
③ **짝짓기(matching)로 축조된 통제집단**: 정책개입 대상자들은 무작위적으로 선발되지 않고 정책개입에 노출되지 않은 동질적 비교집단과 짝을 지우게 되고 비교된다.
④ **통계적 동질집단**: 참가자와 비참가자들은 통계적인 방법으로 차이점에 대한 조정이 이루어진 다음에 비교가 이루어진다.
⑤ **재귀적 통제집단**: 정책개입을 받은 대상자들은 정책개입 이전과 이후에 측정되어 스스로에게 비교가 된다.
⑥ **반복 측정 재귀적 통제집단**: 재귀적 통제집단 방식 중 특수한 경우로

서 동일한 대상에 대한 측정이 시간을 두고 반복적으로 측정된다. 패널연구(panel study)라고도 부른다.

⑦ **시계열 재귀적 통제집단**: 재귀적 통제집단 방식 중 특수한 경우로서 어떤 사건의 발생율이 정책개입 개시의 이전과 이후의 여러 시점에서 비교된다.

⑧ **일반적 통제집단**: 참여대상자 집단 가운데의 정책개입효과가 대상 모집단(target population) 내에서의 전형적인 변화에 관한 이미 확정된 규범과 비교된다.

평가 전략을 선택하는 데에 있어서의 가장 심각한 제약은 문제의 정책개입이 대상 인구의 모든 구성원에게 전달되느냐 하는 것이다. 장기적이고 지속적이며 전면 자금지원을 받는 전면 시행 사업의 경우에 통상 정책개입을 받지 않으면서 본질적인 측면에서 정책개입 대상 집단과 비교할만한 대상을 찾는 것이 불가능하다. 그런 상황에서 사용가능한 전략은 재귀적 통제와 사전 사후 비교방법을 활용하는 것이다.

대조적으로 시범사업 규모로 시행되는 정책개입 사업은 대상 인구의 모든 사람에게 전달되지는 않는다. 따라서 초기 국면에서 신규 사업은 부분 시행되는 사업이다. 부분시행 사업의 경우에 다수의 다양한 전략이 사용 가능하다. 신규 사업이나 앞으로 시행될 사업의 경우처럼 사업이 평가자의 통제 아래에 있다면 이상적인 해답은 무작위 배정에 의한 통제집단을 활용하는 것이다. 이 전략 하에서 사업이 시행되는 경우에 혜택을 보게 되는 사람의 대표격인 잠재적인 대상은 무편의적 절차에 의해서 선발되고 대상은 실험집단과 통제집단으로 분류된다. 무작위 배정의 절차는 두 집단이 동일할 가능성을 극대화시켜준다. 즉 외적 요인에 있어서의 개인적 변이가 전체 집단에 걸쳐서 배분되어서 전반적으로 집단들은 처리결과에 관련되는 방식에 있어서 크게 다르지 않게 된다.

평가자가 실험집단과 통제집단을 구성하는 데에 있어서 무작위 배정 방식을 활용할 수 없을 때에는 정책개입을 받지 않은 대상들로부터 적절하게 축조된 통제집단을 구성하기도 한다.

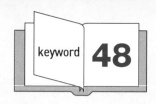

정책영향 평가 설계의 유형[48]

로씨와 프리만(Rossi & Freeman)은 「평가의 체계적 접근(Evaluation: A Systemic Approach)(1989)」에서 통제전략, 정책개입 내용 및 자료수집 전략의 동시적인 고려를 토대로 아래의 표에서 보는 바와 같은 영향평가 연구설계의 체계적 분류를 만든다. 이들 설계는 부분적으로 실시된 사업(partial-coverage programs)의 영향평가에 우선적으로 적합한 연구설계와 전면적으로 실시된 사업(full-coverage programs)에 우선적으로 유용한 설계로 구분된다. 아래의 표에 표시된 각 연구설계에 대해서 살펴본다.

✚ 표 48.1 영향평가를 위한 연구설계의 유형

연구설계	정책개입 참여	사용된 통제의 유형	자료수집 전략
I. 부분실시사업을 위한 설계			
A. 무작위배정 또는 진실험	연구자 통제하의 무작위 배정	실험집단과 통제집단의 무작위 배정	필요한 최소한의 자료는 개입 이후 측정치; 개입 전, 중, 후 측정치
B. 준실험			
(1) 회귀-불연속	비무작위 배정 고정적, 연구자 인지	선발된 대상집단을 비선발된 대상과 비교	복수의 개입 전후 산출 측정치
(2) 짝짓기 통제	비무작위 배정 연구자 불인지	연구자가 정책개입집단과 통제집단 짝짓기	개입 전후 측정치
(3) 통계적 통제	비무작위 배정 종종 비획일적	참여집단과 통제집단 통계적 통제 방법으로 비교	개입 전후 또는 개입 후 산출 측정치 및 통제변수

(4) 포괄적 통제	비무작위 배정	참여집단과 일반 모 집단에서 가용한 산 출측정치와 비교	대상집단 개입 후 산 출측정치 및 일반 모 집단에서 공개적으로 가용한 산출수준 평균

II. 전면실시사업을 위한 설계

A. 단순 전후연구	비무작위 배정 획일적	정책개입 전후에 대상집단 측정	참여대상 개입 전후 산출 측정
B. 비획일적사업용 종단면적 연구	비무작위 배정 비획일적	정책개입에 참여한 대 상과 통계적 통제집 단과 비교	개입 후 산출 측정치 및 통제변수
C. 패널연구: 비획일적사업용 반복측정	비무작위 배정 비획일적	정책개입 전, 중, 후 대상집단 측정	개입 후 산출의 반복 측정
D. 시계열분석: 다수 반복측정	비무작위 배정 획일적	정책개입 전후 대규 모 집약적 통계 비교	개입 전후 대규모 집 약적 다수 반복된 산 출 측정

1. 부분실시 사업을 위한 평가 설계

1) 무작위 배정 실험(randomized experiments)

진실험의 필수적 특성은 대상을 실험처리집단과 비실험처리집단, 곧 실험집단과 통제집단에 무작위적으로 배정한다는 것이다. 평가 연구에 서 무작위배정에 의한 실험은 오직 부분적 실시 사업의 경우에만 적용 가능하다.

무작위배정에 의한 실험은 그 복잡성에 있어서 매우 다양할 수 있다. 실험적 연구의 비용은 그 복잡성에 따라서 광범하게 다양해진다. 가장 정교한 무작위 배정에 의한 실험연구는 실험집단과 통제집단에 대한 일 련의 정기적 측정으로 구성되는 연혁적 연구(longitudinal study)로서 경우에 따라 수년간의 기간에 걸쳐서 이루어진다.

대부분의 무작위 배정 실험은 최소한 산출에 대한 정책개입 이전과 개입 이후의 측정을 필요로 한다. 두 가지의 측정을 사용하는 주된 이유는 실험적 효과에 대한 이후 분석에서 대상의 출발점을 항상 일정하게 잡기 위해서이다. 그러나 가끔 개입 이전의 측정치를 획득하는 것이 불가능한 때가 있다. 예를 들면, 재범을 예방하기 위해서 고안된 수형자 재활 실험의 경우에는 참여 이후의 측정치에만 의존할 수밖에 없다. 왜냐하면 재범을 형무소 출소 이전에 미리 파악할 수는 없기 때문이다.

2) 준실험(quasi - experiments)

영향평가 설계의 대다수는 무작위 배정이 없는 준실험에 해당하는데 여기에서는 사업에 참여하도록 선발된 대상자들로 구성된 실험집단과 중요한 측면에서 참가자들과 비교할만한 실험 비참가자집단 간에 비교가 이루어진다. 이러한 기법을 준실험이라고 부르는데 실험집단과 통제집단을 활용하지만 진실험에 필수적인 무작위 배정 절차가 없기 때문이다.

통상 네 가지의 준실험적 설계가 사용되는데 아래에서는 이들의 장단점을 살펴본다.

① 회귀-불연속 설계(regression-discontinuity design): 첫 번째의 준실험적 설계는 회귀-불연속 설계인데 순효과에 대한 바이어스 없는 측정치를 산출해 내는 능력 면에 있어서 무작위 배정에 의한 실험과 가장 근사하다. 회귀-불연속 설계는 실험집단의 산출 측정치에 있어서 정책개입 이전과 이후의 궤적을 알려진 특성을 갖고 있는 두 번째 집단의 궤적을 잣대로 사용하여 비교함으로써 검사한다. 회귀-불연속 분석은 프로그램에의 선발 원칙이 정확하고 획일적으

로 집행될 것과 타당하고 신뢰할 만한 산출의 측정치가 사용될 것을 요구한다.

정책영향을 연구하기 위한 이 접근방법은 비실험적 설계와 연관된 많은 문제점들로부터 자유롭지만 참가자를 충분히 획일적이고 명백히 정의하고, 정확한 방식으로 선발하는 프로그램이 많지 않기 때문에 그 유용성은 제한적이라고 할 수 있다. 그에 더해서 요구되는 통계분석이 고도로 정교하기 때문에 고급 통계 지식이 없는 경우에는 사용하기가 어렵다.

② **짝짓기로 축조된 통제집단(matched constructed control groups)**: 축조된 통제집단 접근방법은 아마도 가장 빈번하게 사용되는 준실험적 설계이다. 전형적으로 대상집단이 정책개입을 경험하도록 사업 관리자에 의해서 선발된다. 정책개입이 없었을 때 산출의 추정치를 제공하기 위해서 평가자는 가능한 한 정책사업 참가집단과 유사한 그러나 정책개입의 처리를 받지 않은 짝지워진 대상을 선발한다.

③ **통계적으로 동일하게 축조된 통제집단(statistical controls)**: 짝짓기의 대안으로서 빈번하게 사용되는 것은 참가자와 비참가자를 동등하게 하는 통계적 절차를 활용하는 것이다. 통상적으로 동등하게 하는 작업은 다중회귀분석, Log-Linear 모델, 변량분석(ANOVA) 등 몇몇 다변량 통계 모형 중 한 가지를 사용함으로써 이루어진다.

명백하게 통계적 동등화 방법을 사용하는 영향평가는 참가자와 비참가자 간 비교를 할 때 상수로 유지되어야 하는 변수를 선택할 때 어떤 오류가 발생하느냐에 고도로 민감하다. 게다가 횡단면적 연구에서 많은 측정은 응답자의 과거 사건에 대한 기억에 근거하는데 이는 신뢰성을 만들어내지 못하는 측정 전략이다.

④ **포괄적 통제(generic controls)**: 포괄적 통제는 보통 정책개입에 노출되지 않은 대상 또는 실험집단이 추출된 모집단의 전형적 성과를

대표하는 측정치를 통제집단의 측정치로 활용하는 방법이다. 따라서 예컨대 신규 학습 프로그램에 등록된 학생의 학업성과를 판단하는 데에 있어서 신규학습 프로그램 참가자가 표준화된 학업성취도 시험에서 획득한 점수를 그 연령이나 학년의 학생들의 일반적 평균과 비교하게 된다.

비록 포괄적 통제가 IQ나 학업성적과 같은 특정 주제에 대해서는 널리 획득 가능하지만 보통은 쉽게 얻을 수 없는 것도 많다. 나아가서 포괄적 통제가 전혀 적합하지 않은 경우도 있는데 정책개입 대상이 정확히 일반 모집단과 상이한 그 특성 때문에 실험집단에 선발되는 경우가 있기 때문이다.

2. 전면실시 사업을 위한 평가 설계

전면적으로 실시되는 사업은 영향평가를 시도하는 평가자들에게 특별히 어려움을 준다. 왜냐하면 통제집단으로 사용할 수 있는 정책사업에 노출되지 않은 대상이 없기 때문이다. 연구자에게 가용한 유일한 비교대상은 정책사업에 노출되기 전과 후에 동일한 대상의 산출에 대한 측정치이다. 이를 재귀적 통제(reflexive controls)라고 부른다.

1) 단순 시행 전후 연구(simple before - and - after studies)

비록 단순 전후 비교연구만큼 직관적으로 끌리는 연구설계가 없지만 사실상 이 방법은 평가 연구 접근방법 중 가장 타당성이 적은 방법이다. 이 접근방법의 본질적인 특성은 동일한 집단에 대해서 정책사업에의 참여 시기로 분간되는 시간상 두 시점에서 우리의 관심변수에 대한 측정을 하는 것이다. 두 개의 측정치 간의 차이는 정책개입의 순효과의 추정치로 인정된다. 이러한 설계의 주된 결함은 통상적으로 정책개입의 효과로부터 외부적 혼돈효과를 분리시킬 수 없다는 것이다. 결과적으로 개입에 의한 순효과의 추정치는 잘해봐야 의심스러운 것이 된다.

추가적으로 더 복잡하게 만드는 것은 특정 사업이 상당 기간 운영 중에 있었을 때, 이전 측정치는 보통 참가 대상에게 참여 이전에 자신들이 어떠했는지를 회고적으로 재구성해 달라고 요구함으로써만 수집될 수 있다. 그런 연구에서 회고 내용의 신뢰성 결여는 심각한 설계효과를 유발할 수 있다.

2) 비획일적 사업을 위한 횡단면적 연구 (cross - sectional studies)

비록 많은 전면적 실시 사업이 모든 대상에게 획일적인 개입 내용을 전달하겠지만 개입의 내용이 다양한 전면실시 사업도 있다. 예컨대 모든 지방자치단체가 측정 대상 계층에게 복지지원 프로그램을 제공하고 있지만 자격요건과 혜택의 수준은 각 지방자치단체마다 상이할 수 있다. 이러한 변이의 효과는 얼마나 많은 양의 처리를 받았는지를 측정하는 횡단면적 연구를 활용하고 다른 수준의 처리를 받는 대상에게서 획득한 산출의 측정치를 대조함으로써 추정할 수 있다.

3) 비획일적 사업을 위한 패널연구(panel studies)

패널연구는 사업에 노출된 대상에 대해서 반복적인 측정을 실시하는 것으로 구성된다. 비록 패널연구가 사전 사후 비교설계에다가 더 많은 자료수집 지점을 추가하는 단순한 연장인 것처럼 보이지만 이러한 연구의 결과는 상당히 더 많은 타당성을 가지게 된다. 추가적인 시점들은 적절히 사용된다면 연구자가 정책개입이 대상에 대해서 영향을 미치는 과정을 구체화할 수 있게 해준다.

이 설계는 특히 대상이 정책개입에 차별적으로 노출되는 전면 실시 사업의 연구에서 중요하다. 예를 들면, 이 설계는 어린이들이 TV 프로그램에서 폭력과 공격을 시청하는 것이 자신들의 동급생을 향한 어린이들의 공격적 행태에 미치는 영향을 연구하는 데에 사용될 수 있다. 거의 모든 어린이들이 시청할 수 있는 TV 프로그램이라는 점과 따라서 해당 프로그램을 시청하지 않는 통제집단을 구성하는 것이 사실상 불가능한 상황에서 최선의 접근방법은 다양한 시간의 폭력적 내용의 시청이 이후 시점에서의 공격성의 표출에 미치는 영향을 연구하는 것이다.

4) 시계열분석(time - series analyses)

시계열분석은 집합적 단위(aggregate unit)에 대해서 신규로 전면 실시 사업이 도입되거나 기존 사업이 대폭적으로 수정되는 시점 이전과 이후의 많은 자료점에서 집합적 단위에 대해 반복적인 측정을 하는 방법이다. 집합적 통계치란 출생, 사망, 이주와 같은 핵심적 통계 시리즈에서처럼 상대적으로 대규모의 모집단에 대해서 정기적으로 측정된 통계치를 의미한다.

시계열분석과 관련된 기술적 절차들은 복잡하지만 이 방법에 기본적으로 깔린 생각은 꽤 단순하다. 연구자는 정책개입이 없었을 때에는 무슨 일이 일어났을까에 대한 예상치를 획득하기 위해서 정책개입이 도입되기 이전의 추세를 분석하는 것이다. 이 예상치는 그 다음에 정책개입 이후의 실제 추세와 비교된다. 관찰된 개입 이후 추세가 정책개입이 효과가 있다는 결론을 정당화할 수 있을 만큼 예상치와 충분히 다른지 아닌지를 결정하기 위해서 통계적 검사가 사용된다.

시계열분석은 전면 실시된 사업, 특히 정책서비스가 균일되게 전달되는 그런 사업의 순효과를 측정하는 데에 유용하다. 시계열분석의 한계 중 가장 심각한 것은 정책개입 이전의 추세를 정확하게 모델링하기 위해서 필요한 개입 이전 관찰의 숫자이다. 적어도 30개 이상의 시점에서의 관찰이 요구된다. 물론 많은 진행 중인 정책사업에 대해서 그렇게 장기적인 측정치는 존재하지 않는다. 이러한 이유로 시계열분석은 통상 정부나 다른 기관이 정기적으로 통계치를 수집하고 공표하는 관심사항에 국한되는 경우가 많다.

타당성[49]

영향평가의 가장 주요한 목적은 정책사업의 효과에 대한 정확하고 타당성(validity)이 높은 정보를 산출하는 데에 있다. 정책이나 사업의 효과에 대한 평가는 관심의 대상이 되는 정책이나 사업이 어떤 조건의 변화를 가져왔는가에 관한 것이다. 다시 말해서 정책과 변화 간의 인과관계에 관한 정보를 구하는 것이다. 타당성이란 측정이나 절차가 그것이 목표로 하는 것을 달성했느냐 하는 정도를 나타내는 개념이며 측정의 타당성은 어떤 측정도구가 측정하고자 하는 것을 측정하였느냐 하는 것을 나타내므로 정책평가의 타당성은 정책평가의 연구가 정책의 효과를 얼마나 사실에 가깝게 측정하고 있느냐 하는 정도를 나타내는 개념이다.

정책평가 연구에 있어서 타당성의 문제는 구성의 타당성, 결론의 타당성, 내적 타당성 및 외적 타당성으로 구분할 수 있다. 구성의 타당성(construct validity)은 처리, 결과, 모집단 및 상황들에 대한 이론적 구성요소들이 성공적으로 조작화된 정도를 말하는 것이며 가설의 이론적 구성요소들이 적절하게 조작화되지 못하였지 않은가하는 질문을 던지는 것이다. 결론의 타당성은 만일 정책의 결과가 존재하고 이것이 제대로 조작화 되었다고 할 때, 우리가 이에 대한 효과를 찾아낼 만큼 충분히 정밀하고 강력하게 연구설계가 된 정도를 말하는 것으로 채택된 연구의 설계가 조작화된 구성요소들 가운데에서 인과적 효과를 찾아내기에 충분할 만큼 정밀하거나 강력하지 못하였는지 아닌지의 질문을 하는 것이다. 내적 타당성(internal validity)은 조작화된 결과에 대하여 찾아낸 효과가 다른 경쟁적인 원인들에 의해서라기보다는 조작화된 처리에 기인한 것이라고 볼 수 있는 정도를 말한다. 외적 타당성(external validity)은 조작화된 구성요소들 가운데에서 우리가 관찰한 효과들이 원래의 연구가설에 구체화된 것들 이외의 다른 이론적 구성요소들에게까지 일반화될 수 있는 정도를 말하는 것으로 이 연구에서 조작화되지 않은 다른 구성요소들에 대하여 이 연구결과를 토대로 일반화하는 것은 부적절한 것이 아닌가의 질문을 던지는 것이다.

이상의 네 가지 유형의 타당성들은 평가연구에 있어서 각각 다른 종류의 관계에 관한 것이다. 구성의 타당성은 이론적인 구성요소들과 그들에 대한 조작화와 관련된 것이고, 결론의 타당성과 내적 타당성은 조작화된 처리와 조작화된 결과들 사이의 관계에 관한 것이며, 외적 타당성은 조작화된 가설적 구성요소들과 조작화되지는 않았으나 관심이 있는 다른 구성요소들 간의 관계에 관한 것이다.

키워드 50 **진실험 설계**[50]

| 인과관계 성립의 엄격성: 가장 엄격 | 진실험 | 준실험 | 비실험 | 가장 덜 엄격 |

1. 진실험 설계의 조건

진실험 설계(true experimental design)에 의한 영향평가의 논리는 정책개입 대상집단에 정책이나 사업과 함께 작용하는 허위변수와 혼동변수를 제거하기 위한 논리이다. 허위변수와 혼돈변수의 영향을 제거하여 정책의 순효과를 추정하기 위해서는 정책을 집행하는 실험집단과 정책을 집행하지 않은 통제집단을 구성하여야 하는데 이 두 실험집단과 통제집단은 가능한 한 동질적인 특성을 지니도록 해야 한다. 동질성이란 양 집단에 속한 개개인들은 서로 이질적인 특성을 지니고 있을 수 있겠지만 전체적으로 보아 평균적인 측면에서 동질적인 특성을 가지고 있다는 의미이다.

2. 무작위 배정

정책이나 사업의 참여집단과 비참여 비교집단을 동질적으로 구성하는 것은 정책의 순효과 이외의 허위효과와 혼동효과를 통제하기 위한 진실험 설계의 필수 조건이다. 실험집단과 통제집단을 동질적으로 구성하기 위해서는 대상들을 이들 두 집단에 무작위적으로 배정(random assignment)하여야 한다. 무작위 배정의 의미는 어떤 한 대상이 실험집단이나 통제집단에 배정될 확률이 동일하도록 하는 방식으로 두 집단 가운데 한 집단에 배정한다는 것이다.

예를 들어 동전을 던져서 전면이 나오면 실험집단, 후면이 나오면 통제집단에 배정하는 방식으로 실험집단과 통제집단을 구성하게 되면 동전을 던져서 동전의 전면과 후면이 나올 확률은 동일하기 때문에 어떤 한 대상이 실험집단과 통제집단에 배정될 확률은 완전히 동등하게 될 것이다. 이 방식으로 정책 대상들을 실험집단과 통제집단에 배정하게 되면 정책이나 사업에의 참여 등 정책개입 이외의 다른 특성들은 동일하므로 정책개입 이후에 두 집단에서 관찰되는 평가자의 관심변수의 측정치에서의 차이점은 순전히 정책의 순효과로서 추정하는 데에 문제가 없게 될 것이다. 이것이 무작위 배정에 의한 실험 방법이 허위변수와 혼동변수의 영향을 제거해주는 원리이다. 결과적으로 이를 수식으로 표시하면,

> 정책의 순효과 = 무작위 배정된 실험집단의 총효과 측정치 − 무작위 배정된 통제집단의 총효과 측정치 ± 무작위 효과

무작위 배정이 모든 혼동요소들을 통제할 수 있는 것은 아니다. 실험 자체의 조건들과 관련된 특정 요소들은 무작위 배정에 의해서도 제거하기 어려운 경우가 있기 때문에 평가자는 이러한 변수들이 미칠 수 있는 영향에 대해서 유의하여야 한다.

실험집단과 통제집단의 동질성은 동일한 구성, 동일한 경험 그리고 동일한 성향을 필요로 하는데 동일한 구성은 실험집단과 통제집단이 유사한 대상이나 단위들의 조합을 포함하여야 한다는 것이고, 동일한 경험은 실험집단과 통제집단은 관찰기간 동안에 시간과 관련된 성숙, 추세, 역사적 사건들을 동일하게 경험하여야 한다는 것이다. 동일한 성향은 실험집단과 통제집단이 정책사업에 대해서 자가선택과 같은 경향이 동일하여야 한다는 것이다.

keyword **51** 준실험 설계[51]

1. 준실험 설계의 특성

진실험적 설계 방법에 의한 평가연구에서 필수적으로 요구되는 통제집단을 활용하는 것이 곤란하거나 통제집단을 활용하더라도 무작위 배정에 의한 동질적 실험집단과 통제집단을 구성하기 어려운 경우에는 준실험 설계(quasi-experiments) 방법을 활용할 수 있다.

비록 무작위 배정에 의해서 실험집단과 통제집단을 구성하지는 않지만 준실험적 설계에서도 모든 잠재적인 허위요인이나 혼돈요인을 제거하기 위해서 가능한 한 정책적 처리에서만 다르고 나머지 모든 면에서 유사한 실험집단과 통제집단을 구성하려는 시도를 한다.

첫 번째 종류의 설계는 정책 개입 사업의 참가자들과 비슷한 하나 또는 그 이상의 비교집단을 축조하는 방법으로 구성된다. 평가 분야에서 준실험이라는 용어는 때로 무작위적으로 선발된 비교집단이 없는 다양한 범위의 설계를 일컫는다. 더욱 좁게는 짝짓기 방법에 의하거나 아니면 통계적인 조정에 의해서 비교집단이 결과 측정치에 관계된 특성이나 경험에 있어서 정책개입의 대상을 닮도록 하는 무작위 배정과 비슷한 처리를 하려는 시도가 있는 설계를 준실험이라고 한다.

준실험 설계는 부분 실시 사업의 영향을 평가하는데 무작위 배정을 실시할 수 없는 경우 가장 많이 사용된다. 이런 일이 발생하는 통상적인 이유는 정책개입이 평가자의 통제 밖에 있고, 정치적인 이유나 실험대상이 사람인 점이나 또 다른 사유 때문에 사업담당자, 후원자 아니면 다른 힘 있는 이해관계자가 무작위 배정에 부정적이기 때문이다. 비교집단이 관련 있는 특성이나 경험에 있어서 실험집단을 닮거나, 또는 닮도록 조정될 수 있는 정도에 따라서 순효과는 고도의 신뢰성을 가지고 평가될 수 있다.

일반적으로 준실험은 무작위 실험에 대한 가장 강력한 대안이며 진실험보다 더 빈번하게 사용된다.

2. 준실험 설계의 유형

1) 축조된 통제집단(constructed controls)의 활용

짝짓기 방법(matching)에 의한 배정이란 실험집단과 비교집단을 구성하는 데에 있어서 정책효과와 관련된 변수들을 중심으로 유사한 대상끼리 둘씩 짝을 지은 다음 하나는 실험집단에 다른 하나는 통제집단에 배정하는 방법을 말한다. 이런 방식으로 두 집단을 나눌 때 짝짓기 기준이 되었던 변수의 영향이 두 집단에 유사하게 나타남으로써 그 영향이 상쇄되어 없어지고 정책개입 이후에 관찰된 관심변수에 있어서 두 집단 간의 차이는 정책개입의 효과라고 추정할 수 있게 된다.

매칭에는 집단적 매칭과 개별적 매칭의 두 가지 방법이 있다. 집단적 매칭은 사업을 집행하고 있는 집단과 관련된 주요 특성들이 유사한 집단을 통제집단으로 선택하는 것이다. 개별적 매칭은 예컨대 특정 정책을 실행 중인 지역공동체의 인구적 특성, 지리적 조건, 사회경제적 상황 등이 유사한 지역공동체를 하나 하나 짝을 지은 다음 이들을 실험집단과 통제집단으로 구성하는 것이다. 일반적으로 개별적 매칭이 집단적 매칭보다 실험집단과 비교집단의 특성과 경험의 차이를 없게 만드는 측면에서 더욱 효과적이다. 그러나 비용과 시간이 많이 들고 매칭에 사용할 변수가 많은 경우 실행의 어려움이 있다.

무작위 배정에 의하지 않고 축조된 통제집단을 사용하는 경우에는 실험집단과 통제집단 간의 오염에 의한 차이가 발생할 가능성이 있다. 오염의 원인이 될 수 있는 것 중에는 자가선발(self-selection)이 있는데 이는 정책사업에 스스로 참여하는 사람들은 정책사업의 결과에 영향을 주는 동기부여와 같은 주요한 변수의 측면에서도 자발적으로 사업에 참여하지 않은 사람들과 다르기 때문에 사업 집행 후에 소득이나 취업률 등과 같은 관심변수의 측정에서 나타난 두 집단 간의 차이를 모두 사업효과로 간주하는 것은 사업효과의 정도를 상당히 왜곡시키게 된다.

사업담당자의 사업 참여대상 선정과정도 사업효과 측정 결과를 왜곡시킬 수 있다. 사업담당자는 자신이 관리하는 사업이 훌륭한 성과를 만들어내기를 기대한다. 따라서 예컨대 실업자들을 위한 재취업훈련사업과 같은 경우에 사업관리자는 재취업훈련사업 참여 이후에 재취업 가능성이 높아 보이는 사업 참가 후보자들을 주로 선발할 가능성이 높다. 실험집단 선발에 영향을 미치는 어떤 다른 요소들(동기, 의욕, 태도 등)은 사업 참여 이후 기대하는 결과변수(취업, 소득 등)에도 영향을 미치는 변수들이기 때문에 이 재취업훈련사업의 효과는 과장되게 나타날 수 있다는 문제점을 갖게 된다.

2) 재귀적 통제 활용 방법

재귀적 통제(reflexive control)란 사업에 참여하고 있는 대상의 산출결과와 사업이 시행되기 이전에 측정한 산출을 비교하는 방법이다. 정책이나 사업을 전국적으로 실시하는 경우에는 정책을 집행하지 않은 대상이 없으므로 짝짓기와 같은 방법에 의해서도 실험집단과의 비교를 위한 통제집단을 축조할 수 없게 된다. 이러한 경우에는 자기의 현재 상태와 과거 상태를 비교하여 사업의 효과를 측정할 수 밖에 없다. 사업이 전면적으로 실시되지 않은 경우에도 시간이나 예산상의 제약으로 비교집단을 구성하기가 어려울 때 자기의 현재 상태와 과거 상태를 비교하여 사업효과를 추정할 수 있다.

재귀적 통제를 활용하기 위해서는 어떤 대상집단을 선정하여 그 집단에 대하여 사업을 시행한 후 일정한 기간 동안에 일어난 변화를 사업을 시행하기 이전의 동일한 기간 동안에 일어났던 변화와 비교하여 그차이를 사업의 효과로 추정하는 것이다. 재귀적 통제 설계를 이용하여 사업의 효과를 평가하는데 있어서는 사업의 대상이 사업 참여 이전과 이후에 사업 참여라는 변수 이외에는 변화가 없고 동일하게 남아있을 것이라는 점이 전제되어야 한다.

재귀적 통제에 의한 영향평가에는 몇 가지 취약점이 있는데 첫째는 산출결과 변수들이 연령과 관련된 것이거나 대상들이 사업에 참여한 이후에 사업 이외의 다른 경험이 축적됨으로써 이에 의하여 영향을 받는 경우에는 사업의 순효과가 왜곡될 수 있다는 점이다. 또한 재귀적 통제를 이용하여 사업 참여 이전과 이후의 대상집단을 비교하는 경우, 두 기간 동안에 사업의 효과를 촉진하거나 부진하도록 작용한 사건이 다르게 발생함으로써 사업의 순효과 추정치가 오염될 수 있다는 취약점이 있다. 재귀적 통제를 활용한 방법에는 이와 같은 취약점들이 있을 수 있지만 이런 문제점들을 극복하여 정책사업 효과 추정의 타당성을 높이기위한 다양한 재귀적 통제 설계가 개발되어 왔다.

준실험적 설계에 의한 영향평가는 무작위 배정 진실험에 비해서 내적 타당성에 위협을 받는 방법이지만 비실험적 설계에 비해서는 내적 타당성이 높다. 외적 타당성이라는 측면에서는 준실험적 방법이 진실험에 비해 보다 자연스러운 환경에서 실시할 수 있다는 이유 등으로 더 높다고 할 수 있다.

keyword 52 비실험 설계[52]

1. 비실험 설계의 개념

진실험이나 준실험 설계에 의한 영향평가의 방법을 제외한 모든 영향평가 방법이 비실험 설계에 의한 영향평가의 방법이 된다. 비실험적 설계에 의한 평가방법은 대상들을 무작위 배정이나 짝짓기 방법으로 배정하여 실험집단이나 통제집단을 구성하는 것이 어렵거나 정책을 집행하기 전과 후에 여러 차례에 걸쳐서 대상들의 변화를 관찰하기 어려운 경우에 정책이나 사업의 효과를 측정하기 위해서 사용할 수 있는 방법이다. 진실험적 설계나 준실험적 설계가 가능한 상황일지라도 비용이나 시간상의 이유로 비실험적 설계를 이용하여 사업의 효과를 평가하는 경우도 있다. 비실험적 설계에 의한 영향평가 방법에는 보통 정책이나 사업이 실시되고 난 이후에 대상집단을 관찰하여 그 집단의 변화를 토대로 효과를 추정하는 방법이나 사업이 실시되기 전과 후에 한번씩 대상집단을 관찰하여 전후 변화의 비교를 통해 사업의 효과를 추정하는 방법 등이 있다.

비실험적 설계에 의한 평가방법은 실행가능성이라는 측면에서는 진실험이나 준실험에 비해서 낮다고 할 수 있으나 내적 타당성의 측면에서는 매우 취약한 평가 설계이다. 사업 집행 이후 한번의 관찰이나 사업집행 전후 한번씩의 관찰을 통하여 정책대상집단에 일어난 변화를 근거로 사업의 효과를 평가하는 경우에는 역사적 요인이나 성숙효과 등 여러 허위요소나 혼동요소들의 영향을 적절하게 통제할 수 없기 때문에 타당한 순효과의 추정치를 획득하기가 곤란하다.

ㄹ. 비실험 설계 평가의 유형

비실험적 설계에 의한 영향평가는 통계적 통제에 의해서 정책이나 사업의 영향을 평가하는 방법과 통계적 통제 이외의 방법에 의하여 영향을 평가하는 방법으로 구분할 수 있다. 통계적 통제에 의하여 사업의 영향을 평가하는 방법은 관찰된 자료들이 카테고리로만 분류된 자료인가 아니면 연속 또는 불연속변수로 관찰된 자료들이냐에 따라서 다시 구분될 수 있다. 비실험적인 방법에서 통계적 기법을 이용하여 정책이나 사업의 효과를 측정하는 경우에는 통계적 방법으로 산출변수에 영향을 미치는 정책간여변수 이외의 제3의 인과변수인 허위변수와 혼동변수들을 통제하는 것이다. 효과 측정을 위해서 사용되는 자료들이 카테고리형 자료인 경우에는 수집된 자료들을 제3의 인과변수들의 카테고리에 따라 분류함으로써 통제가 이루어지게 되고, 연속 또는 불연속변수로 관찰된 자료들은 제3의 인과변수를 다중회귀 모형과 같은 구조방정식에 포함시킴으로써 가능해진다.

무작위 배정에 의한 진실험적 설계나 축조된 통제집단에 의한 통제 또는 재귀적 통제에 의한 준실험적 설계가 현실적으로 어려운 경우나, 실시 비용과 실시 기간이 매우 제약적인 상황일 때 널리 이용되고 있는 영향평가의 방법 중에 포괄적 통제(generic control)와 잠재적 통제(shadow control)에 의한 평가 방법이 있다.

포괄적 통제는 사업에 참여한 참가집단과 유사한 집단이 동일한 사업에 참여하면 어떠한 변화가 일어날 것이라고 기대하는 전형적인 규범이나 목표 등과 같은 사회적 표준으로 설정된 척도와 비교하여 사업 참여가 효과가 있었는지 여부를 판단하는 평가방법이다. 특정 사회의 전형적인 출생률, 사망률이나 남녀 성비, 각 직종 중 학력별 근로자 비율, 표준학력검정에서의 점수 분포 등이 포괄적 통제로서 사용될 수 있는 사회적 규범의 예가 될 것이다.

현실적으로 사회과학 분야에 표준화된 규범으로 설정된 것이 많지 않다는 점은 사회적 사업의 영향을 평가하기 위하여 포괄적 통제를 사용하는 데에 큰 제약이 된다. 다른 유형의 통제 방법이 사용 불가한 상황 이외에는 포괄적 통제를 사용하지 않는 것이 바람직하며 포괄적 통제를 사용하게 되는 경우에도 그 결과의 해석에 주의를 기울여야 한다.

특정 사회적 사업의 영향평가를 위해서 사용할 성립된 사회적 표준이나 규범이 존재하지 않아 포괄적 통제를 사용하지 못하는 경우에도 해당 분야의 사회적 사업의 산출이 현저한 순효과를 가져온 것으로 판단할 만큼 충분한 증거가 되는지 여부를 추정하는데 준거할만한 전문적 지식을 가진 전문가를 활용할 수 있다. 또한 사업참가자들에게 자신들이 참가한 사업이 자신들에게 유의미한 영향을 미쳤는지 여부를 평가하도록 함으로써 사업의 영향을 추정할 수도 있다. 이와 같이 사업의 효과를 추정하는 데에 있어서 전문가나 사업관리자 또는 사업참가자들의 판단에 의존하는 방법은 이 방법들이 실질적인 증거가 되는 기초가 일반적으로 결여되어 있다는 점을 반영하여 잠재적 통제라고 한다.

전문가의 판단에 의한 평가는 해당 분야 전문가의 지식수준에 영향을 크게 받기 때문에 특정 분야 전문성이 검증된 전문가를 활용하는 것이 중요하며 영향평가의 결과를 보고할 때에도 전문가의 판단에 의존하였다는 점을 명시하고 전문가의 판단이 사용되게 된 과정과 근거를 기술하여야 한다. 사업 영향평가를 위해 사업관리자의 판단을 활용하고자 하는 경우에는 사업관리자는 항상 사업의 성과와 효과 등 긍정적인 측면을 부각시키고 부정적인 측면은 축소하려고 하는 동기가 있다는 점을 유념하여야 한다. 사업참가자들은 서비스의 수혜자들로서 해당 서비스의 품질이나 서비스 만족도 등과 같은 유용한 정보를 제공해 줄 수 있다. 그러나 사업의 순효과를 측정하기 위하여 비교집단에 대한 산출 변화의 측정 없이 참가자들의 판단에 의존하는 것이 연구설계에 의한 영향평가를 대체할 수는 없다.

keyword 53 메타분석[53]

1. 메타분석의 개념과 의의

메타분석(meta-analysis)은 한마디로 많은 영향평가의 결과들을 모아서 풀을 만드는 것이다. 엄격히 말해서 메타분석은 연구설계가 아니며 어떤 상황에서 유용할 수 있는 영향평가를 설계하는 데에 대한 대안이다. 특히 메타분석은 보통 원시 데이터를 수집하는 데에 걸리는 시간보다 훨씬 적은 시간에 수행될 수 있다는 장점이 있다. 메타분석의 결과는 사업 설계 단계에서 설계 중인 사업과 이미 실행 중인 유사한 사업과 관련한 기존 지식을 요약하는 데에 특히 유용하다. 메타분석을 옹호하는 사람들은 기존의 많은 영향평가의 결과들을 분석·종합하는 것은 여러 가지 다양한 때로는 서로 모순된 결과를 내놓기도 하는 영향평가들을 이용하여 사업 순효과의 추정치에 도달할 수 있도록 해준다고 주장한다.

메타분석은 어떤 주제에 대한 비교 가능한 연구들을 통계적으로 종합하여 여러 연구결과들의 풀에서 계량적 요약을 산출해내는 방법이다. 메타분석을 실질적인 측면에서 보면, 연구결과 보고서들을 개관하는 형태로 이해할 수 있다. 이러한 분석을 실시하기 위해서 사업효과에 대한 연구결과 보고서의 표본이나 모집단이 수집되고, 각 연구결과 보고서의 특성과 계량적 발견사항에 대한 정보들이 코딩된다. 코딩된 자료들은 선택된 한 조합의 연구들에 포함된 결과의 유형을 분석하고 기술하기 위해서 가장 적합한 통계적 기법들을 사용하여 분석된다.

메타분석은 경험적 연구결과들에만 적용가능하며 이론적인 연구에는 사용할 수 없다. 메타분석은 변수들을 계량적으로 측정하고 연구한 결과들을 요약하기 위하여 기술적 통계나 추론적 통계를 보고한 연구들에 적용될 수 있다. 평가연구들을 종합하는 평가종합(evaluation synthesis)은 계량적인 방법과 질적인 방법을 모두 사용하는데 비해서 메타분석은 주로 통계적인 종합 방법을 사용한다.

메타분석이나 평가종합은 정책이론의 필요에 의해서만 발전한 것이 아니라 정책 실무적 필요에 의해서도 발전하였다. 정책에 대한 본격적인 정교한 평가를 실시하기에는 시간이 부족하고, 관련 정책이나 사업에 대한 기존의 평가정보들이 너무 단편적이거나 종합성이 결여된 경우, 기존의 정책·사업에 대한 평가연구들을 종합하여 정책결정과정에서 평가정보가 필요한 시점에 적시에 활용될 수 있도록 종합화된 요약정보를 산출해 내는 일련의 기법이 메타분석이나 평가종합의 방법으로 발전된 것이다. 메타분석은 또한 어느 한 평가정보를 사용하는 경우보다 정책효과에 대한 균형 잡힌 정보를 얻을 가능성이 높으며 두 개 이상의 정책이나 사업들의 성과에 대한 비교 정보들을 산출하여 검토할 수 있도록 해주고, 비교적 짧은 시간 내에 소수의 제한된 전문가들이 어떤 한 정책이나 사업에 관한 평가적 요약을 할 수 있도록 해준다는 이점이 있다.

2. 메타분석의 절차

아래에서는 메타분석을 실시하는 기본적인 단계에 대해서 살펴본다.

1) 연구주제 영역의 구체화

연구자는 필요한 정보가 무엇이며 어떤 형태이어야 하는가를 먼저 판단하여야 하며 그에 따라 연구의 주제와 질문들을 결정한다. 메타분석 정보를 발견된 사실에 대한 이론적 보편화를 위해 사용할 것인지 또는 정책결정과정에서 사용할 것인지, 정책결정과정에서 사용되는 경우에도 수정·보완될 정책인지, 사업 심의를 위하여 사용할 것인지, 기존 정책의 감사를 위한 검토에 사용할 것인지, 또는 예산 배정을 위한 논의과정에서 사용할 것인지 등에 따라 메타분석은 달라질 수 있다.

2) 탐색 전략의 구체화

일단 연구주제가 선정되고 구체적인 질문들이 결정되고 나면 다음에는 적절한 평가정보가 수집되어야 한다. 평가정보의 수집은 공인된 학술지에 발표된 논문, 행정기관, 연구소, 대학교 또는 민간단체에서 수행한 평가연구 결과들을 대상으로 실시한다. 공식적인 보고서로 발표되지 않은 것들도 포함시키는 것이 바람직하며, 체계적인 검토에 포함시킬 연구들을 광범하게 탐색하는 것이 바이어스를 줄이는 데에 도움이 된다.

3) 특정 연구를 검토대상에 포함하는 기준의 설정

관련 있는 문헌들이 식별되고 수집되면 이들 가운데 어떤 것들을 메타분석에 포함시킬 것인지를 결정하여야 한다. 메타분석이나 평가종합의 목적 가운데 하나는 바이어스를 식별하고 통제하는 것인데 이를 위해서는 기존의 평가연구에 활용된 연구방법들이 연구결과에 어떠한 영향을 미쳤는가를 이해하는 것이 중요하다. 만일 서로 다른 평가 설계를 사용하여 얻은 연구결과들이 평가 설계에 관계없이 일관성을 유지하고 있다면 메타분석에서 발견한 사실들에 대한 신뢰수준은 높아지게 된다. 기존의 평가연구 결과들을 종합할 때에 연구자는 가능하다면 다양한 방법, 다양한 유형의 설계를 이용하여 수행한 평가연구들 가운데 기준에 부합되는 유형의 평가연구들이 메타분석에 포함될 수 있도록 하여야 한다.

4) 기존 평가연구의 검토

포함될 평가연구들을 선정할 판단기준이 결정되면 어떤 평가연구들을 메타분석을 위한 기초자료로 삼을 것인가를 판단기준에 따라 결정하여야 한다. 평가연구들을 종합하기 위해서는 개별적 연구들이 전반적으로 견실한 연구인지를 검토하여야 한다. 이러한 검토는 연구목적의 기술, 연구설계, 연구에 포함된 변수, 표본의 크기와 표본추출 절차, 분석설계, 통계적 절차의 적합성, 자료수집 절차의 신뢰성, 분석의 적절성, 연구결과 효과의 크기의 측정과 보고 등 다양한 측면에서 이루어져야 한다.

5) 연구결과 코딩계획의 수립

체계적인 검토 대상으로 포함된 평가연구들이 결정되고 나면 통일적이고 투명한 방법으로 각각의 평가연구들을 코딩하여야 한다. 개별연구들을 메타분석하기 위해서는 먼저 코딩계획을 세우고, 코딩 담당 인력을 훈련시키고, 최소한 두 사람 이상의 서로 독립적인 사람들이 코딩을 하도록 하고, 그 결과를 점검하여야 한다.

6) 관리 전략과 절차의 개발

메타분석이나 평가종합을 효과적으로 수행하기 위해서는 평가연구를 실시하기 위하여 계획하고, 설계하고, 실행하는 것과 마찬가지로 어떤 자원을 투입하여 이상의 각 단계들을 실시할 것인지에 대한 방안과 절차를 마련하여야 한다.

7) 분석 전략의 개발

메타분석을 수행하는 목적은 기존의 평가연구들을 종합하여 특정 주제와 관련한 정부개입의 결과로 실제 어떠한 효과가 있었으며 그 효과의 크기는 얼마나 되는지 판별하고 일반화하기 위한 것이다. 이를 위해서는 먼저 기존의 연구들에 나타난 정책이나 사업의 효과의 크기 및 분포상태와 극단치(outlier)의 존재 유무와 처리방법, 극단치 처리방법이 분석결과의 해석에 미친 영향을 검토하는 절차를 마련한다.

8) 결과에 대한 해석과 보고

메타분석의 결과 보고는 적어도 두 가지를 염두에 두어야 하는데 먼저, 검토를 하고자 하는 다른 사람들이 동일한 검토를 해 볼 수 있도록 충분한 정보를 포함하여야 하고, 다음에는 검토 결과의 요약 내용을 관심 있는 다른 사람들이 이용할 수 있도록 인쇄본이나 전자문서 형태로 공개하여야 한다.

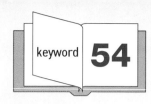

keyword 54 사업논리 모형[54]

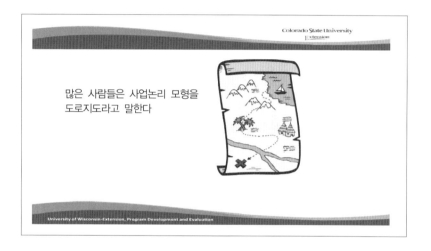

1. 사업논리 모형의 개념

　사업논리 모형(program logic model)은 특정한 사업이나 프로젝트가 그 구체적으로 정해진 결과의 달성에 어떻게 기여할 것인지를 명료하게 보여주는 모형으로서, 일을 위해 투입하는 것(input), 활동하는 것(output), 그리고 활동한 결과로 얻는 것(outcome) 간의 관계를 보여주며 따라서 사업의 기획과 평가의 근간이 된다고 할 수 있다.

　사업논리 모형은 소규모의 사업, 절차 또는 대규모의 조직에 적용될 수 있다. 논리 모형은 프로그램이론(program theory)이라고 불리기도 하며 프로그램의 활동이론(program's theory of action)이라고 부르기도 하는데 특정한 사업이 어떻게 작동하게 되어 있는가에 관한 모형이다.

2. 사업논리 모형 활용의 목적

사업논리 모형은 여러 가지 방식으로 유용한 도구로서 그 본질에 있어서 시각적 모형이기 때문에 사업을 보다 잘 설명하기 위해서 체계적인 사고와 기획을 필요로 한다. 사업논리 모형은 사업계획이 개발되어 가면서 접근방법을 조절할 수 있고 과정을 변경시킬 수 있다. 지속적인 점검, 검토와 교정은 보다 나은 사업 설계와 개선과 실행을 통해서 사업 결과를 전략적으로 모니터하고, 관리하고, 보고할 수 있는 시스템을 만들어 낼 수 있다.

사업과정을 통하여 사업논리 모형을 사용하는 것은 사업의 기획, 관리 그리고 평가기능을 조직하고 체계화하는 것을 도와준다. 이에 대해 조금 더 살펴보면 첫째, 사업의 설계와 기획 단계에서 사업논리 모형은 사업 전략을 개발하고 사업의 개념과 접근방법을 자금제공자를 포함한 핵심적인 이해관계자에게 명확히 설명하고 예시할 수 있는 능력을 향상시켜주는 기획도구(planning tool)의 역할을 수행한다. 사업논리 모형은 사업 설계를 위한 구조와 조직을 만들고 무엇이 발생할 것인가에 대한 공유된 이해를 토대로 해서 자체평가를 심어놓을 수 있도록 도와준다. 둘째, 사업 실행 단계에서 사업논리 모형은 초점이 맞추어진 관리계획의 근간을 형성하게 되는데 이 관리계획은 사업을 모니터하고 개선하기 위하여 필요한 자료를 파악하고 수집하는 것을 도와준다. 사업논리 모형은 가장 핵심적인 사업의 측면을 고려하여 우선순위화하고, 필요한 대로 조절할 수 있도록 도와준다. 셋째, 사업 평가와 전략적 보고를 위해서 사업논리 모형은 특정한 사업의 접근방법을 알려주고 사업의 이해관계자를 교육하는 방식으로 사업 정보와 목표를 향한 진전 상태를 제공해준다.

3. 사업논리 모형의 구성

1) 사업논리 모형의 요소

다양한 유형의 사업이 있겠지만 모든 사업은 공통의 요소들을 공유하고 있다. 사업은 어떤 상황에 대한 반응이다. 사업은 투입(inputs)을 갖고 있고 이들 투입요소들은 산출(outputs)로 이어지며 이는 다시 결과(outcomes), 그리고 궁극적으로 영향(impacts)으로 연결된다. 사업논리 모형은 이러한 요소들과 사업의 환경 안에서 맞추어진 그 밑에 깔린 가정들의 표현이라고 할 수 있다.

상황은 프로그램의 필요를 야기하는 조건이 된다. 투입은 자원과 기여를 말하는데 이에는 시간, 인력, 돈, 재료, 장비 등이 있다. 이러한 투입은 산출로 전환되는데 산출은 참여하는 사람들에게 미치는 활동과 산물이다. 이러한 산출은 특정한 결과를 얻기 위한 것이다. 그 결과는 개인, 가족, 집단, 공동체, 기관, 시스템 등에 있어서의 변화나 혜택을 말한다. 사업의 결과는 단기에서 장기에 이르기까지 그 기간에 따라 달라질 수 있는데 인간적, 경제적, 사회적, 환경적인 영향으로 귀결된다. 결과는 긍정적이거나 부정적이거나 중립적일 수 있으며, 의도적이거나 비의도적일 수 있다. 이러한 사업의 요소들은 사업의 상황과 필요의 관계에서 정리된다. 결과는 원래의 상태에서 긍정적인 결과로 변경되도록 하는 의도를 가진 것이다. 그러나 상황은 정태적인 것이 아니다. 따라서 원래 상태는 프로그램이 진행되어 가는 과정에서 변화될 가능성이 있다. 여러 가정들은 우리들이 프로그램과 프로그램이 작동할 것이라고 생각하는 방식에 관한 믿음이다. 환경은 프로그램이 존재하고 프로그램의 성공에 영향을 미치는 맥락과 외적 조건을 말한다.

2) 결과(outcomes)

결과는 어떤 프로그램의 혜택 또는 결과이다. 그것들은 개인이나 집단, 가족이나 조직 아니면 공동체에 대해서 사업 기간 동안에 또는 사업 시행 이후에 발생하는 변화나 개선이다. 결과는 사업이 만들어내는 차이를 대변한다. 즉 결과는 "그래서 사업이 어떤 차이를 가져왔다는 것인가"라는 질문을 던지는 데에 대한 답변이 된다.

예컨대, 영양교육프로그램의 경우에 영양교육가들은 영양관련 정보와 카운슬링을 가정이나 식당에서 가계에 제공할 수 있을 것이다. 참가자들에게 있어서 결과는 그들이 일상적인 식단에 과일이나 채소를 포함하도록 자신들의 쇼핑과 식사 습관을 바꾸는 것을 포함할 수 있다. 따라서 결과는 다음의 질문에 답하는 것이다. "즉, 그래서 그 프로그램이 참가자나 개인이나 집단이나 가족이나 공동체를 위해서 어떤 차이를 만들고 있는가?"

결과는 마치 연쇄 고리처럼 종종 단기적인 기간에서부터 보다 장기적인 기간까지의 연속선을 따라 그 어느 지점에 해당하게 된다.

4. 사업논리 모형의 개발

새로운 사업을 기획하고 있든지 아니면 이미 사업이 진행 중에 있든지 간에 논리 모형을 개발하는 것은 프로그램을 강화시켜준다. 논리 모형은 사업에 영향을 주는 요인들을 평가하도록 도와주고 성공을 달성하기 위해서 필요하게 될 자료와 자원을 예측할 수 있게 해준다. 사업논리 모형을 개발하는 과정에 참여함으로써 조직은 다음과 같은 중요한 사업 기획과 평가의 이슈들을 체계적으로 다루게 된다.

① 의도하는 결과를 달성하기 위하여 필요할 것이라고 믿는 자원과 활동의 목록 작성
② 가용한 자원, 계획된 활동 그리고 달성하기를 기대하는 결과 사이의 연결관계의 문서화 작업
③ 상세하고, 측정가능하고, 활동 지향적이고, 현실적이며, 기한이 정해진 결과의 견지에서 의도하는 결과의 서술

사업논리 모형의 개발을 위해서는 먼저 어떻게, 왜 자신의 사업이 작동할 것이며 무엇을 성취할 것인지를 보여주는 기본적인 논리 모형을 그릴 때에 필요한 재료를 수집해야 한다. 사업의 진행과정 어디에서라도 사업논리 모형을 개발함으로써 혜택을 볼 수 있다. 논리 모형의 개발 과정은 조직의 내부와 외부에 있는 사람들이 일의 목적과 절차를 이해하고 개선하도록 도와준다.

논리 모형의 개발은 두 단계로 접근할 수 있는데 첫 번째는 프로그램을 통해서 어떻게(how) 결과를 달성할 것인가에 관한 그림이고, 두 번째는 왜(why) 이 프로그램이 성공할 것인가에 관한 그림이다. 먼저 어떻게 이 프로그램이 결과를 달성할 것인가를 그리는 것은 프로그램으로 성취하려고 계획하는 결과를 설명하는 것과 프로그램의 자원을 실제의 활동으로 연결시키는 일을 포함한다.

1) 결과의 설정

사업을 계획하는 많은 경우에 어떻게 그 사업의 효과성을 증명할 것인지에 관한 확고한 설명이 부족한 경우가 많다. 종종 어떤 활동 그 자

체가 목적이라고 생각하는 경우도 있다. 활동을 수행하는 것은 그 활동의 성취로부터 결과를 얻는 것과 동일한 것이 아니다. 회의가 개최된 횟수나 등록된 환자의 숫자와 같은 자료를 기록, 관리하는 것은 프로그램의 집행과 성과를 모니터하는 것이지만 그러한 자료는 산출(활동자료)이지 결과(장래에 달성하기를 기대하는 결과)가 아니다.

결과를 먼저 결정하는 것이 현명한 접근이다. 사업의 이정표를 구체적으로 표시하는 것은 필요한 자료를 수집하고 설정된 목표를 향한 사업의 진도를 정기적으로 평가할 수 있도록 해준다. 산출, 결과 및 영향 등의 의도하는 결과(intended results)는 사업의 효과성을 결정하기 위해서 점검하고 측정해야 할 가장 중요한 것이 무엇인가에 대해서 윤곽을 제공해준다.

단기적 결과(short-term outcomes)는 사업 활동이 개시되고 나서 1년에서 3년 사이에 달성하기를 기대하는 결과라고 볼 수 있다. 단기적 결과는 사업 활동으로부터 야기될 것으로 기대되는 태도, 행태, 지식, 기술, 지위 또는 역할의 수준과 같은 것들에 있어서의 세부적인 변화이다. 이러한 것들은 보통 프로그램 참가자들 중에서 개인적 차원에서 나타난다.

장기적 결과(long-term outcomes)는 4년에서 6년 사이에 달성하기를 기대하는 결과라고 할 수 있다. 장기적 결과도 역시 프로그램 활동으로부터 야기될 것으로 기대되는 태도, 행태, 지식, 기술, 지위 또는 역할의 수준과 같은 것에서의 구체적인 변화이다. 이러한 결과는 보통 단기적 결과에 의해서 기대되는 진전 상태에 더해서 일어나게 된다.

영향(impact)은 사업 활동이 개시되고 나서 7년에서 10년 이후에 기대되는 결과라고 할 수 있다. 즉, 해당 프로그램이 만들기 위해 노력하는 장래의 사회적 변화이다. 영향은 사업 활동으로부터 야기될 것으로 기대되는 조직적, 공동체적 또는 사회적 수준의 변화로서 개선된 상태, 증가된 역량 또는 정책영역에서의 변화를 포함한다.

산출(outputs)은 활동에 관한 자료이다. 산출은 사업 활동의 직접적인 결과이다. 산출은 통상 프로그램에 의해서 전달되거나 생산된 용역이나 제품의 규모와 범위의 차원에서 언급된다. 산출은 프로그램이 의도한 대상에게 의도한 분량으로 전달되었는지 아닌지를 나타낸다. 프로그램 산출은 예컨대, 교육받은 학급의 수, 개최된 회의의 수, 배포된 자료의 수, 프로그램 참가율, 또는 전체 서비스 전달 시간 같은 것을 포함한다.

2) 활동의 설정

이 단계는 정확히 어떻게 프로그램이론이 실제로 작동하도록 계획할 것인가를 보여준다. 프로그램이 의도하는 결과를 달성하기 위해 필요한 자원과 활동을 파악하게 해주는 단계이다. 이 단계에서는 가용한 공동체의 자원에 관한 지식과 프로그램이 실행하게 될 세부적인 활동을 작성하는 것이다.

활동을 프로그램 결과에 연결시키기 위해서는 효과가 있는 방식에 관한 지식과 프로그램이 무엇을 할 것인가에 대한 구체적인 설명 사이를 연결시켜야 한다. 이는 프로그램 활동을 지원하기 위해서 무엇이 필요할 것인지를 예상하도록 요구한다. 프로그램의 실행을 구성하는 요소는 제안하는 프로그램을 위한 계획의 역할을 하게 된다.

keyword **55** 평가지표의 개발[55]

    이미 개발된 사업논리 모형의 구성요소의 차원에서 사업평가 질문을 생각해 내는 것은 평가계획을 위한 기본 틀(framework for evaluation plan)을 제공해 주고 평가지표(evaluation indicators)를 개발하도록 도와준다. 기본 틀을 갖는다는 것은 사업의 이해관계자들에게 진정한 가치를 갖는 질문에 초점을 맞춤으로써 평가의 효과성을 증가시킨다. 기본 틀에는 평가활동 중에서 어디에 시간과 노력을 투자하는 것이 사업의 이해관계자들에게 가장 유용한 정보를 제공해 줄 수 있을 것인가 하는 우선순위와 평가에 대한 접근방법의 설명을 포함하게 된다.

    아래에서는 평가질문을 제기하는 방법과 평가가 의도하는 일차적 고객의 초점에 따라 사업논리 모형에 연계된 사업의 진도에 관한 평가지표를 개발하는 방법을 살펴본다.

1. 평가질문의 제기

평가질문에는 두 가지의 상이한 유형이 있는데 그것은 형성적 질문(formative questions)과 요약적 질문(summative questions)이다. 형성적 질문은 간단히 말해서 프로그램을 개선(improve)하는 데에 도움이 되고, 요약적 질문은 프로그램이 계획하였던 대로 작동했는지 아닌지를 입증(prove)하는 데에 도움이 된다.

✚ 표 55.1 형성적·요약적 평가질문의 특징

구분	형성적 평가 - 개선	요약적 평가 - 입증
생산 정보	프로그램 개선을 돕는 정보를 제공. 정기적인 보고서를 생산. 정보가 신속하게 공유될 수 있음	프로그램 결과를 자금제공자와 공동체에 증명하는 데에 사용될 수 있는 정보를 생산
초점	사업 진전을 모니터링하고 중간 과정에서 필요할 때 교정을 하기 위해 주로 사업활동, 산출 및 단기적 결과에 초점을 둠	사업의 중간결과와 영향에 주로 초점을 둠. 자료는 프로그램 진행을 따라서 계속 수집되지만 목적은 결과에 기초해서 프로그램의 중요성과 가치를 결정하는 것
용도	개선을 위한 제안에 사업운영자의 관심을 촉구하는 경우에 유용	프로그램 참가자와 공동체에 대한 영향을 문서화함으로써 프로그램의 품질과 효과성을 설명하는 데에 유용

두 가지 종류의 평가질문 모두 프로그램이 기대한 만큼 성공하였는지의 정도를 결정하는 정보를 생산해내고 프로그램의 성공과 프로그램으로부터 얻은 교훈을 사람들과 공유할 수 있는 토대를 제공한다.

1) 사업논리 모형의 부분별 관점과 평가질문

사업의 성공을 어떻게 측정할 것인가? 사업관리자, 사업에 투자하고 있는 사람들과 사업의 대상이 되는 사람들이 알기를 원하는 것은 무엇인가? 명확한 논리 모형은 프로그램의 목적과 내용을 구체적으로 설명하고 프로그램의 다양한 입장으로부터 의미있는 평가질문을 보다 쉽게 개발할 수 있도록 해준다. 프로그램의 다양한 입장은 전체적인 맥락(context), 집행과 결과(산출, 결과 및 영향을 포함) 등을 말한다. 아래의 그림은 사업논리 모형의 각 부분에서 제기할 수 있는 입장과 질문을 요약적으로 제시한 것이다.

✚ 그림 55.1 사업논리 모형의 부분별 관점과 질문

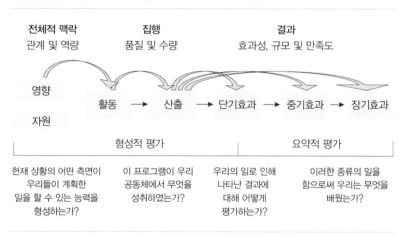

① **전체적 맥락(context):** 맥락은 공동체의 경제적, 사회적 및 정치적 환경 속에서 프로그램이 어떻게 기능할 것인가에 관한 것으로, 프로그램의 상관관계와 역량에 대한 질문에 답한다. 자신이 계획한 일을 할 수 있는 능력에 영향을 줄 수 있는 요인은 무엇인가? 이러한 유

형의 평가질문은 프로그램에 대한 예기치 않은 외부 영향의 효과뿐만 아니라 프로그램의 강점과 약점에 대해서도 설명할 수 있도록 도와준다.

[전체적 맥락 질문의 예] 기증되는 시설을 확보할 수 있는가? 높은 실업률에 의해 조성된 낮은 사기 속에서 필요한 재정적, 자원봉사적 지원을 확보할 수 있을까?

② **집행**(implementation): 집행은 활동이 계획된 대로 실행되는 정도를 검토한다. 프로그램이 희망하는 결과를 전달할 수 있는 능력은 프로그램 활동이 계획된 산출의 품질과 양으로 귀결되는가에 달려있기 때문이다. 프로그램에 관하여 무엇이 일어났는지 그리고 왜 일어났는지의 관점에서 이야기할 수 있도록 해준다.

[집행 질문의 예] 어떤 시설이 확보되었는가? 매일, 매월, 또는 매년 몇 명의 환자를 진료하였는가?

③ **결과**(outcomes): 결과는 개인적, 조직적, 공동체적 또는 사회적 차원에서 희망하는 변화를 향해서 진전이 이루어진 정도를 결정한다. 결과 질문은 프로그램의 결과로 공동체에서 발생한 변화를 기록하려고 시도하는 것이다. 보통 이러한 질문은 프로그램에 핵심적인 사안과 관련된 변화의 규모나 변화에 대한 만족도의 측면에서 여러 활동들이 얼마나 효과적인지에 관한 답변을 만들어낸다.

[결과 질문의 예] 몇 명의 부적절한 무보험 환자가 병원 응급실에서 프로그램 실시 1년차, 2년차 또는 3년차에 진료를 희망하였는가? 무보험 환자의 응급실 방문은 감소하였는가?

2) 평가질문의 개발

사업의 특정한 부분을 검토하는 것만으로도 정보요구를 충족시키기에 충분한 경우도 드물게 있겠지만 보통은 일련의 평가질문을 체계적으로 개발하는 것이 바람직하다. 여기에서는 평가질문 개발을 위한 몇 가지 단계에 관해 살펴본다.

① **평가 초점의 영역**: 무엇을 평가할 것인가를 의미한다. 프로그램이론이나 사업논리 모형으로부터 프로그램의 가장 중요한 측면이라고 생각하는 구성요소들을 열거한다. 이 영역들이 평가의 초점이 된다.
② **평가고객(audience)**: 어떠한 핵심 평가고객이 각 초점영역에 관하여 질문을 가질 것인가를 말한다. 파악된 각 초점영역에 대하여 그 영역에 가장 관심이 있을 것으로 판단되는 평가고객을 열거한다.
③ **질문**: 핵심적인 평가고객은 프로그램에 관하여 무슨 질문을 갖고 있는가를 말한다. 파악된 각 초점영역과 평가고객에 대하여 그들이 프로그램에 관하여 갖고 있을 수 있는 질문을 나열한다.
④ **정보의 활용**: 만일 주어진 질문에 답한다면 그 정보는 어디에 활용될 것인가를 적시하는 것이다. 각 평가고객이 파악한 질문에 대해서 평가정보를 활용하려고 계획하는 방식과 정도에 관하여 서술한다.

다음의 표는 위에서 제시한 단계를 거쳐서 평가질문을 개발한 예이다.

✚ 표 55.2 평가질문 개발 사례

평가고객	전형적 질문	평가활용
사업 관리자	• 사업의 대상목표인 사람들에게 도달하고 있는가? • 참가자들은 사업에 만족하고 있는가? • 사업은 효율적으로 운영되고 있는가? • 어떻게 사업을 개선할 수 있는가?	• 사업관련 결정 • 일상적 운영
사업 참가자	• 사업이 자신과 같은 사람들에게 도움이 되었는가? • 무엇이 다음 번의 사업을 개선할 것인가?	• 지속적 참가에 관한 결정
공동체 구성원	• 사업은 공동체의 필요에 맞추어져 있는가? • 사업은 실제로 무엇을 달성하고 있는가?	• 참여와 지원에 관한 결정

정부관료	• 사업은 누구에게 봉사하고 있는가?
	• 사업은 어떤 차이를 만들었는가?
	• 사업은 그 대상목표인 사람들에게 도달하고 있는가?
	• 참가자들은 사업을 어떻게 생각하는가?
	• 사업은 그 비용만한 가치가 있는가?
		• 공헌과 지원에
		  관한 결정
		• 사업접근방식의
		  효용과 실현
		  가능성에 관한
		  지식 축적

자금
제공자
	• 약속된 것이 달성되고 있는가?
	• 프로그램은 작동하고 있는가?
	• 프로그램은 그 비용만한 가치가 있는가?
		• 책무성과 장래
		  자금지원 노력의
		  개선

2. 평가지표의 선정

평가계획을 수립하는 데에 있어서 가장 큰 도전 중의 하나는 어떠한 유형의 정보가 자신이 제기한 질문에 가장 잘 답변할 수 있는지를 선택하는 일이다. 이해관계자의 입장에서 프로그램의 성공은 어떻게 보일 것인가에 관한 일반적인 합의를 갖고 있는 것이 중요하다. 평가지표는 프로그램의 성공의 표시로서 선택한 측정치이다.

평가지표는 종종 자료수집과 보고전략을 설계하기 위한 출발점으로 사용된다. 기관의 형편에 따라서 평가를 수행하기 위하여 컨설턴트를 고용하거나 전문가로부터 지침을 받을 수도 있으며, 외부의 도움이 필요한지 아닌지는 기관이 평가에 대해서 편안하게 생각하는 수준과 자체 직원의 평가전문성에 달려있다.

평가는 가능한 한 단순하고 명료한 것이 바람직하다. 논리 모형기법은 의미있고 관리가 가능한 평가계획을 개발하는 첫걸음으로 필요한 자료의 유형을 결정하고 자료를 수집할 방법을 설계하는 데에 도움이 된다. 때로 일단 평가지표가 선정되면 사업담당자는 합의된 성공의 척도로서 도달하고자 하는 구체적인 목표치를 정하기도 한다. 예를 들면, '부적절한 응급실 방문의 25%를 감소시키겠다'와 같은 것이다.

✚ 표 55.3 평가지표의 예시

초점 영역	평가 지표	평가 방법
자원	재무·인력 상태의 기록 또는 보고	획득된 실제 자원과 기대치를 비교
활동	계획된 활동의 서술, 실제 활동의 기록 또는 보고, 참가자의 서술	제공된 실제 활동, 연결된 참가자의 유형을 제안된 것과 비교
산출	실제 활동의 기록 또는 보고, 전달된 실제 제품	실제 전달물의 품질과 수량을 기대되는 것과 비교
결과와 영향	활동으로부터 야기되었다고 생각하는 참가자 태도, 지식, 기술, 의도 또는 행태	프로그램 전후의 측정치를 비교

💠 정책지표 만들어보기

생각해볼 문제 1 국력 개념의 측정 지표를 생각해 보고 인터넷에서 조사해보자.

대분류	요소 국력	측정지표	변수(세부 측정지표)
하드 파워	기초 국력		
	국방력		
	경제력		
	과학 기술력		
	교육력		
	환경관리력		
	정보력		
소프트 파워	국정 관리력		
	정치력		
	외교력		
	문화력		
	사회 자본력		
	변화 대처력		

국력이란 한 국가가 실현코자 하는 것을 실현해내는 능력을 의미한다.

보다 구체적으로는 한 국가가 강제적이든 평화적이든 다양한 설득 수단과 방법을 동원하여 다른 나라들로부터 지원과 협력을 얻어 자국의 정책과 전략을 실천에 옮겨 국가목표와 비전을 실현해내는 국가의 능력 이라고 정의할 수 있다.

✚ 그림 55.2 국력 개념도

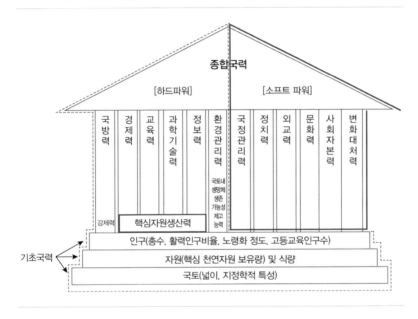

국력이 어떤 요소 능력들로 구성되느냐 하는 것은 종합국력을 정의 하는 사람들마다 달리 판단될 수 있다. 한선재단의 종합국력 연구진(황성 돈·최창현, 2014)의 경우 종합국력이란 위의 그림에서 보듯이 13개의 개 별 요소 능력으로 구성되는 것으로 이해한다. 이 13개의 요소 능력들은 크게 두 가지 유형의 국력, 즉 물질적이고 구매가능한 자원이라고 정의

할 수 있는 '하드 파워'와 비물질적이고 구매가 사실상 불가능하며, 하드 파워 요소들이 제대로 작동할 수 있게 여건을 조성해주고 구축된 국력을 타국에 대하여 효과적으로 행사할 수 있게 하는 능력이라고 정의할 수 있는 '소프트 파워'로 대별된다.

참고로 각 나라들의 세부 지표별 특성 값들은 IMD의 세계경쟁력보고서, 산업정책연구원(IPS)과 국제경쟁력연구원(NaC)이 공동으로 발간하는 국가경쟁력 연구보고서, 헤리티지 재단의 Index of Economic Freedom, 국제전략연구소(IISS)의 Military Balance, UNESCO의 Global Education Digest, IMF의 World Economic Outlook Database, Barry Turner의 The Statesman's Yearbook 등 기존의 다양한 조사연구 결과들로부터 필요한 관련 자료들을 직접 활용하여 산정하거나, 본 조사의 목적에 맞게 재가공하여 산정했다.

생각해볼 문제 2 국력 개념에 대한 2단계로 국력의 변수를 생각해 보자.

대분류	요소 국력	측정지표	변수(세부 측정지표)
하드 파워	기초 국력	국토	
		인구	
		에너지	
		식량	
	국방력		
	경제력		
	과학 기술력	지식/정보 창출력	
		지식/정보 확산·흡수력	
		지식/정보 활용력	
	교육력	투입	
		산출	
	환경 관리력	환경보호지수 EPI Index	
	정보력	투입	
		전환/활용	
		결과	
소프트 파워	국정 관리력		
	정치력		
	외교력	영향도	
		활성도	
	문화력		
	사회 자본력	대인신뢰	
		기관신뢰	
		네트워크	
	변화 대처력		

생각해볼 문제 2의 답안예시 국력 개념의 변수(세부 측정지표)

대분류	요소 국력	측정지표	변수(세부 측정지표)
하드 파워	기초 국력	국토	총면적, 경작가능면적
		인구	총인구수, 인구노령화정도, 출생시기대수명, 건강기대수명, 인구 1,000명당 영아사망률, 국민건강정도
		에너지	에너지자원 확보력, 에너지생산력(발전량, 신재생에너지 공급량), 에너지 기반시설 우수성, 미래에너지 확보 정도, 에너지 자급도
		식량	식량 등 기초 생필품 확보력
	국방력		국방비, 현역 군인, 예비역, 전차, 대포, 잠수함, 전투함, 전투기, 핵전력
	경제력		PPPGDP, 경제성장률, Inflation, Gini계수
	과학 기술력	지식/정보 창출력	연구개발 인력, 연구개발 투자(총액, GDP 비중), 과학기술논문, 미국특허
		지식/정보 확산·흡수력	국민의 교육수준, 정보 유통인프라, 지적재산권 보호제도
		지식/정보 활용력	규제제도의 질, 벤처자본의 가용성, 외국인 직접투자 총액의 GDP 비중, 첨단기술제품 수출 비중
	교육력	투입	GDP 대비 공공지출, GDP 대비 1인당 교육관련 공공지출, GDP 대비 교육지출(공공부문+사적부문), 교원 1인당 학생수(초등, 중등), 학급크기(초등, 중등)
		산출	인구 만명당 노벨상 수상자수, 논문편수(과학), 세계 100대 대학진입수, 고등교육이수율, 고등교육 학생유입, 고등교육 학생유출, PISA/수학, PISA/과학, PISA/읽기, 영어숙달, 비문해율, 기대교육년수
	환경 관리력	환경보호지수 EPI Index	건강영향(Health Impacts), 공기 질(Air Quality), 물과 위생(Water and Sanitation), 물자원(Water Resources), 농업(Agriculture), 산림(Forests), 어업(Fisheries), 생물다양성(Biodiversity), 기후와 에너지(Climate and Energy)
	정보력	투입	국가정보예산, 궤도에 있는 인공위성, 인터넷 호스트, 1,000명당 인터넷 사용자
		전환/활용	세계 1000위권 대학 보유, 외국에 대한 직접투자
		결과	국가안정도

소프트 파워	국정 관리력	WGI	시민의 참여, 정치적 안정성, 정부효과성, 규제의 질, 법치, 부패의 통제
		정치력	정치시스템의 안정성과 효과성, 국회 입법 활동의 효과성, 국회에 대한 신뢰, 정당에 대한 신뢰, 국 민들이 정치인들을 중요한 사회지도자라고 생각 하는 정도, 정치인들의 교육 수준, 정치인들의 국 제적 경험, 정치인들의 청렴성
	외교력	외교영향도	각국의 UN분담금 비율, 자국민이 기관장으로 있 는 주요 국제기구의 수, 해외 원조 금액, UN 상 임이사국 여부
		외교활성도	주요 국제기구들에 해당 국가가 가입하고 있는 기 구의 수, 주요 국제기구의 본부가 해당국에 위치 하고 있는 기관의 수
	문화력		국민호감도, 문화호감도, 문화산업(E&M) 경쟁력 지수, 체육 경쟁력지수, 관광(T&T) 경쟁력지수
	사회 자본력	대인신뢰	가족, 이웃, 아는 사람, 처음 만난 사람, 종교 다 른 사람, 다른 나라 사람
		기관신뢰	정부, 기업, NGO, 미디어(신문, TV)
		네트워크	종교나 교회단체, 스포츠 및 레크레이션, 예술·음 악·교육·문화, 노동단체, 정당, 환경보호단체, 전문가 조직, 인권 혹은 자선단체, 소비자 보호단체
	변화 대처력		기업대처력, 정부대처력, 시민대처력, 미래탐색, 도전에 대한 국민적응력, 시장변화에 대한 기업적 응력, 경제 변화에 대한 정부적응력

keyword 56 신공공관리 [56]

1. 신공공관리론의 정의

신공공관리론은 시장주의와 신관리주의의 결합으로 '시장주의'는 경쟁원리와 고객주의를 포함하는 개념으로, 기존의 독점적 정부서비스에 경쟁과 고객선택권을 최대한 적용하여 행정서비스를 제공하라는 것이다.

이러한 원리를 실천하기 위해서 민영화와 민간위탁, 고객 중심의 시민헌장제도, 경쟁과 고객서비스의 지향을 위한 TQM 등의 기법활용 등을 도입하고 있다.

2. 신공공관리론의 역사

신공공관리론은 행정국가시대의 정부실패에 대한 대응으로 전통적 관료제의 한계를 극복하고, 작지만 능률적인 정부를 구현하기 위하여, 1980년대 이후 대처정부와 레이건정부로 대표되는 앵글로색슨계 나라들에서 추진된 시장 지향적인 정부 개혁에서 비롯되었다.

1980년대 이후 신보수주의 정부에서 행정의 관리적 측면이 강조되고, 정치·행정이원론이 재등장하면서 행정학의 새로운 접근방법으로 신공공관리론(New Public Management, NPM)이 개발되었다. 신공공관리론은 공공서비스 제공에 대한 민간부문의 적극적인 역할 분담 및 정부와 민간부문의 협력적 활동을 강조하는 접근방법이다. 또한 기업경영의 논리와 기법을 정부에 도입·접목하여 행정의 성과를 향상시키고, 관리자의 개인적 책임 확보를 강조하는 이론이다. 민간부문에 비해서 정부부문이 지나치게 비효율적이라고 평가하고 민간부문 관리 기법을 도입하기 시작했다.

영국에서는 신관리주의라는 용어가, 미국에서는 신공공관리라는 용어가 주로 사용되며, 현재에는 주로 신공공관리라는 용어가 주로 쓰이고 있다. 신공공관리는 이외에도 기업가적 정부, 기업가적 행정, 시장 원리에 의한 행정, 국가 경영, 경영 행정, 국정 관리, 국정 경영 등의 다양한 용어로 통용되어 사용되기도 하는데, 1990년대의 시장적 효율에 기초한 정부개혁의 흐름을 지칭하는 포괄적 용어로 사용되고 있다.

✚ 표 56.1 전통적 관료제 정부와 기업가적 정부 모형의 비교

기준	전통적인 관료제 정부	기업가적 정부
정부의 역할	노젓기(rowing) 역할	방향 잡아 주기(steering) 역할
정부의 활동	직접적인 서비스 제공	할 수 있는 권한 부여(empowering)
행정의 가치	형평성, 민주성	경제성, 효율성, 효과성
서비스	독점적 공급	경쟁 도입: 민영화, 민간위탁 등
공급 방식	행정 메커니즘	시장 메커니즘
행정관리 기제	법령, 규칙 중심 관리	임무 중심 관리
행정관리 방식	• 투입 중심 예산 • 지출 지향 • 사후 대처 • 명령과 통제	• 성과 연계 예산 • 수익 창출 • 예측과 예방 • 참여와 팀워크 및 네트워크 관리
행정 주도 주체 및 책임성	• 관료 및 행정기관 중심 • 계층제적 책임 확보	• 고객 중심 • 참여적 대응성 확보

작고 효율적인 정부에 대한 사회적 요구의 증가로 뉴질랜드, 영국, 미국, 캐나다 등의 서구 국가들에서 행정개혁이 진행되면서 신공공관리론이 '관료주의적 패러다임'에 근거한 전통적 행정학의 대안으로 부상하였다. 관료주의적 패러다임은 계층제적 통제, 전문화, 명확하게 규정된 규정과 절차 등을 통해서 '좋은 행정'을 구현할 수 있다고 주장하는 반면, 신공공관리론은 전통적인 행정학의 이러한 처방들이 오히려 정부의 많은 문제들을 초래하였다고 비판한다.

신공공관리론은 정부를 재구축하고 민간부문이 공공서비스 공급에 참여할 필요가 있다고 강조했다. 정부재창조운동은 신공공관리론을 행정개혁이 적용한 것이라고 할 수 있다.

기업가적 정부 운영의 10대 원리(D. Osborne & T. Gaebler)

① 촉진적 정부(노젓기보다 방향 잡아 주기)

② 지역사회가 주도하는 정부(서비스 제공보다 권한 부여)

③ 경쟁적 정부(서비스 제공에 경쟁 도입)

④ 사명 지향적 정부(규칙 중심 조직의 개혁)

⑤ 성과 지향적 정부(투입이 아닌 성과와 연계한 예산 배분)

⑥ 고객 지향적 정부(관료제가 아닌 고객 요구의 충족)

⑦ 기업가적 정부(지출보다는 수익 창출)

⑧ 미래에 대비하는 정부(사고 수습보다는 사고 예방)

⑨ 분권적 정부(위계조직에서 참여와 팀워크로)

⑩ 시장 지향적 정부(시장 기구를 통한 변화 촉진)

거버넌스⁵⁷

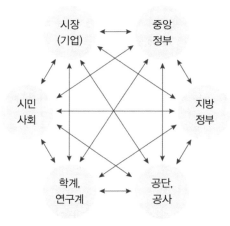

출처: https://search.naver.com/search.naver?sm=를 수정함.

1. 거버넌스의 정의

거버넌스란 정부 시민단체 그리고 시장이 협치하여 국정관리를 운영하는 것을 말한다. 거버넌스에 대한 적절한 용어는 아직 합의되어 있지 않다. 공치(共治), 국정관리(國政管理), 치리(治理), 국가경영(國家經營), 협치(協治) 등으로 표현하고 있으며 우리나라 언어적 표현에 있어서 '함께 다스림', 또는 '더불어 다스림'으로 번역하는 것이 가장 적절하다고 볼 수 있다.

거버넌스는 6개 지표로 나타낼 수 있다. 여섯 가지 지표는 시민의 참여와 책임성(voice and accountability), 정치적 안정성과 무폭력(political stability/no violence), 정부효과성(government effectiveness), 규제의 질(regulatory quality), 법치(rule of law), 부패의 통제(control of corruption)이다(Kaufmann, et.,al, 2002). 첫째, 시민의 참여와 책임성(voice and accountability)이란 시민권(civil liberties)과 정치적 권리(political rights)등을 측정하는 지표로서 시민의 참여(participation)를 강조하는 참여적 정부를 반영하는 지표라 할 수 있다. 여기에서 참여란 모든 남녀가 직접적으로 혹은 자신들의 이해를 대표하며 정통성을 가진 중간 단체들을 통해 정책결정에 목소리를 가져야 한다는 뜻이다. 이 지표를 측정하기 위해서는 정치적 위험도(political risk index), 정치권리(political rights), 시민권(civil liberties), 민주적 책임성(democratic accountability), 기업의 의견 표명도(business have voice to express) 등의 자료가 활용되었다. 둘째, 정치적 안정성과 무폭력(political stability/no violence)이란 그 나라 정부의 능력이나 힘으로 정치적 불안정, 테러나 폭력 등으로 인한 국민들의 생계나 삶에 대한 안정성을 반영해 주는 지표라 할 수 있다. 이 지표를 측정하기 위해서는 국내정치 위험도(domestic political risk)등의 자료가 활용되었다. 이 두 지표는 시민의 참여를 알아 볼 수 있는 지표이다.

셋째, 정부효과성(government effectiveness)이란 정부의 서비스에 대한 인식으로 관료제의 질(quality of bureaucracy)을 나타내는 지표라 할 수 있다. 이러한 정부효과성은 Osborne과 Gaebler의 10가지 정부 형태 중 결과지향적 정부의 성격을 가지고 있으며 모든 제도들과 과정들이 자원을 최상으로 이용하면서 욕구를 충족시키는 결과를 생산해야 한다. 이 지표를 측정하기 위해서는 관료제적 지연도(bureaucratic delays), 공무원 능력(competence of public sector personnel), 정부지출의 낭비(wasteful government expenditure), 관료제 관리시간(management time spent with bureaucracy), 정부효과성 인식도(percent who believe the government is efficient), 관료제의 질 (bureaucratic quality) 등의 자료가 활용되었다.

넷째, 규제의 질(regulatory quality)이란 시장 지향적 정부의 성격을 가지고 있는데 기존의 관료제적인 규제와 규제의 완화를 통한 자유로운 창의성과 활동성을 지향하는 규제완화형 정부운영 모형과 생각을 같이 할 수 있다. 이는 규제가 얼마나 발전지향의 모습을 가졌는지 나타내는 지표라 할 수 있다. 이 지표를 측정하기 위해서는 행정규제(administrative regulations), 정부개입(government intervention), 외국투자(foreign investment) 등의 자료가 활용되었다. 정부효과성(government effectiveness), 규제의 질 (regulatory quality) 이 두 가지 지표는 정부의 정책형성 및 집행능력을 알아 볼 수 있는 지표라고 말 할 수 있다.

다섯째, 법치(rule of law)는 그 나라의 법적·제도적 장치가 얼마나 잘 되어 있는가를 반영하는 지표로서 적절한 법과 제도의 마련은 폭력과 범죄로부터 효과적인 사회의 안정을 가져 올 수 있어야 한다. 또한 법 앞에 평등하고 공정한 판결로서 경제와 사회의 발전적인 환경이 조성되도록 해야 한다는 인식을 가진 지표이며 법적 준거 틀이 공정하고 특히 인권에 대해서는 편파적이지 않게 집행 되어야 한다. 이 지표를 측정하기 위해서는 계약 강제도(enforceability of contracts), 조세회피수준(extent of tax evasion), 사법부 독립성(independence of the judiciary), 범죄수준에 대한 관심(concern with level of crime), 암시장(black market), 법 준수도(law and order)등의 자료가 활용되었다. 여섯째, 부패의 통제(control of corruption)는 사회에 만연해 있는 국민의 부패에 대한 인식(perception of corruption)의 지표로서 이러한 부패의 정도를 통해 경쟁적 정부에서의 협치가 잘 이루어 질 수 있는 지를 가늠할 수 있는 지표이다. 또한 투명성이 부패의 통제에 있어 확보되어야 하는데, 투명성은 정보의 자유로운 흐름에 기초하는 것으로, 과정, 제도 및 정보가 이것들에 관심을 갖는 사람들에게

✚ 표 57.1 국정관리력 개념의 지표

국정 관리력의 구성인자	협치지표 (governance Index)	내용	출처 (source/institution)
시민의 참여 (citizen participation)	시민의 참여와 책임성 (voice & accountability)	시민권(civil liberties)과 정치적 권리 (political rights) 등을 측정하는 지표 정치적 위험도(political risk index): 1 정치권리(political rights): 2 시민권(civil liberties): 2 민주적 책임성(democratic accountability): 5 기업의 의견 표명도(business have voice to express): 9	1. Business Environment Risk Intelligence 2. Freedom House 3. Gallup International 4. Heritage Foundation / Wall Street Journal 5. Political Risk Service 6. Standard and Poor's DRI McGraw-Hill 7. World Bank 8. World Economic Forum 9. The world Business Environment Survey(WBS)
	정치적 안정성과 무폭력 (political stability/ no violence)	정부의 능력이나 힘으로 정치적 불안정, 테러 나 폭력 등으로 인한 국민들의 생계나 삶에 대 한 안정성을 반영해 주는 지표 국내정치 위험도(domestic politcal risk): 6	
정부 정책 (government policy)	정부 효과성 (government effectiveness)	정부의 서비스에 대한 인식으로 관료제의 질 (quality of bureacracy)을 나타내는 지표 관료제적 지연도(bureaucratic delays): 1 공무원 능력 (competence of public sector personnel): 8 정부지출의 낭비 (wasteful government expenditure): 8 관료제 관리시간 (management time spent with bureaucracy): 8 정부효과성 인식도 (percent who believe the government is efficient): 3 관료제의 질(bureaucratic quality): 5	
	규제의 질 (regulatory quality)	규제가 얼마나 발전지향의 모습을 가졌는지 나 타내는 지표 행정규제(administrative regulations): 8 정부개입(government intervention): 4 외국투자(foreign investment): 4	
법·제도 (law & institution)	법치 (rule of law)	법적·제도적 장치가 얼마나 잘 되어 있는가를 반영하는 지표 계약 강제도(enforceability of contracts): 1 조세회피수준(extent of tax evasion): 8 사법부 독립성(independence of the judiciary): 8 범죄수준에 대한 관심(concern with level of crime): 3암시장(black market): 4 법 준수도(law and order): 5	
	부패의 통제 (control of corruption)	사회에 만연해 있는 국민의 부패에 대한 인식 (perception of corruption) 지표	

출처: World Bank의 WGI(World Governance Indicators) 2013년도 자료.

직접적으로 접근 가능한 것이 되어야 한다. 법치(rule of law), 부패의 통제 (control of corruption) 이 두 가지 지표는 법과 제도에 대한 국가적 능력을 알아 볼 수 있는 지표이다(〈표 57.1〉 참조).

2. 거버넌스의 역사

역사적으로 정부의 역할은 마치 시계추처럼 정부역할의 확대와 축소를 반복해왔다. 20세기 중반에는 시장실패(market failure)에 대한 대응으로서 정부의 개입(government intervention)의 확대가 이루어 졌다. 정부의 능력에 대한 신뢰가 극에 달하여 사회의 거의 모든 부분에 정부의 입김이 강한 거대정부(big government)가 주종을 이루어 왔다. 그러나 20세기 종반에 들어서며, 각 국 정부들은 여러 가지 이유로 그 한계를 드러내게 되었고 어디에서나 '작은 정부(small government)' 움직임이 거세게 일어나고 있다. 그 자리를 메우는 기제로서 '협치(governance)'가 부상하여 여러 측면에서 중요한 공헌을 하고 있다. 즉 정부개입의 강화는 또 다른 정부 실패(government failure)나 정책실패(policy failure)를 초래했으며 이에 대한 대응으로서 최근 협치가 새로운 패러다임으로 논의되고 있다.

이는 정부정책과정에서 규제 중심의 정부 역할로부터 공존 또는 공생 중심의 네트워크 구성이라는 의미로 파악할 수 있다. 협치를 논의하는데 있어서 Jessop(2000)은 시장과 국가의 이원론에서 출발하여 시장실패와 국가실패를 모두 극복하는 새로운 방식으로 이해하고 있다. 즉, 국가와 시장 양자가 모두가 다양하고 복잡한 경제적, 정치적, 사회적 문제를 다루는데 실패하여, 이들의 대안으로 협치가 시장과 국가 중간의 방식으로서 제3의 길로 나타난 것이라 주장한다.

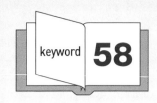

삶의 질과 정책결정[58]

1. 삶의 질

통계청은 온라인으로 객관적인 행복지표를 공개한다. 지표는 물질영역과 비물질영역 등 2개 영역의 총 12개 부문, 83종이며 소비자물가지수처럼 통계청이 종합지수로 발표하는 것은 아니지만 83개 지표값에 사용자가 직접 가중치를 부여해 통계로 활용할 수 있도록 한다는 방침이다.

물질 영역에는 소득·소비, 고용·임금, 복지, 주거 등이 포함되며, 비(非) 물질적 영역에는 주관적 웰빙, 건강, 가족·공동체, 문화·여가, 시민참여, 안전, 환경 등이 포함되어 있다. 특히 재정취약가구, 근로시간, 저임금근로자비율, 개인부담 의료비 비중, 연소득 대비 주택가격비율, 암 생존율, 소득계층별 의료 미충족률, 대졸 취업률, 문화여가 지출비율, 하수도 보급률의 지역별 격차 등 10개 항목은 기존에 없던 새로운 항목으로 나타나고 있다. 83종 지표 중 3회 이상 측정값이 존재하는 기대수명, 지니계수, 평균 여가시간 등 66종부터 온라인 서비스를 제공하고 있다.

✚ 표 58.1 국민 삶의 질 지표*

물질부문	소득·소비·자산	1인당 GNI	고용·임금	고용률	
		균등화 중위소득		실업률	
		균등화 중위소비		근로자 평균 근로소득	
		가구평균 순자산		근로시간	
		지니계수		저임금 근로자 비율	
		상대적 빈곤율		일자리 만족도*	
		소득만족도*	주거	1인당 주거면적	
		소비생활 만족도*		최저주거기준 미달가구 비율	
	사회복지	공적연금가입률		통근/통학 소요시간	
		GOP 대비 사회복지지출 비율		연소득대비 주택가격비	
		개인부담 의료비 비중			
비물질부문	건강	기대수명	교육	유치원 취원율	
		고혈압 유병률		고등교육 이수율	
		당뇨 유병률		평생교육 참여율	
		주관적 건강평가*		학업 중단율	
		스트레스 인식정도*		학생 1인당 사교육비 지출액	
		비만율		PISA 백분위 순위	
		중등도 이상 신체 활동 실천율		대졸생 취업률	
		소득계층별 의료비 충족률		학교교육의 효과*	
	문화여가	평균여가시간		학교생활 만족도*	
		여가활용 만족도*	가족공동체	가족접촉 빈도	
		시간 부족에 대한 인식*		가족관계 만족도*	
		1인당 평균 국내 여행일수		한부모 가구비율	
		문화예술 및 스포츠 관람률		독거노인비율	
		문화여가 지출 비율			

---

* 표는 주관지표임, 주관적 웰빙 영역은 이번 발표에서 제외되어 11개 영역 66개 지표
(OECD BLI는 11개 영역 24개 지표).

비물질부문	시민참여	투표율	가족공동체	자살율
		자원봉사활동 참여율		사회적 관계망
		부패인식지수*		사회단체 참여율
	환경	에너지 빈곤층 비율	안전	강력범죄 발생률
		미세먼지 농도		사회안전에 대한 평가*
		하수도 보급률		야간보행에 대한 안전도*
		폐기물 재활용 비율		도로 사망률
		GDP 대비 온실가스 배출량		아동 안전사고 사망률
		기후변화 불안도*		아동학대 피해 경험률
		1인당 도시공원 면적		산업재해율
		체감환경 만족도*		화재 발생 건수

2. 정책적 함의

21세기에 접어들면서 '웰빙' 혹은 '삶의 질' 측정이 국가통계청의 중요한 업무의 하나로 부각되고 있다. 앞서 해외 사례에서 보았듯이 진척의 정도나 추진주체에서 다소간의 차이는 있으나 대부분의 선진국에서는 이 과제를 추진하고 있다.

경제적, 물질적 생활조건과 환경을 묘사하는 객관적 지표가 정책결정에 필요하다는 것은 부인할 수 없지만, 국민 개개인들이 생활에서 진심으로 원하고 만족스러운 상태를 설명해 주지는 못하고 있다. 즉, 객관적 지표와 국민이 진정 추구하는 삶의 목표와 소망, 가치와는 별개라는 것이다. 일련의 연구조사(A. Campbell 등)에 의하면 경제성장은 인간의 의식주문제를 해결하는데 도움이 될지는 모르지만 반드시 인간의 행복과 만족을 증가시키지는 않는다는 것이다. 따라서 경제적인 생활요건과 경험하고 있는 복지에 대한 인식(삶의 질) 사이에는 밀접한 관계가 없다고 한다면 객관적인 경제지표나 사회지표는 국민의 삶의 질을 향상시키는 데 별로 도움을 주지 못한다고 할 수 있다.

국민 개개인의 복지문제는 개개인의 주관적 입장에서 점검하지 않으면 안 된다. 복지에 대한 지각(perception)과 느낌(feeling)은 명백히 주관적이며, 진실로 체험자 자신에게 달려 있기 때문이다. 따라서 공공복지정책의 수립은 복지 수혜자의 내면적인 심리상태를 반영하는 주관적 지표에 기초하지 않으면 안 된다.

가장 중요한 문제는 앞으로 측정의 타당성 및 적절성을 담보할 수 있는 지표를 지속적으로 만들어 나가는 것이다. 또한 양질의 지표를 바탕으로 학계에서 정책에 반영할 만한 삶의 질 지수를 만들 필요가 있다.

keyword **59**   성과측정⁵⁹

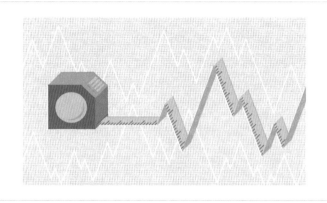

출처: 박중훈(1999). 결과중심의 성과측정 및 성과관리체제에 관한 연구. 한국행정연구원.

1. 성과측정의 개념과 발전

　성과측정(performance measurement)은 선택된 성과지표들을 사용하여 사업의 진행과 성취를 정의하고, 관찰하며, 보고하고, 활동하는 과정이다. 정부 내에서의 성과의 측정은 임무와 바람직한 산출결과들을 정의하고, 성과의 표준들을 설정하며, 성과와 예산을 연결지우고, 산출결과를 보고하며 그 결과에 대해서 관리자들에게 책임을 지도록 하는 과정이다. OECD에서는 정부개혁의 수단으로서 정부업무의 성과측정의 의의를 첫째, 경제성, 생산성, 실효성, 서비스의 질을 향상시키고, 둘째, 고위관리자, 의회, 감사기구의 통제를 증대시키며, 셋째, 정확하고 계량화된 성과정보를 예산과정에 반영시킬 수 있도록 하고, 넷째, 공무원들에게 성과향상의 인센티브를 부여할 수 있다는 점에 두고 있다.

정부의 사업들이 성취한 것을 측정하려는 노력은 상당히 오래 전으로 거슬러 올라갈 수 있으나 1980년대 영국에서 공공부문의 구조개혁의 수단으로 성과지표를 활용하기 시작하였고, 1990년대 미국에서 「정부성과 및 결과법(GPRA)」의 입법으로 정부업무의 전략적 추진과 관리책임을 확보하기 위한 성과측정과 보고를 법적 책무로 규정하면서 본격적으로 활용되었고 이후 OECD국가들을 중심으로 확산되었다.

성과측정은 사람들의 행태와 의사결정에 영향을 미치기 때문에 필요한 것이다. 만일 측정을 하지 않는다면 사람들은 실패와 성공을 구분할 수 없게 되고 성공을 구분할 수 없다면 성공을 보상할 수도 없고 실패하고 있는 것을 알지 못한다면 그것을 개선할 기회를 갖지 못하게 된다. 어떤 조직이 사업의 목적과 목표를 설정하고 이들 목표를 달성하기 위하여 사업 활동들을 기획하고 자원을 배분하며, 설정된 목표를 달성할 수 있는 방향으로 진전이 이루어지고 있는 여부를 결정하며 이에 따라 성과를 향상시킬 수 있도록 사업계획들을 수정하기 위하여 성과의 측정이 필요하다.

성과측정의 목적은 평가, 통제, 예산, 학습, 개선, 동기부여, 촉진 등 다양할 수 있다. 이외에도 조직의 임무와 전략에 좀 더 분명하게 초점을 맞출 수 있게 해주고, 관리와 의사결정을 개선할 수 있으며, 성과를 향상시킬 수 있고, 책무성을 높일 수 있게 해준다.

2. 성과측정의 유형과 활용

성과측정의 유형은 사업논리 모형(program logic model)의 구성요소들과 연계해서 살펴보면 이해가 용이하다. 사업논리 모형을 구성하는 요소들은 투입(input), 활동(activity), 산출(output), 도달된 고객(customer reached), 고객만족(customer satisfaction), 결과(outcome) 등이다. 투입은 사업을 담당하는 조직에 의하여 소비된 자원으로 예산의 규모, 확보된 시설, 담당직원의 숫자, 원자재, 장비 등이 여기에 해당된다. 활동은 주요한 제품과 서비스를 직접 생산하기 위하여 수행된 일로서 교육훈련사업의 경우라면 교육계획의 수립, 교육내용의 확정, 강사진 섭외, 교육생 선발 및 통보, 교육실시 및 평가 등이 필요한 활동이다. 산출은 사업 활동의 직접적인 결과로 얻게 되는 것으로 교육 수료인원, 연간 교육실시 횟수 같은 것이 산출의 예이다. 도달된 고객은 대상집단 중 산출을 받은 고객의 비율이나 숫자이며, 고객만족은 전달된 사업 산출에 대한 사업참가자들의 만족의 정도에 대한 측정치이다. 끝으로 결과는 사업목표의 달성 정도로서 교육과정을 수료한 참가자들의 직무수행과 관련한 지식, 기술 및 태도에 있어서의 향상 등 변화에 관한 것이다.

구성요소별 성과측정과 관련된 성과측정지표들은 서비스의 질, 능률성, 효과성, 생산성, 비용효과성 등이다. 능률성은 투입된 양에 대한 산출의 양의 비율로 정의되며, 효과성은 당초 계획한 목표의 달성 정도이고, 생산성은 투입된 자원의 특정단위당 생산물의 비율이고, 비용효과성은 비용에 대한 결과물의 비율이다.

성과측정정보는 결과지향적 관리(result-oriented management)과정에서 활용할 수 있는 여러 가지 유용한 정보를 제공해 준다. 성과를 평가할 수 있는 방법의 제공, 활동을 지원하기 위한 자원 배분의 평가, 사업의 우선순위 결정, 사업의 목표 달성 여부 평가, 의사결정에 필요한 정보의 제공 등이다. 관리과정에서 성과측정 정보를 활용하는 대상 분야들에는 전략적 기획, 예산편성, 사업관리, 성과관리, 사업평가, 벤치마킹, 모니터링 등이 있다.

성과측정은 많은 장점과 활용가능성을 가지고 있지만 여러 가지 한계도 있다. 정밀한 평가자료가 아니라 기술적인 자료를 제공한다는 점, 남용될 가능성이 존재한다는 점, 준비와 실행에 너무 많은 시간과 노력이 소요될 수 있다는 점 등이 그것이다.

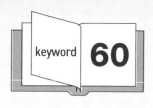

keyword 60 성과관리체계⁶⁰

성과관리체계

Performance Management System

02/06/10

1. 성과관리체계의 개념과 의의

기업부문에서는 제품의 생산과 유통, 판매과정을 거쳐서 성과를 만들어내고 있는가에 대한 가시적인 환류정보를 순이익이라는 형태로 지속적으로 알아낼 수 있다. 반면에 정부부문에 있어서는 제품과 가격의 개념이 없기 때문에 환류정보를 정부관리에 활용하는 것이 어렵다.

이러한 맥락에서 기업가형 정부 모형이 제시하는 것은 가상적 시장 (simulated market)개념의 활용이다. 즉, 국민을 고객으로 재규정하고 정부의 사업과 서비스가 고객만족이라는 잣대에 비추어 얼마나 성과를 올리고 있는가를 측정하고 이러한 성과정보를 기획과 관리 및 예산과정에서 활용한다는 것이다. 이러한 기업가형 정부 모형의 개념을 구체화한 것이 바로 성과관리체계(performance management system)인데 미국은 1993년 '정부성과 및 결과에 관한 법(GPRA)'을 입법함으로써 연방정부와 각급 정부가 모든 사업을 수행함에 있어 성과관리체계를 개발, 활용할 것을 명시하였다.

근래 전 세계적으로 정부의 책임성(accountability)의 개념은 새로운 의미를 지니게 되었다. 이러한 견해에서는 정부는 그 국민들에게 첫째, 재화와 서비스의 측면에서 국민들이 공금의 사용으로부터 무엇을 얻고 있는가, 둘째, 이러한 지출이 어떻게 국민들의 삶을 이롭게 하고 있는가, 그리고 셋째, 얼마나 효율적으로 그리고 효과적으로 공금이 사용되고 있는가를 알려 주어야 한다는 것이다. 이러한 유형의 책임성의 개념은 정부를 그 행동에 대해서 뿐만 아니라 동시에 그 행동의 결과에 대해서도 책임을 지도록 만들고 있다.

이러한 방식으로 책임성을 나타내 보이기 위해서 서구의 여러 정부들은 새로운 형태의 측정과 보고체계를 개발해 내고 있다. 이를 일반적으로 '성과관리체계' 또는 '성과측정체계(performance measurement system)'라고 부른다. 성과관리체계는 간단히 말해서 정부정책과 사업의 결과를 감시하고 개선시키기 위해서 설치된 지속적인 자료의 수집과 보고체계를 말한다. 성과관리체계는 다음과 같은 몇 개의 핵심적인 구성요소로 이루어진다. 사명과 바람직한 결과의 규정, 성과측정지표의 선정, 성과측정 및 성과정보의 활용이다.

2. 성과관리체계의 개발

정부의 성과측정 및 관리체계는 전략적 기획절차를 거쳐서 개발할 수 있다. 아래에서는 성과측정체계의 개발방법을 단계별로 살펴본다.

✚ 표 60.1 성과관리체계의 개발 단계

조직사명·결과개념의 규정	이해관계자 참여
	환경평가
	활동·핵심절차·자원의 조정

⇩

성과의 측정	성과측정지표의 선정
	자료수집

⇩

성과정보의 활용	성과격차의 식별
	성과정보의 보고
	성과정보의 활용

1) 제1단계: 사명과 바람직한 결과의 규정

정부기관이나 부서들은 자신들의 사명, 목적, 구체적 목표들을 명확히 하기 위해서 전략적 기획(strategic planning) 절차를 실행할 필요가 있다. 전략기획과정에는 각 기관의 기획담당자들 뿐만 아니라 서비스를 받는 고객이 되는 사람들까지도 참여시키는 것이 바람직하다. 이 과정을 통해서 정부기관은 자신의 사업을 통해서 성취하기 원하는 '결과'를 확인하게 된다. 예를 들어, 도로담당 부서의 소기의 결과는 그 관할지역의 도로가 안전한 상태에 있고 또한 차량운전자들에게 안락한 운전환경을 제공해 주는 것일 것이다.

성과측정 노력의 출발점은 전략적 계획(strategic plans)이다. 계획의 내용은 각 기관 및 부서의 법률적 요구사항, 결과와 관련된 전략적 목표, 목표를 달성하기 위한 방법과 이것들을 토대로 한 종합적인 사명의 진술(mission statement)이다. 전략목표(strategic goals)는 명백하게 정의된 기관의 사명에서부터 자연스럽게 나오는 부산물이라고 할 수도 있는데, 정부 사업의 목적과 달성하고자 하는 결과를 설명해 주는 것이다.

성과측정체계를 실제로 개발하는데 있어서 각 정부조직은 처해 있는 환경에 민감해야 한다. 전략계획 속에는 정부기관의 목표달성능력에 영향을 줄 수 있는 외부적 요인을 명시해 주어야 한다.

① **이해관계자의 참여**: 성공 사례연구에 의하면 성공적인 조직은 전략기획에 상당한 정도까지 조직의 이해관계자들의 이익과 기대를 반영했다. 이러한 조직들은 자신들의 사업의 성패 여부를 결정하는 데에 있어 이해관계자들의 의사가 많은 것을 좌우한다는 사실을 인식하고 있다.

정부기관의 이해관계자에는 국회와 중앙행정부처, 지방자치단체, 서비스공급자, 이익집단, 공무원 그리고 일반국민이 포함될 것이다. 이해관계자의 참여는 특히 중요한데 이는 정부기관이 종종 모호하고 복잡한 정치적 환경에 처하게 되어 조직의 사명을 규정하는 것이 어려운 과제가 되기 때문이다. 법률 규정이 특정 기관의 사명진술의 출발점이 되어야 하겠지만 여러 이해관계자들은 특정한 기관의 사명이나 목적에 대하여 상당한 의견의 불일치를 보일 수 있다. 정부기관이 국회나 다른 이해관계자와 기관의 사명을 명백히 하고 목적에 대한 의견의 일치에 도달하기 위해 논의함으로써 이를 해결할 수 있다.

고객을 개입시키는 것도 마찬가지로 중요하다. 어떤 기관의 고객은 그 기관의 사업에 의해서 서비스를 받는 개인이나 조직이다. 물론 정부기관과 고객이 항상 직접적인 접촉을 하지는 않는다. 중앙정부가 계획하고 재원을 공급하는 많은 공공서비스는 지방자치단체나 제3자를 통해서 제공된다. 그러한 경우에 특히 정부는 상이한 고객과 서비스공급자 및 여타의 이해관계자들의 요구를 조정해야 할 어려운 과제를 안게 된다.

② **환경의 평가:** 조직의 목표달성능력에 조직의 내부적, 외부적 요인들이 영향을 미친다. 이러한 요인들을 인식하고 있는 관리자들도 종종 정보를 일회적으로 혹은 비공식적으로 수집한다. 대조적으로 성공적인 조직은 자신들의 내부적, 외부적 환경을 지속적이고 체계적으로 감시한다. 이러한 조직들은 미래의 문제에 대비하고 적응하는 능력을 갖게 됨으로써 잠재적인 문제가 위기로까지 발전하지 않도록 한다.

외적·내적 환경은 모두 중요하지만 양자가 서로 독립적으로 취급될 수는 없다. 외적 환경을 평가하는 것은 특히 중요한데 이는 부분적으로 조직의 영향력을 벗어나는 많은 외적 요인들은 성공의 기회에 강력히 영향을 줄 수 있기 때문이다. 외적 환경은 새로이 등장하는 경제적, 사회적, 기술적 추세와 신규 법률적, 규제적 준수사항 등이다. 내적 환경은 조직 문화, 관리 관행 및 사업절차 등이다. 재원삭감과 조직개편의 와중에서 정부기관이 내적 요인을 평가하는 것은 특히 중요하다. 내부적 환경을 평가하는 데에 사용가능한 도구들에는 사업평가, 직원설문조사, 제3자 감사, 사업절차의 검토 등이 있다.

③ **활동, 핵심절차 및 자원의 조정:** 성과관리체계를 선구적으로 사용하고 있는 정부기관들은 훌륭한 기획만으로 이 제도의 성공적 실행을 보장할 수 없다는 사실을 인식하고 있다. 한 조직의 활동, 핵심절차와

자원이 조직의 사명과 목적의 달성을 지원하도록 조정되어야 한다.

이를 위해서는 먼저 조직의 사업과 제반 활동이 조직사명과 의도한 성과를 달성하는데 어느 정도까지 기여하고 있는지를 평가해야 한다. 조직이 점점 더 결과지향적으로 변해가면 고객의 요구와 이해관계자들의 이익을 만족시킬 수 있도록 더욱 효과적이고 효율적으로 서비스를 생산, 제공하기 위해서 근본적으로 여러 활동과 사업을 변경할 필요가 있음을 발견하게 된다.

성과관리체계를 선구적으로 사용하고 있는 조직들은 사업의 핵심과정이 조직사명에 토대를 둔 성과를 효과적이고 효율적으로 지원하도록 하기 위해 노력한다. 예를 들면, 많은 정부조직과 민간조직들은 인적 자원의 관리 활동을 별개의 지원기능으로 취급하기보다는 오히려 조직의 사명달성에 통합시켜서 운영하고 있다. 이러한 통합적 접근은 개인별 성과관리, 직무개발 프로그램 및 급여와 승진 기준을 조직의 사명과 비전, 그리고 문화에 연계시키는 것들을 포함한다.

2) 제2단계: 성과의 측정

조직의 사명과 바람직한 결과를 규정한 다음 단계는 성과를 측정하는 것이다. 성과의 측정은 그 기관이 자신들의 목적을 향해서 얼마나 진전하고 있는지를 추적할 수 있게 해주며, 관리자들의 행정에 관한 결정에 도움을 줄 수 있는 중요한 정보를 제공하게 된다. 성과측정치는 조직전체 또는 개인적인 행태에 영향을 미치는 강력한 인센티브를 창출하게 된다.

성과측정은 먼저 성과목표와 측정치의 명확한 위계구조(hierarchy)를 설정하는 데에서 출발한다. 이러한 위계구조 아래에서 정부기관은 각

부서차원의 목표와 성과측정치를 차상급 차원으로 연계시켜서 궁극적으로는 조직의 전략적 목표까지 연결시킨다. 명확하고 위계적으로 연결된 성과측정치가 없는 것은 관리자나 참모들이 자신들의 일상적 활동이 조직 전반의 전략적 목표와 사명을 달성하는데 어떻게 기여하는지를 보여주는 직선적인 도로지도를 갖고 있지 못한 것과 같다.

이미 성과관리체계를 사용하고 있는 기관을 연구한 결과, 일반적으로 두 가지의 지침이 유용하였음을 발견하였다. 첫째, 이들 기관은 다음과 같은 특성을 기초로 해서 성과측정지표를 개발하였다. 즉 성과지표는 사업목표와 연계되고 바람직한 결과가 성취된 정도를 나타낼 것, 의사결정을 위해서 필수적이라고 고려되는 소수의 주요 측정치에 한정할 것, 결과에 대한 책임소재를 규명할 수 있도록 책임과 연계될 것 등이다. 둘째, 이상적인 성과관리체계와 현실적 제약(자료수집과 분석에 소요되는 비용과 시간) 간의 균형을 유지해야 한다는 인식을 가지고 정부기관이 수집하는 자료는 의사결정에 충분히 유용할 정도로 완전, 정확, 일관적일 것 등이다.

① **성과지표의 선정**: 훌륭한 성과관리체계는 성과를 측정하기 위해서 선정된 몇몇 지표를 사용한다. 성과체계를 설치한 대부분의 정부사업은 크게 다섯 가지 유형의 정보를 포함하고 있다.

- 투입지표(input indicators): 투입은 지출금액이나 서비스를 전달하기 위해서 필요한 공무원의 총 작업시간과 같이 특정사업에 지출된 자원을 말한다.

- 산출지표(output indicators): 서비스를 받는 인구에게 제공된 재화의 양이나 서비스의 단위를 말한다. 산출지표는 또한 재화를 생산하거나 서비스를 제공하기 위하여 들어간 노력의 양을 반영하는 '노동량(workload)'의 측정치도 포함한다. 예를 들면, 고속도로를 보수

하기 위해서 사용된 아스팔트의 양과 채워진 도로상의 구멍 수, 또는 학생 수강일수와 진급하거나 졸업한 학생 수 등이 이에 해당한다.

- 결과지표(outcome indicators): 사업과 서비스의 결과를 말해주는 측정치이며 예컨대, 졸업 2년 후까지 취업한 고등학교 졸업생이나 진학한 학생의 비율, 또는 각각 불량, 양호, 만족, 우수 상태에 있는 고속도로의 킬로수 등이 결과지표에 해당한다.
- 능률성(efficiency)과 비용 – 효과지표(cost – effectiveness indicators): 산출이나 결과 단위당 비용을 측정하는 지표로서 진급 또는 졸업한 학생당 비용이나 재포장한 도로의 킬로미터 당 평균 노동시간 등이 이에 해당한다.
- 설명지표(explanatory indicators): 정부의 성과에 영향을 미치는 요소에 대한 정보로서 어떠한 요소는 정부의 통제 밖에 있을 수 있으며 또 어떤 요소들은 상당히 통제 가능한 요소일 수도 있다. 통제 가능한 요소의 예는 도로 보수장비의 사용 연수 혹은 학생 대 선생의 비율 같은 것이며, 통제 불가능한 요소는 관할지역 내의 도로의 동결 및 해동의 순환주기 같은 것이다.

② **자료수집**: 적절하고 신뢰성있는 성과자료가 의사결정에 중요하지만 동시에 자료의 수집이 비용이 많이 드는 일이며 어려운 일이라는 것을 인식하여야 한다. 결과적으로 성과측정에 있어서 중요한 또 하나의 교훈은 자료수집과 분석에 필요한 비용과 노력과 같은 현실적인 조건을 균형적으로 고려해서 수집된 자료가 의사결정에서 유용하게 사용될 수 있기에 충분할 만큼 완전하고, 정확하고, 일관성을 가져야 한다.

　사례를 통해 볼 때, 조직목표를 달성하기 위해 노력하는 관리자들은 필요한 정보를 공급해줄 수 있는 정보체계를 갖고 있어야 한다. 즉, 각 기관의 사명과 목표, 목표달성을 위한 전략, 진전의 정도 등을 포함하도록 기존의 정보체계를 재구성하여야 한다. 이러한 정보체계는 예산지출, 회계정보 및 성과에 관련된 자료에 연결되는 것이 바람직하다.

3) 제3단계: 성과정보의 활용

결과지향적 조직을 만드는데 성공하기 위한 세 번째의 단계는 성과정보(performance information)가 조직의 절차를 계속 개선하고, 성과격차(performance gaps)를 확인하고, 새로운 개선의 목표를 설정하는 데에 사용되도록 하는 것이다. 성과관리체계가 충분히 실행되면, 의사결정자들은 일상적으로 사업을 평가하는 데에 필요한 성과정보와 비용정보를 받아서 숙지된 결정을 할 수 있게 된다.

① 성과격차의 판별: 성과정보는 조직이 실제로 달성한 성과수준과 목표로 설정한 성과수준과의 격차를 판별하는 데에 사용될 때에만 진정한 의미를 가질 수 있다. 각각의 상이한 사업영역에서 성과격차가 일단 판별되면 관리자들은 전반적인 사명의 달성을 위해서 어느 부문에 자원을 집중시킬 것인가를 결정할 수 있다. 또한 관리자들이 자원을 감축해야 할 입장에 처해 있다면 마찬가지로 분석에 의해 조직의 전반적인 사명달성에 대한 장애를 최소화하도록 어느 영역에서 자원투입을 감소할 것인가를 결정할 수 있다.

성과관리체계를 성공적으로 활용하는 기관들은 전형적으로 업무절차 중의 어느 부분이 비용과 품질과 적시성(timeliness)의 견지에서 가장 개선의 필요가 있는지를 평가한다. 현재 상태와 바라는 목적을 달성하기 위해서 어디로 가야 하는지의 사이에 격차를 분석함으로써 관리층은 가장 개선의 필요를 갖는 업무절차를 조준해서 현실적인 개선의 목표를 설정하고, 가장 적절한 절차개선의 기법을 선택할 수 있다.

② **성과정보의 보고:** 적절한 사업비용과 성과에 대한 정보가 없다면 납세자의 세금으로 정부가 무엇을 달성하고 있는지에 관한 그림은 완성될 수 없을 것이다. 그러나 이러한 정보는 정부사업의 평가와 관리를 위해 정보에 의존하는 잠재적인 사용자들에게 유용한 방식으로 제시되어야 한다.

　　달성된 산출이나 결과당 단위비용을 설정함으로써 사업비용의 견지에서 사업성과를 바라보는 것은 중요하다. 그러한 관점은 국민들이 자신들의 세금과 교환해서 정부가 무엇을 제공하고 있는지에 대한 이해를 돕고, 국민의 대의기관인 국회가 숙지된 결정을 할 수 있게 해준다.

　　성과정보의 보고에는 다음과 같은 내용이 포함된다.

• 연간 성과정보: 기관의 전략적 목표 및 사명과 어떻게 관련이 있는가를 서술함으로써 고객과 이해관계자들이 일 년 간의 성취도와 기관의 장기적 목표나 존재이유 간의 관계를 이해할 수 있게 해준다.

• 산출결과 단위당 비용: 비용효과성과 사업 활동의 생산성을 보여준다.

• 성과달성에 있어서 진전이 있는가를 보여주는 기준치와 추세자료: 의사결정자들이 지난 해의 성과와 당해 연도의 성과를 비교할 수 있는 비교적 관점을 제공해 준다.

• 취할 필요가 있는 것으로 인식한 활동: 의사결정자들이 책정된 성과목표의 합리성을 판단하고 성과개선을 위해서 필요한 활동을 결정할 수 있도록 도와준다.

정책품질관리[61]

1. 정책품질관리의 정의

다수의 학자들은 정책품질관리(policy quality management)의 기원을 경영학의 품질관리(Quality Management, QM) 또는 총체적 품질관리(TQM)에서 찾고 있다(Connor, 1997; Deming, 1986; Nyhan & Marlowe, 1995; 신열, 2006; 허만영, 2006: 148). 즉, 민간부문의 관리기법이 공공부문에 적용되고 있는 것이다(허만영, 2006; Jackson, 1999; Rago, 1996). 또한 정책품질관리 용어의 사용은 행정자치부가 영국의 Strategy Survival Guide를 정책품질메뉴얼로 번역하면서 정책품질이라는 용어를 사용하면서 부터라고 볼 수 있다(신열, 2006).

이와 같이 정책품질관리 개념은 사실 학술적으로 구성 되었다기보다는 "공공정책(public policy)"과 "품질관리(quality management)"의 개념을 합친 우리나라에서 만들어진 신조어라고 볼 수 있다. 따라서 정책품질관리는 "정부정책에 대한, 정부정책을 위한, 정부에 있어서의 품질관리"로 보는 것이 명확하다고 할 수 있다(최길수 외, 2006).

그러나 정책의 품질에 대해서 민간부문의 상품과 같이 단순하게 정의하기는 것은 어렵다. 민간부문에서 품질관리의 대부분은 제조업과 같은 유형의 상품을 대상으로 한다. 그러나 공공부문 생산물의 대부분은 서비스라는 점에서 민간부문의 품질관리기법을 그대로 적용하는 것은 어려운 점이 있다. 이뿐만 아니라 품질관리에서 중요하게 생각하는 고객을 한정짓는 것이 정부에서는 어려운 점이 있다. 특히 일부 국민을 고객으로 한정짓는 것은 정치적으로 논쟁적이고 이슈화되기 쉽다. 예를 들면 산업통상자원부의 고객은 전체국민인가? 전체 기업들인가? 일부 관련된 이해관계자들인가? 선택하는 것이 쉽지 않을 것이다. 일반국민들의 경우에는 실제 정부의 일이 자신에게 직접적으로 관련되지 않은 경우에 무관심으로 일관하는 경우가 많다. 이들을 품질관리과정에서 반응을 보는 것 자체가 매우 어려운 일이 될 것이다.

2. 정책품질관리의 도입배경 및 목적

우리나라에서 정책품질관리가 제도적으로 도입된 것은 2004년 6월 1일 개최된 25회 국무회의에서 노무현 대통령이 "정책이 소기의 성과를 거두려면 정책의 전 과정에 걸쳐 규제평가, 갈등영향평가, 부패영향평가, 집행가능성·실효성평가, 고객만족도 평가, 미디어 대책 등을 포괄하는 정책품질관리제도를 도입할 필요가 있다"고 지시하면서 부터이다. 이후 2005년 1월에서 6월에 걸쳐 정책품질관리 적용 매뉴얼을 개발하고, 국무총리훈령 제462호로 '정책품질관리규정'을 제정(2005.2.16)하면서 정책품질관리 제도는 본격적으로 시작되었다고 볼 수 있다.

✚ 표 61.1 관리카드 – 정책품질관리 점검사항 총괄표

정책 단계		점검사항
Ⅰ 정 책 형 성	1. 정책수립의 필요성	• 문제의 현황 및 실태는 어떠한가? • 문제의 원인은 무엇이며, 어느 정도로 시급한가? • 지금까지 정부의 대응은 어떠했는가? • 국내외 유사사례 및 참고자료에는 무엇이 있는가? • 이 문제를 어떻게 하자는 것인가?
	2. 정책의 수립	• 정책의 목표는 무엇인가? • 계획을 추진하기 위한 세부 내용 및 필요자원은 무엇인가? • 계획의 사전 타당성을 어떻게 확보할 것인가? • 협의를 위한 관계 부처 및 기관은 어디이며, 이를 위해 어떠한 결과를 거쳐야 하는가? • 갈등관리 방안 및 정책영향평가 등의 결과에 따른 대응책은 무엇인가?
Ⅱ. 정책홍보		• 여론수렴을 위한 홍보주체 및 대상은 누구인가? • 홍보계획의 세부적 내용은 무엇인가? • 정책발표는 누가, 어떻게, 언제 할 것인가? • 여론의 반응은 어떠하며, 그에 따른 대응방안은 무엇인가?
Ⅲ. 정책집행		• 정책이 계획대로 집행되고 있는지 모니터링하고 있는가? • 집행과정에서 제기될 문제점 및 대응방안은 무엇인가?
Ⅳ. 정책평가 및 환류		• 누가, 언제, 무엇을, 어떻게 평가할 것인가? • 평가결과 및 평가결과의 시사점은 무엇인가? • 평가결과의 활용은 어떻게 할 것인가?

출처: 국무조정실(2005). 정책품질관리 매뉴얼. 서울: 한국행정연구원. p.30.

3. 정책품질제도의 적용분야

정책품질제도는 영향평가제도, 예비타당성조사, 공청회, 행정예고제도 등에 적용되고 있다.

정책실패(시장실패와 정부실패)[62]

1. 시장실패

사실 국방과 경찰과 같은 기본적인 사회질서의 유지를 위해 정부가 민간에 개입하는 것 외에는 사회의 문제에 대해 정부의 개입없이 민간이 스스로 해결해 나가는 것이 보다 바람직할지도 모른다. 현대 경제학의 아버지로 일컬어지는 아담 스미스(Adam Smith)에 의하면 폭력으로부터 사회를 보호하고, 다른 사회의 침입을 방지하며, 가능한 한 사회의 모든 구성원들에 대해 불평등과 억압을 배제시키는 기본적인 기능 이외에는 소위 '보이지 않는 손(invisible hand)'에 의해 사회문제를 해결해 나가는 것이 보다 효율적임이 주장되기도 했다.

그러나 사회의 모든 문제가 이런 시장에서의 가격기제를 통해 해결될 수 있는 것은 아닌데, 그것은 바로 사회문제 중 민간의 자율적인 노력으로는 해결이 되지 못하는 영역이 존재하기 때문이다. 즉 시장에서 당사자들 간의 자유로운 선호의 표출과 이를 통해 형성된 가격에 근거한 교환의 메커니즘으로는 해소되지 못하는 사회의 본질적인 문제가 있을 수 있으며, 나아가 이런 시장의 교환 메커니즘이 오히려 불평등과 같은 사회문제를 심화시키는 경우도 있을 수 있기 때문이다. 이렇게 정부의 민간에 대한 개입근거로서 지적되는 시장 메커니즘의 결함을 바로 시장실패(market failure)라고 한다.

1) 시장실패의 원인

그렇다면 시장실패는 구체적으로 무엇이며 어떤 원인으로 발생하는 것일까? 전통적으로 시장실패는 정부개입을 정당화시킨 이론적 근거로 활용되어 왔다. 시장실패가 있는 경우 민간의 자율적인 의사결정을 통해서는 최적의 효율성을 달성할 수 없기 때문에 정부가 나서서 이를 해결해 주어야 한다는 논리이다. 시장에서의 가격이 사회후생을 최적화하는 파레토 효율을 달성하지 못하기 때문이다. 이런 시장실패는 독점과 공공재, 외부성과 같은 시장의 불완전성 때문에 발생한다. 한편, 이와 같은 효율성 기준과는 달리 형평성의 측면에서 볼 때, 사회적인 소득배분이 심각하게 불완전한 경우에도 시장실패가 발생한다고 본다.

① **독점**: 독점은 대표적인 시장실패의 한 요인이다. 독점이 발생하는 이유는 경제 활동이 수확체감이나 한계비용체감을 초래하기 때문이다. 비용이 체감되는 조건아래에서는 단일한 생산자에 의한 재화생산이 가장 효율적인 것이다. 그러나 이 경우 독점사업자에 의한 가격지배가 이루어지기 때문에 시장에서의 가격이 완전경쟁이 이루어지는 때보다 높게 책정될 것이고, 소비자의 후생은 그만큼 떨어지는 문제가 발생한다. 이런 독점 상황은 이처럼 그 자체로서도 비효율을 갖지만, 독점사업자가 새로운 재화나 서비스를 개발할 유인을 갖지 못하기 때문에 동태적인 의미에서도 효율적이지 못하다.

② **공공재**: 공공재는 비경합성(non-rivalry)과 비배제성(non-exclusiveness)을 가지고 있어서 시장의 가격기구를 통해서는 사회가 요구하는 최적 수준의 재화나 서비스를 공급할 수 없는 상황을 말한다. 무임승차의 문제(free-rider)가 발생하기 때문이다. 한편 이런 공공재는 생산과 소비가 보통 동시적으로 이루어지고 축적되지 않는다는 특성을 가지고 있기도 하다. 이는 공공재의 생산이 곧 소비로 이어지기 때

문에 공공재적 성격을 가진 재화나 서비스는 항시적으로 공급되어야 함을 의미한다. 예를 들어 대표적인 공공재인 국방서비스가 간헐적으로 이루어진다면 국가보안에 치명적인 결과를 초래할 것임을 쉽게 예견할 수 있는 것이다. 어쨌든 이처럼 공공재는 사회가 꼭 필요한 재화이긴 하지만 아무도 비용을 지불하려 하지 않기 때문에 필연적으로 과소공급(under-supply)되는 문제를 야기한다.

③ **외부성과 거래비용**: 외부성이란 어떤 경제행위가 사회적으로 그 행위의 가치에 대한 대가를 치르지 않은 상태에서 추가적인 파급효과(spillover)를 야기하는 것을 말한다. 이런 외부성이 문제가 되는 것은 생산자가 생산량을 결정할 때 이를 고려하지 않기 때문에 결과적으로 비효율이 발생되기 때문이다. 즉 만약 이런 파급효과가 외부경제를 의미하는 순편익일때는 생산량이 사회적 최적수준보다 적어지고, 그 반대로 외부불경제인 순비용일 때에는 사회적 최적수준보다 많아지게 된다.

물론 이런 외부성이 발생된다고 하더라도 언제나 정부개입이 정당화되는 것은 아니다. Coase에 의하면 사회적 문제는 기본적으로 쌍방적 성격(reciprocal character)을 지니고 있기 때문에, 거래비용이 존재하지 않는다고 한다면, 굳이 정부가 개입하지 않더라도 이해당사자 간의 협상을 통해 시장에서 문제가 바람직스럽게 해결될 수 있기 때문이다.*

---

*행정학전자사전; http://www.kapa21.or.kr/data/kapa_dictionary_view.php?num=677&page=1&term_cate=&term_word=%BD%C3%C0%E5%BD%C7%C6%D0&term_key=&term_auth=.

2. 정부실패

흔히 시장실패는 정부개입의 근거로 제시된다. 그 이유는 시장이 자체적으로 사회문제를 해결하는데 실패할 경우 정부가 개입하여 이를 보완하는 것이 바람직하다고 생각하기 때문이다. 그러나 시장실패가 정부개입의 필요조건은 되지만 충분조건은 아니다. 왜냐하면 정부의 개입은 민간의 자유로운 의사결정과정을 교란시키는 결과를 가져오기 때문에 효율성에 부정적인 영향을 미치게 될 뿐만 아니라 시장이 실패하는 것과 마찬가지로 정부실패가 발생할 수 있기 때문이다. 이처럼 정부가 시장실패 등의 문제를 해결하기 위해 개입했음에도 불구하고 원래 의도했던 문제의 해결에 실패하거나 오히려 문제를 더욱 악화시키는 것을 정부실패라고 한다.**

3. 정책실패

정책의 실패는 정부의 재정부담으로 이어지고 결국 국민들의 부담을 증가시킨다. 이러한 명확히 보이는 정책실패 뿐만 아니라 국민들의 수요를 반영하지 못한 정책집행도 역시 문제라고 할 수 있다. 예를 들면 국민들은 안정된 일자리를 원하고 있는데 정부는 오히려 비정규직을 양산하는 노동시장 유연화 정책을 펼치고 있다면, 아무리 유연화 정책이 성공적인 정책목표를 달성하였다고 해서 성공한 정책이라 하기 어렵다. 정책의 실패는 비단 잘못된 정책목표를 세우는데서만 발생하는 것은 아

** 행정학전자사전; http://www.kapa21.or.kr/data/kapa_dictionary_view.php?
num=678&page=1&term_cate=&term_word=%C1%A4%BA%CE%BD%C7%
C6%D0&term_key=&term_auth=.

니다. 밀양의 송전탑건설, 부안 핵폐기장 건설, 천성산 터널 건설 등등의 다수의 정책은 또한 정책의 집행과정에서 갈등이 발생하고 정책실패로 이어지는 경우도 많다. 과연 정책실패를 방지하고 정책의 질을 높이기 위해서는 어떻게 해야 할까? 이러한 고민에서 시작된 것이 정책품질관리라고 볼 수 있다.

정책실패의 개념은 정부가 정책문제를 해소하기 위하여 정책을 수립하고 집행하였으나 의도한 소기의 목적을 달성하지 못한 것이라고 정의할 수 있다(김도훈·염재호, 2002: 박국흠·안병철 등. 1994). 정책실패와 관련되는 개념으로는 정부실패(government failure)가 있는데 이는 정부가 시장의 효율성을 제고하기 위하여 시장에 개입하였으나 오히려 국민경제의 효용수준을 감소시킨 결과를 야기한 상태를 의미한다. 따라서 정부가 의도한 소기의 목적을 달성하지 못했다는 점에서 정책실패나 정부실패는 그 궤적을 같이 한다고 볼 수 있다. 또한 정책실패는 정부실패의 요소로서 인식될 수도 있을 것이다. 협의의 개념에서 정책실패는 일정한 시점에서 조직의 목적과 목표를 성취하지 못한 상태를 의미한다(김형렬, 1999).

어떠한 정책이 정책실패냐 아니냐를 판단하는 기준은 단순하지 않다. 평가자의 의도나 평가지표 평가시점의 변화된 현실 등은 정책 자체의 평가에 영향을 미칠 수 있기 때문이다. 그리고 정책실패는 정책평가의 큰 테두리 내에서 다루어 질 수 있는 거시적이고 동태적인 개념이라는 점을 염두에 둘 필요가 있다.

정책실패의 원인 중 다수는 정책집행과정에서 돌발 상황이 발생하거나 초기에 정책의 영향을 제대로 예측하지 못한데서 기인하는 경우가 많다. 따라서 보다 과학적인 기법을 활용한 예측을 통해 변동성을 낮출 필요가 있다.

정책의제설정 단계에서는 관련 이해집단의 대화부족 및 의견수렴 미비, 정책결정 단계는 정책결정자의 리더십과 이해관계자 합의에 의한 정책추진의 중요성 미인식, 정책집행 단계에서는 정책이해관계자 간 연계관계미흡, 정책평가 단계는 집행과정에서 실패경험 학습으로 유사한 정책 상황에서 시행착오를 줄여야 함에도 반복된 실패를 되풀이하는 경우를 실패요인으로 들 수 있다.

용인경전철 사업은 대표적인 정책실패 사례로 꼽히고 있다(한국정책지식센터, 2015). 2013년 기준으로 하루 평균 9,000여명도 채 이용하지 않는데, 이는 2004년 용인경전철사업에 대한 예비타당성 조사를 진행할 당시 수요 예측치 16만 명에 턱없이 부족한 수치이다. 지난 2010년 경기개발연구원이 재추산한 하루 평균 예상승객 5만9,563명의 15%에 불과한 수치다. 하루 평균 3만2,000명의 탑승객을 기준으로 최소운영수입 협약을 맺은 용인시는 연간 200억 원을 고스란히 물어줘야 할 처지에 놓였다.

정책과정과 관련하여 객관적 기준을 어느 정도 모색할 수 있다고 본다. 정책의 성공 및 실패를 분석할 수 있는 기준으로는 인간적인 요인, 자원공급적 요인, 정책과정에서의 요인, 그리고 기타 변수가 있다(정정길. 1996; 박성복·이종렬·김형렬). 구체적으로 인간적인 요인에 관해서는 정책의 형성자, 집행자, 수혜자 및 일반 고객에 관련된다. 조직에 주어지는 자원에는 시간 정보 및 인적, 물적, 재정적 자원이 포함된다. 정책과정과 연관된 절차에는 정책형성의 전제조건, 정책목표, 법과 규정, 집행계획, 정책조정, 집행과정에 대한 통제, 위기관리, 공공관계가 포함된다. 그리고 기타 변수에는 우연적 요소, 정책유산 실패의 상승적 작용 등이 포함된다. 이들 각 요소를 바탕으로 하여 정책의 성공 및 실패 요인을 정리하면 <표 62.2>와 같다.

분석기준	측정수단	성공	실패
인간적 요인	정책형성자의 자질과 능력	높다	낮다
	정책결정자의 시스템전환 인식	높다	낮다
	정책집행자의 신뢰성 및 복종도	높다	낮다
	정책수혜자의 만족도	높다	낮다
자원적 요인	시간적 제약	적다	많다
	정보의 충족	높다	낮다
	인적자원 충족	높다	낮다
	재정자원 충족	높다	낮다
	물적 자원 유무	많다	적다
	기술적 활용유무	높다	낮다
절차적 요인	전제조건의 오류문제	적다	많다
	정책목표의 타당성 유무	높다	낮다
	정책목표의 혼선문제	낮다	높다
	집행계획의 미비 우무	적다	많다
	정치적 이해충돌	낮다	높다
	구성원 참여정도	높다	낮다
	사업추진기관의 위상	높다	낮다
	정책조정의 조절문제	적다	많다
	추진주체 간 정보공유	높다	낮다
	정책추진 내용의 공개성	높다	낮다
	지방정부 및 시민단체의 참여도	적정	낮음
	통제의 확률	적다	많다
	분배 정책적 성격의 강도	적정	과도
	정책홍보 및 설득	적극적	소극적
	정책실패로부터의 학습태도	적극적	소극적
	위기관리 확률	적다	많다
	부정적 공공관계	약함	강함
기타 가변적 요인	우연적 요소 유무	적다	크다
	정책실패의 부정적 상승작용	적다	크다

출처: 정정길·박성복·이종렬·김형렬·정익재·김도훈 등의 자료를 정책의 성공 및 실패요인으로 정리된 것임.

63 공유의 비극[63]

100마리로 제한합시다

1. 공유의 비극의 정의

영국의 어느 마을 한가운데에 누구나 양들을 끌고 와서 먹일 수 있는 무성한 목초지가 있었다. 이 목초지는 공유지였기 때문에 누구나 아무 제한 없이 먹이를 먹일 수 있었다. 하지만 풀이 다시 자라날 수 있도록 한꺼번에 먹이는 양의 수를 제한해야만 했다. 마을 사람들이 번갈아 목초지를 관리하고 목초지에 방목된 양의 수를 제한해보기도 하였지만 별 성과없이 흐지부지되고 말았다.

결국 모든 농부들은 목초지가 망가지기 전에 자기 양떼를 먹이려 했고, 삽시간에 양들이 모여들어 목초지는 벌거숭이가 되고 말았다.

이것이 '공유지의 비극(tragedy of the commons)'이라는 현상이다. 이 현상은 원래 미국의 생물학자인 개럿 하딘(Garrett Hardin)이 제안한 개념으로 지하자원, 공기, 물 등 공동체가 함께 사용해야 할 자원을 시장경제에 맡겨놓으면 모든 사람의 이기심 때문에 큰 위기에 봉착한다는 이론이다.*

이런 공유지의 비극은 초지뿐 아니라 어장에서도 자주 발생한다. 우리나라 서해에서는 공유 해역이 아닌 곳까지 중국 어선들이 들어와 마음대로 조업을 하고 있다. 이렇게 마음대로 남획을 하면 나중에 물고기는 씨가 마를 수도 있다. 이처럼 경합성과 비배제성을 지닌 자원을 공유자원이라 한다.

인근 어장에서 그물을 내리고 물고기를 잡는 두 명의 어부가 있다. 두 사람은 각각 10시간 또는 5시간 동안 고기를 잡을 수 있다고 한다. 어장의 규모상 혹은 물고기들의 산란기를 고려하면 두 사람이 각각 5시간씩 그물을 내리는 것이 적정한데, 그렇게 하면 두 사람 모두에게 가장 좋은 결과를 가져와 각각 150마리씩 물고기를 잡을 수 있다고 한다. 그런데 다른 사람이 5시간 일할 때 혼자만 10시간 일하면, 10시간 일한 어부는 200마리를 잡을 수 있는 반면, 5시간 일한 어부는 물고기가 별로 남아 있지 않아 생산성이 대폭 떨어지기 때문에 50마리밖에 잡지 못한다고 한다. 즉 한 어부가 어장에서 작업하는 시간을 5시간에서 10시간으로 늘리면, 그 어부의 어획량은 50만큼 증가하지만, 5시간 적정시간을 지키고 있는 상대방 어부의 어획량은 100만큼 감소하는 상황이다.

---

* [네이버 지식백과] 공유지의 비극 [Tragedy of the Commons] – 남 배불리는 일은 절대로 하지 않겠다(사람을 움직이는 100가지 심리법칙, 2011.10.20., 케이엔제이).

마지막으로, 두 사람이 모두 10시간씩 그물을 내리면, 두 사람 모두 5시간 일할 때에 비해 어장이 더 고갈되므로 각각 100마리를 잡는 데 그치게 된다고 한다.

한 사람의 작업시간이 길어질수록 다른 사람의 포획량에 좋지 않은 영향을 주는 게 문제다. 5시간이 아니라 10시간을 선택하면, 자신의 포획량은 늘겠지만 그럼으로써 상대방의 어획량을 감소시킨다. 그래서 두 사람이 모두 10시간을 선택하면 서로 피해를 주고받아 두 사람 모두 5시간을 선택하는 경우에 비해 포획량이 감소한다. 그런데 만일 어떤 이가 작업시간을 늘렸을 때 초래되는 피해가 상대방에게 발생하지 않고 자기에게 발생했다면 어땠을까? 과도하게 조업한 결과 자신의 포획량이 감소한다면(즉 자기 행동이 초래하는 비용이 자기에게 온전히 돌아온다면) 사람들은 작업시간을 늘리려 하지 않을 것이다. 위 사례의 문제는 그 피해가 자기한테가 아니라 상대방에게 돌아가고, 또 그에 따른 어떠한 비용도 지불하지 않는다는 데 있다. 이처럼 한 사람의 경제 활동이 다른 사람의 이득에 부정적 혹은 긍정적 영향을 주면서도 그에 따라 어떠한 대가도 지불하거나 받지 않을 때, 두 사람 사이에는 외부성이 존재한다고 말한다. 즉, 한 사람의 작업이 다른 사람에게 직접적으로 영향을 주는데도 행위자가 그때 발생하는 비용을 고려하지 않는다면(그에 대해 책임지지 않는다면) 외부성 문제가 대두된다.

엘리너 오스트롬 교수의 <공유지 관리>

어부 두 사람이 직면한 외부성의 문제는 생태학자 개릿 하딘이 말한 '공유지의 비극'의 한 예이다. 누구나 접근해 공짜로 자기의 소에 꼴을 먹일 수 있는 주인이 없는 목초지가 있을 때 사람들은 한 마리라도 더 몰고 와 꼴을 먹이려 할 것이므로 공유지는 황폐화될 것이다. 주인이 없어 오염에 따른 비용을 지불하지 않아도 된다면, 공기나 하천은 오염으로 범벅이 되고 말 것이다. 이것이 하딘이 말한 비극이다. 이 비극은 불가피한가? 만일 그렇다면 이 비극을 극복하기 위해서는 어떤 노력이 필요한가?

모든 사람들은 공유지의 비극이 항상 나타나도록 만들 정도로 바보가 아니다. 사람들은 장기적인 상황을 예측할 수 있을 정도로 계획적이어서 서로 소통하며 상황을 정리해 나간다. 또 사유화보다는 공유 자원을 그대로 유지하는 편이 유리하다는 것을 알고 있고, 정부개입 없이 이해관계자들이 서로 조정해 공유지를 유지할 정도로 사회성을 지니고 있다. 2009년에 여성으로서 노벨 경제학상을 처음 수상한 엘리너 오스트롬(Elinor Ostrom)은 이해관계자들의 조정을 통해 공유지의 비극문제를 얼마든지 해결할 수 있음을 보여줬다.

1920년대 미국 메인주 연안의 바닷가재 어장은 남획으로 인해 바닷가재의 씨가 말랐다. 문제가 심각하다고 판단한 어부들은 한데 모여 머리를 짜냈고 바닷가재 통발을 놓는 규칙, 순서 등에 대한 자치 규율을 만들었다. 그 결과 메인주 어부들은 미국 북동부의 다른 해안과 캐나다의 바닷가재 어장이 완전히 붕괴되는 와중에도 살아남을 수 있었다.

이해관계자들이 협력을 원만히 이뤄 공유지가 잘 운영되고 있었는데 정부가 개입해 상황이 오히려 악화된 경우도 있었다. 아프리카의 마사이족은 영국 식민 지배 이전까지 부족 단위로 목초지를 잘 관리해 왔다. 하지만 부족들이 운용하는 관리 제도를 이해하지 못한 영국은 초지를 보호한다며 법을 만들고 행정력을 동원해 이용자 수를 제한했다. 그 결과 자치 제도가 무너진 상황에서 초지를 감독할 감시 인력이 부족하게 됐고, 영국이 시행하는 제도를 믿지 못한 사람들이 초지에 가축을 풀면서 결국 초지가 황폐화됐다.

생태계에서 발생하는 공유지의 비극이론은 지식 자원에도 그대로 적용할 수 있다. 특히 인터넷에 아주 많은 지식이 공짜로 돌아다니기 때문에 더욱 가능하다. 어떤 사람이 많은 노력을 기울여 가치가 높은 지식을 만들었다 하더라도 다른 사람들이 그 지식을 공짜로 쉽게 얻을 수 있다면 더 이상 값진 지식을 만들려는 사람들은 없을 것이다. 따라서 값진 지식에 대해서는 지적 재산권을 허용해야 사회 전체적으로 도움이 된다.

지식 분야에서는 공유지의 비극도 발생하지만 반대로 반공유지의 비극(tragedy of the anticommons)도 발생한다. 1998년 마이클 헬러(Michael Heller)가 이 개념을 도입했는데, 생의학 연구 분야에 도입된 지나치게 높은 수위의 지적 재산권 제도와 특허 과잉 경향 때문에 희귀한 과학적 자원들이 제대로 활용되지 못한 채 방치되고 있는 상황을 이 개념으로 묘사한 것이다.

경제학 분야에서 공유 자원 사용의 성공적인 모델로는 미시경제학 디지털 도서관인 이콘포트(econport)가 있다. 이콘포트는 국립과학 재단 산하 국립과학 디지털 도서관의 후원으로 애리조나 대학 경제 과학 실험 연구소와 인공지능 연구소가 만든 디지털 도서관이다. 이 도서관의 목적은 미시경제학 교육 자원을 만들어 공개하는 데 있는데, 특히 학습, 교육, 연구용 미시경제학 실험 자료 창조 및 수집에 초점을 맞추고 있다. 미시경제학을 가르칠 때 강의자는 물론 수강생이 이콘포트를 이용하면 매우 효과적으로 배움을 얻을 수 있어 그 사용자가 나날이 증가하고 있다.

2. 공유의 비극의 정책적 대안

개릿 하딘이 말한 '공유지의 비극'의 한 예이다. 주인이 없어 누구나 접근해 공짜로 자기의 소에 꼴을 먹일 수 있는 목초지가 있을 때 사람들은 한 마리라도 더 몰고 와 꼴을 먹이려 할 것이므로 공유지는 황폐화될 것이다. 주인이 없어 오염에 따른 비용을 지불하지 않아도 된다면, 공기나 하천은 오염으로 범벅이 되고 말 것이다. 이것이 하딘이 말한 비극이다. 이 비극은 불가피한가? 만일 그렇다면 이 비극을 극복하기 위해서는 어떤 노력이 필요한가?

엘리너 오스트롬 교수의 「공유지 관리」는 공유지의 비극을 극복하기 위해 지구상 곳곳에서 벌어지고 있는 노력에 대한 방대한 분석을 담고 있는 책이다(이 책은 〈공유의 비극을 넘어〉라는 제목으로 국내에 번역되어 있다). 이 책에서 오스트롬은 국가적 해결 방식, 시장적 해결 방식, 그리고 공동체적 해결 방식을 각각 소개하면서 공동체적 해결이 가능한 조건들을 제시한다. 그리고 그 해법에 따라 공유지의 관리가 성공적으로 이루어진 사례와 그렇지 못한 사례들을 분석하고 있다.

첫번째로, 국가에 의한 해결 방식을 보자. 이러한 해결 방식을 지지하는 이들은 공유지의 비극은 사람들이 결코 자발적으로 해결할 수 없다고 본다. 사람이란 본디 자신의 이익만을 중시하기 마련이므로 자신의 행동의 결과 타인에게 생기는 비용까지를 고려할 리가 없고, 따라서 자발적으로 행동의 수위를 조절하는 데까지 이를 수 없다는 이유에서다. 토머스 홉스가 자연상태에서 "만인 대 만인의 투쟁"이 불가피하다고 보고 이를 해결하기 위해서는 리바이어던이라는 외적 강제력에 의존할 수밖에 없다고 말한 것처럼, 외부성의 문제도 국가라는 강제력을 가진 제3의 주체의 적극적 개입 및 공적 통제를 통해서만 해결될 수 있을 것이라고 판단한다. 앞서 어부의 예로 말하자면, 5시간만 일하기로 한 규범을 어길 때 그러한 위반이 가져올 손해의 크기를 산정하여 강제로 벌금을 부과함으로써만 외부성의 문제를 교정할 수 있다고 보는 것이다. 한 어부가 5시간에서 10시간으로 작업시간을 올릴 때, 그가 계산에 넣지도 않고 또 대가를 지불하지도 않는 손해, 즉 타인에게 발생하는 100만큼의 손해를 정부가 조세나 벌금으로 부과한다고 해보자. 이제 비로소 그 어부는 자신의 행동에 따라 발생하는 피해를 정확히 보상해야 하고, 이때 과도한 포획을 통해 얻게 되는 추가적인 이득(50)에 비해 지불해야 하는 대가(100)가 더 크기 때문에 10시간으로 올리는 것을 포기하게 될 것이다. 자발적 해결이 불가능할 것이라는 판단하에 중앙집중적 권위체가 누가 언제 얼마만큼 공유지를 이용할 수 있는지를 결정하고, 이를 위반할 때 발생하는 비용을 강제 부과하는 것, 이것이 국가적 해결 방식의 골자이다.

이에 대해 오스트롬은 이 방식이 그리 효과적일 수 없다고 주장한다. 이 해결책이 제대로 작동하기 위해서는 국가라는 외적 권위체가 공유지의 상태를 정확히 파악하고, 얼마만큼의 작업시간이 적절한지를 계산해내며, 이를 위반할 때의 손해가 얼마인지를 계산해내야 할 뿐만 아니라, 누가 위반하고 있는지를 지속적으로 감시하고 적발해낼 수 있어야 한다. 하지만 외적 권위체가 감시, 적발을 제대로 할 수 있을 정도의 충분한 정보량을 갖지 못할 가능성, 그리고 이를 수행하는 데 따른 제반 집행 비용 등을 고려하면 국가적 해결 방식이 언제나 효과적이고 경제적이지는 않을 수도 있을 것이다.

두번째 해법인 시장적 해결 방안을 보자. 이러한 입장을 지지하는 이들은 외부성 문제의 본질은 소유권이 제대로 설정되어 있지 않은 데에 있다고 본다. 자연이 파괴되고 자원이 고갈되는 이유는 자원과 자연이 '공유재'로 다뤄지기 때문이라는 것이다. 예를 들어, 하딘의 공유지 비극 우화에 나오는 목초지가 목동들에게 적절히 분할되어 구역별로 소유권이 설정되어 있다고 해보자. 이러한 입장에 따르면, 이제 각자는 자신의 구역에서만 소의 꼴을 먹이게 되므로 소 한 마리가 추가될 때마다 발생하게 되는 비용을 온전히 자신의 것으로 고려하게 될 것이다. 그리고 목동들은 자기의 구역에서 목초가 자라는 속도를 고려하여 적절한 수의 소만을 방목하고자 할 것이고, 목초의 관리도 적절하게 이루어지도록 노력할 것이다. 여기에 적절한 경쟁만 덧붙여진다면 각자는 자신의 구역에서 최선의 결과를 뽑아내기 위해 자신의 구역을 관리할 것이고, 그 결과는 효율적일 것이라는 예상도 덧붙여진다.

하지만 오스트롬이 지적하듯이, 물이나 수산자원과 같은 대부분의 공유자원은 분리 불가능하며 따라서 이에 소유권을 획정하기 어렵다는 게 문제다. 어장을 구획별로 나눈다고 어장의 물고기가 이와 함께 나눠지는 것도 아니고, 목초지에 구획을 설정한다고 해서 목초지들을 관리할 때 구역별로 영향력이 완전히 차단되는 것도 아니다. 어쩌면 구획과 동시에 이전에 없던 외부성의 문제가 추가될 수도 있다. 예컨대, 제초나 해충 제거 작업 등 목초지 관리에는 상호 보완적임을 고려한다면 구획을 나누어 소유권을 보장하는 방식의 효과성은 더욱 의문시된다.

책무성 평가[64]

1. 책무성 평가의 개념과 특징

기존 사업에 대해서 자주 수행하는 평가 활동 중 하나는 외부 요구의 결과로 수행되거나 평가성 사정을 토대로 해서 수행되는 책무성 평가(accountability evaluation)의 계획과 설계이다. 책무성 평가는 사업관리자와 이해관계자들에게 사업의 다양한 측면에 대해서 정보를 제공하는 것을 그 목적으로 한다. 책무성 평가는 사업이 집행되는 방식의 한두 가지 측면과 정책간여가 발생하는 조건에 대해서 모니터링 해야 한다.

책무성 평가를 수행하기 위해서 평가자는 사업의 목표, 사업시행의 근본적 이유, 대상 선정의 기초, 대상을 선정하고 그들의 참여를 보장하는 절차의 적절성, 사업의 간여 요소들, 사업이 전달되는 방식, 설치된 모니터링 절차, 정책간여의 결과와 능률성을 평가하기 위한 현재의 노력 등을 이해해야만 한다. 가끔 이미 설치된 사업은 명확하고 구체적인 사업설계가 없거나, 있다고 해도 이미 오래되어서 쓸모없는 경우가 있다. 그 결과 책무성 평가를 수행하기 위해서 평가자는 회고적으로 사업을 계획하고 설계해야만 하고, 따라서 평가성 사정에서 수행하는 것과 유사한 유형의 활동을 수행해야만 한다. 다음은 획득하는 것이 유용한 가장 일반적인 책무성 정보의 종류이다.

1) 영향 책무성(impact accountability)

계속되고 있는 기존 사업의 영향평가와 관련된 책무성이다. 기획단계에서 직원 배치와 사업 활동은 영향의 측정을 위해서 필요한 자료의 수집을 편리하게 할 수 있는 방식으로 조직될 수 있다.

2) 능률성 책무성(efficiency accountability)

사업 비용과의 관계에서 영향은 내부적으로는 다른 사업요소들의 비용에 대해서 상대적인 편익과 효과성을 판단하는 측면에서, 또 외부적으로는 자원을 놓고 경쟁이 이루어진다는 측면에서 분명히 중요하다. 이러한 맥락에서 사업 활동에 관련되는 사업 지출에 관한 적절하고 타당한 자료가 수집되어야 한다.

3) 적용범위 책무성(coverage accountability)

여기에서 핵심 질문은 대상의 숫자와 특성, 잠재적 대상 중 얼마의 비율이 사업에서 서비스를 받는가 하는 적용의 범위, 중도 탈락률 등이다.

4) 서비스 전달 책무성(service delivery accountability)

통상적으로 사업의 실질적 운영이 어떻게 사업계획에 부합하는가를 평가하는 것이 필요하다. 예컨대 지역공동체 보건소가 자신들의 계획에 24시간 응급처치를 포함시켰다면 책무성의 질문은 이 응급처치가 사실상 제공되고 있느냐의 문제이다. 또한 많은 정책개입계획은 서비스 제공자의 자격을 세부적으로 명시하고 있다. 따라서 서비스가 적절한 자격이 있는 직원에 의해서 전달되고 있는지 여부는 또 다른 책무성의 문제이다.

5) 재정적 책무성(fiscal accountability)

사업들은 그 재정보고서에서 자금의 사용에 대해서 설명해야 할 명백한 책임을 갖고 있다. 엄밀한 회계적인 책임에 더해서 일련의 비용 문제가 관련된다. 예컨대, 고객당 비용과 서비스당 비용은 재정보고서에서 얻기 어려운 자료이다. 사업들은 규모에서 다양한 차이가 있고, 상이한 대상을 포함하고 있기 때문에 비용 증가와 한계비용도 관련이 있는 정보이다. 끝으로 비용은 사업 현장, 연중 시기, 경쟁적 사업의 개시 등과 함수 관계로서 변동할 수 있다.

6) 법률적 책무성(legal accountability)

공공사업이건 민간사업이건 간에 모든 사업은 법률적 책임을 충족시키기 위한 노력을 요구한다. 여기에는 정보가 숙지된 상태에서의 동의, 개인 사생활의 보호, 의사결정기구에 지역공동체의 대표 참여 보장, 서비스 공급에 있어서의 형평성, 비용 분담 등이 포함된다. 공공사업에 있어서 법률적 요건에 대한 적절한 준수는 종종 지속적인 자금제공을 위한 선결조건이다.

특정 사업의 책무성 활동의 범위는 외부적 또는 내부적 요건에 의해서 결정된다. 예를 들어 일몰조항(sunset clause)을 포함하는 많은 법은 장래의 자금제공의 승인 이전에 사업효과의 보고서를 요구한다. 보고를 받는 사업관리자나 고위관리자는 사업을 개선하고 자신들의 개입을 효과적으로 집행하기 위해서 책무성 평가를 활용한다. 여러 가지 면에서 평가성 사정은 현재와 미래의 정보 수요를 충족시키는 책무성 전략을 개발하기 위한 수단으로 인식된다.

2. 책무성 평가 전략의 개발

책무성 평가 전략을 개발하는 데에 있어서 두 가지의 중요한 고려사항이 있다. 지속적 평가 대비 횡단면적 평가와 내부적 평가 대비 외부적 평가이다.

1) 지속적 평가 대 횡단면적 평가

책무성 평가를 계획하는 데에 있어서 핵심적인 결정은 지속적인 평가를 할 것인가 아니면 횡단면적 평가를 할 것인가이다. 많은 대규모 사업은 모니터링과 MIS와 같은 정보시스템을 활용하는데 사업의 활동과 결과를 지속적으로 평가할 수 있게 해준다. 이런 정보시스템은 사업대상과의 모든 접촉, 서비스의 전달 그리고 결과와 비용에 대한 정보를 기록한다.

여기에서 고객의 특성, 사업의 특정서비스를 찾는 이유 그리고 그 결과와 같은 항목에 대한 정보를 정규적으로 수집하고 관리하도록 해주는 시스템이나 절차를 보유하고 있는 것과 시간적으로 한 시점에서 특별한 연구를 수행하는 것의 차이를 이해하는 것은 중요하다. 후자의 경우를 횡단면적 평가라고 하는데 보통 세부적인 평가 활동이나 특정 사업이나 행정적 절차에서의 변화에 대한 평가와 관련해서 또는 사업관리자의 구체적 필요나 영향력 있는 이해관계자의 요구 때문에 단기간에 걸쳐서 자료를 수집한다.

지속적인 평가시스템은 때로 과잉 대응으로 비판받기도 한다. 자원의 영구적 투입이 필요하기 때문에 그 실제적인 사용에 의해서 정당화될 필요가 있다. 가끔씩 실시되는 개별적인 횡단면적 평가는 일회적으로 고비용을 수반하기도 하고, 정규적인 운영업무의 일부로서 인식되지 않기 때문에 사업담당자들로부터 저항을 받기도 한다. 나아가서 횡단면적 평가는 시의적절하지 않을 수도 있으며 일상적인 행정적 결정을 위해서는 효용이 적을 수도 있다.

2) 내부적 평가 대 외부적 평가

책무성 평가는 사업관리자가 스스로 평가를 수행해야 할지 아니면 외부인에 의해서 평가를 수행해야 할지의 문제를 제기한다. 한편으로는 책무성 평가에 있어서 평가자가 평가를 설계하고 그 효용을 극대화시키기 위하여 요구되는 협의, 교육 및 대화에 참여하기 위해서 사업운영에 대해서 상당히 많이 알아야 한다는 것은 명백하다. 다른 한편으로는 사업관리자의 일부인 평가자가 평가를 수행하였기 때문에 사업후원자나 사업담당자 이외의 이해관계자들은 평가결과의 진실성에 대해서 의심을 가질 수도 있다.

평가자가 거의 자율적인 집단으로 활동할 수 있는 대규모의 사업에서는 책무성 평가가 내부적으로 수행되는 것이 유익하고 경제적일 것이다. 대조적으로 소규모 사업의 경우에는 회계감사와 비슷한 외부의 평가가 훨씬 더 유익할 것이다. 경우에 따라서는 두 가지 방법의 조합으로 외부 컨설턴트를 고용하여 기술적인 조언과 감독을 수행하는 것이 이득이 될 수도 있다.

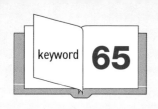

keyword 65 성과감사[65]

✚그림 65.1 해외 자원개발 성과감사

1. 성과감사의 개념

성과감사(performance auditing)의 목적은 공공부문 자원관리의 개선을 위한 기초를 제공하고, 정책결정자, 입법자 및 일반국민에게 제공되는 공공부문관리의 결과에 관한 정보의 질을 높이며, 보다 적절한 공공부문 성과에 대한 정부책임성을 확보하는 것이다.

미국의 감사원(GAO)은 '일반적으로 인정되는 정부감사기준(GAGAS)'에서 성과감사를 "정부의 조직, 사업, 활동이나 기능을 독자적으로 평가하여 공공책임성을 높이고, 적정한 행정이 되도록 감독하거나 잘못을 교정하여야 할 책임이 있는 자의 의사결정에 도움을 주기 위한 객관적이고 체계적인 검토행위”로 정의하고 경제성·능률성감사와 사업감사가 성과감사에 포함되는 것으로 규정하고 있다.

경제성·능률성감사(economy & efficiency audit)는 감사대상기관이 경제적이고 능률적으로 인적, 재산적, 공간적 자원을 획득·관리·사용하는지 여부, 비능률적이거나 비경제적인 사항의 원인규명 및 경제성 및 능률성 문제에 관련된 법규를 준수하는지 여부를 다루는 감사이다. 이에 비해 사업감사(program audit)는 입법부나 권한을 준 주체에 의하여 설정된 기대효과와 편익이 달성되었는지 여부, 조직·사업·활동이나 기능의 효과성 검토 및 당해 사업에 적용되는 법규를 준수하였는지 여부를 다루는 감사이다.

국제감사원기구(INTOSAI)가 제정한 정부감사기준(Government Auditing Standards)에서는 성과감사를 경제성, 능률성 및 효과성 감사에 관한 것으로 정의하고 건전한 행정원칙과 관행 그리고 행정활동의 경제성에 대한 감사, 정보체계, 성과측정, 여론수집체계 그리고 발견된 문제점을 치유하기 위해 수감기관이 따라야 할 절차와 인적·물적 및 기타 자원 활용의 효율성에 관한 감사, 수감기관의 목표와 관련된 효과성에 대한 감사와 정부 활동이 의도한 효과에 대비한 실제 효과에 대한 감사 등을 포함하는 것으로 규정하고 있다.

성과감사의 개념을 보다 명확히 이해하기 위해서 사업평가와의 비교적 관점에서 성과감사를 조명해 보는 것이 도움이 된다. 성과감사와 사업평가 간의 핵심적인 차이를 설명하기 위해서 이들 개념을 정부의 이미지, 효과성의 의미, 활동의 주된 목표, 활동의 주된 방식 및 수행자의 역할 등 다섯 가지 차원으로 분리해서 설명한다.

먼저 정부기능에 대한 이미지 차원에서 볼 때 사업평가는 정부를 사회의 집합적 문제해결을 위한 간여의 주체로 파악하는 관점에 토대를 둔다. 비교적으로 성과감사는 투입에서 과정, 과정에서 산출, 산출

(output)에서 결과(outcome)에 이르는 일련의 생산체계로 정부를 바라보는 관점에 근거를 두고 있다.

따라서 정부의 효과성 개념은 사업평가에서는 사업목표가 달성되고 공공정책이 사회의 집합적 복리를 향상시키는 정도를 의미한다. 반면에 성과감사에서는 주어진 목표와 제약 조건하에서 조직업무와 생산활동이 최적화되는 정도를 의미한다.

성과감사의 일차적인 목표는 업무나 사업의 결과로 성과를 확보해야 하는 성과책임(performance accountability)이다. 성과감사를 수행하는 감사자의 역할은 대체로 사업과 관련된 조직의 여러 측면을 조사하는 것이다. 이를테면 성과감사자는 특정한 사업요소가 자원의 효율적 사용과 같은 사업목적 달성을 위한 최선의 방법인지 아닌지 평가한다. 또한 성과감사자는 주어진 목표와 제약조건하에서 수단이 합리적으로 선정되었는지에 대해서 판단을 내린다. 대조적으로 전통적 감사자의 역할은 평가보다는 입증(verification)에 더 큰 비중을 두게 된다.

✚ 표 65.1 성과감사와 사업평가의 비교

개념 유형	정부의 이미지	효과성의 의미	일차적 목표	주된 방식	수행자의 역할
성과 감사	투입→절차 →산출→ 결과에 이르 는 체계	주어진 목표와 제 약조건하에서 조직 업무와 생산작업이 최적화되는 정도	성과 책임성	조사	사업과 관련된 조 직의 여러 측면을 평가: 발견된 내 용의 보고
사업 평가	집합적 문제 개선을 위한 정부간여	사업목표가 달성되 고 공공정책이 사 회의 집합적 복리를 향상시키는 정도	정책·사업의 효과성에 관한 타당하고 유용 한 환류의 제공	연구	정부간여의 효과성 을 평가: 집합적 문 제에 대한 간여의 영향을 측정

한편 사업평가의 일차적 목표는 정책사업의 효과성에 관한 타당하고 유용한 환류정보(feedback information)의 제공이라고 할 수 있으며 그 주된 활동방식은 연구(research)이다. 감사기구에서 사업평가를 실시하는 경우, 감사자의 역할은 사실상 사회의 집합적 문제에 대한 정부간여의 효과성을 측정하기 위한 사회과학적 연구 활동이 된다.

2. 성과감사의 유형

OECD국가들에서 성과감사라는 명칭으로 행해지는 활동은 대체로 능률성감사, 사업효과성감사, 성과관리역량감사, 성과정보감사, 위험성평가 그리고 '최고업무수행' 평가의 유형으로 구분된다. 여섯 가지의 유형 가운데에서 능률성감사, 사업효과성감사 그리고 성과관리역량감사는 비교적 보편적으로 수행되고 있다.

1) 능률성감사

능률성감사(efficiency audit)는 투입이 비용측면에서 최적의 방식으로 산출로 전환되는지를 평가하기 위해서 조직의 기능, 절차 및 사업의 구성요소들을 검토하는 것이다. 정부 내의 기능적 집권화로 인해서 능률성감사는 재무, 인사, 조달, 서비스공급, 정보기술 등 여러 행정영역에 걸쳐서 이루어진다.

2) 사업효과성감사

사업효과성감사(program effectiveness audit)는 감사의 주된 방식이 연구라기보다 검사(inspection)라는 사실만을 제외하고는 사업평가와 유사하다. 사업효과성감사는 사업단위의 산출과 결과 간의 관계를 검토한다. 보다 구체적으로 말해서 사업효과성감사는 세 가지 결론에 도달하고자 한다.

첫째는 대상집단의 보건 혹은 경제상태와 같은 성과에 대한 실태파악이다. 둘째는 실제 성과가 사업의 운영목표나 최저조건과 같은 기준과 비교해서 어떠한가 하는 것이다. 셋째는 전반적인 판단과 사업효과성의 해석이다. 따라서 평가대상이나 도달하는 결론의 형태는 사업평가와 유사하나 결론에 도달하는 데에 있어 사회과학 연구방법에의 의존도가 훨씬 제한적이라고 할 수 있다.

두 종류의 사업효과성감사는 특기할 만하다. 하나는 메타평가(meta evaluation)로서 사업집행부서에 의해서 수행된 사업평가를 검토하는 것이다. 미국 GAO에서는 상위평가를 평가종합(evaluation synthesis)이라고 부르기도 한다. 평가종합의 가장 큰 장점은 시간과 비용의 절약이다. 중앙감사기구의 역할은 평가를 평가하는 것으로 이를 통하여 사업효과성에 대한 결론에 도달하게 된다. 두 번째는 서비스수행(service performance)의 평가로서 평가의 대상은 서비스의 품질과 비용이다. 사실상 이 경우에 사업목표는 최종결과의 단계가 아니라 산출물 단계에 초점을 맞추어 설정된다.

3) 성과관리역량감사

성과관리역량감사(performance management capacity audits)는 정부기관이 능률적이고 효과적인 방식으로 업무절차와 사업을 관리할 역량을 가지고 있는지 여부를 평가하는 것이다. 정부기관이 성과를 관리하는 능력과 관련해서 무엇이 평가될 것인지 정확하게 규정된 것은 아니며, 다만 감사의 결과로서 정부기관의 성과관리기능을 위한 시스템이나 절차가 적합한가하는 사실을 표명하게 된다.

성과관리역량감사는 때로 감사의 형식과 분위기를 보일 수 있으나 본질은 한 조직의 성과관리역량을 평가하기 위한 전략적 선택이다. 즉, 성과관리역량을 구축, 유지하기 위한 방법에 관한 공식적 기준에다 정부기관의 시스템이나 절차를 비교하는 식으로 감사방식을 원용하는 것이다.

예를 들면, 감사자는 정부기관이 중앙예산기관에 의해서 규정된 결과중심의 예산절차를 시행하고 있는지, 정부기관이 사업의 효과성을 정기적으로 적정하게 평가하고 있는지, 혹은 정부기관이 적정한 성과관리시스템을 개발·활용하고 있는지를 평가할 수 있다. 성과관리시스템은 조직의 목표, 하부 조직단위에서의 세부목표, 명시된 성과지표, 성과지표의 주기적 측정, 개인별·조직단위별 성과평가 절차 등의 체계를 일컫는다.

4) 성과정보감사

점증적으로 널리 행해지고 있는 성과감사 유형중의 하나로 성과정보감사(performance information audit)를 들 수 있다. 이 유형의 특성은 감사의 대상이 되는 정보가 그 특성상 주로 재무관련 정보가 아니라는 점을 제외하고는 주요한 측면에서 전통적 감사와 유사하다. 즉, 감사자의 역할은 정부기관이 제출한 자신의 성과에 관련한 정보의 정확성과 신뢰성을 검증하는 것이다.

5) 최고업무수행 평가

점차 증가하고 있는 성과감사의 유형은 '최고업무수행' 평가(best practice

review)이다. 이 유형의 성과감사의 대상은 예컨대, 병원부문에서의 응급처치나 정부기관에 있어서의 정보체계와 같이 다수의 기관에서 공통적으로 수행하는 전형적 기능(function)이다.

'최고업무수행' 평가는 먼저 선정된 기능을 탁월하게 잘 수행하는 기관을 판별하고 그 다음 왜 이러한 결과가 성취되는가를 분석한다. 일반적으로 탁월한 결과는 한 기관이 특정기능을 성공적으로 수행하기 위해서 사용하는 업무수행방식에 기인하는 것으로 추론된다. 소위 '최고의 업무수행'에 관한 정보, 즉 탁월한 성과의 원동력이 되는 업무수행방식을 공표함으로써 만일 이러한 업무수행방식이 채택된다면 다른 기관에서도 동일한 기능의 성과가 향상될 것을 기대하는 것이다.

6) 위험평가

위험평가(risk assessment)의 특징은 첫째, 사업효과성감사와 달리 그 목적이 특정한 사업이 어떠한 성과를 냈는가에 관해서 결론에 도달하려는 것이 아니다. 위험평가의 주된 의도는 기존의 사업이 장래에 실패할 가능성이 있는 경우 정확히 어떤 식으로 실패할 것인가를 파악하고 관리자에게 이 점에 대해서 사전경보를 주기 위한 것이다. 다시 말해서 감독자나 관리자가 기존의 방식과 동일한 방식으로 진행되는 사업운영이 비효과성이나 다른 종류의 심각한 결함을 초래할 수 있다는 사실에 주의를 기울이도록 하려는 것이다.

3. 성과감사의 수행절차

성과감사의 수행 단계는 크게 기획 단계, 실시 단계, 보고 단계 및 후속감사 단계로 구분할 수 있고 아래 표는 각 단계에서 수행되어야 하는 절차를 보여준다.

✚ 표 65.2 성과감사의 수행절차

기획 단계	감사대상사업의 선정
	감사대상기관의 이해
	감사중점의 파악
	감사목표와 범위의 설정
	감사준거의 수립
	감사접근방법과 감사세부계획의 개발

⬇

| 실시
단계 | 감사증거의 수집 |
| | 감사증거의 분석 |

⬇

보고 단계	감사예비결론의 도출
	관리층과의 의사소통
	감사보고서의 작성

⬇

후속감사 단계	후속감사의 계획
	후속감사의 실시
	후속감사의 결과보고

정책변동⁶⁶

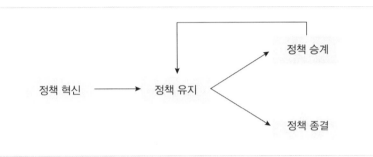

I. 정책변동의 개념

정책변동(policy change)은 특정한 정책을 수정하거나 종식 또는 중지시키는 것이라고 정의할 수 있다. 종전에는 정책의 종결을 포함하는 정책의 변동에 관해서 정책연구자들의 관심이 많지 않았으나 근래에 와서 정책의 변동에 관한 관심이 커졌다고 할 수 있다.

정책의 변동은 그 정책내용(정책목표와 정책수단 및 대상집단 등)의 변동만이 아니라 정책집행방법의 변동(서비스 제공 체계상의 변화를 비롯한 표준 운영 절차상의 변화 등)까지도 포함한다.

정책의 변동은 정책결정도중이나 정책집행도중 또는 평가 활동도중에도 발생할 수도 있으나, 전형적으로는 정책평가에서 밝혀진 정보가 정책결정과정에 환류(feedback)되어 발생한다. 그러므로 후자의 경우가 정책과정상의 환류 중에서 가장 중요한 부분이라고 할 수 있다. 따라서 정책의 변동은 정책결정 단계에서 일어나는 정책의 수정, 종결만이 아니라 집행, 평가 단계에서 일어나는 것도 포함하게 되나, 정책변동론에서의 초점은 역시 대체로 전자에 두어지고 있다.

2. 정책변동이론의 발전

정책의 변동은 어떠한 정책이라 할지라고 경험하고 있음에도 불구하고, 학자들 간에 이에 대한 연구에 관심이 표명되기 시작한 것은 비교적 최근의 일이다.

라스웰(Lasswell)이나 존스(Jones)는 당시의 여타학자들과는 달리 정책과정의 한 단계로서 정책의 종결 단계를 제시하여 정책의 종결뿐만 아니라 수정도 포함시키고 있으나, 이들은 정책변동의 다측면성과 정책과정의 순환적 영속성, 현대 정책결정의 승계적 경향을 세심하게 고려하지 않았다. 또한 맥로린(McLaughlin), 나까무라(Nakamura)·스몰우드(Smallwood), 린드블롬(Lindblom)도 정책의 변동이 보편적인 현상이라고 본 것 같으나, 정책변동의 중요성을 크게 부각시키지 않고 있다. 리플리(Ripley)·프랭클린(Franklin)은 정책과 프로그램의 미래에 대한 결정 단계를 제시하며 정책과정의 순환성을 강조하고 있으나 이의 내용에 대한 구체적인 언급이 없다.

정책변동의 이념형 중 특히 정책종결에 대한 연구는 조직변동에 대한 연구와 보조를 같이 하면서 최근에 많이 나오고 있으나, 감축관리(cutback management)나 조직의 쇠퇴(organizational decline)와 정책의 종결은 개념규정상 이견이 있을 수 있으므로 명확한 개념 구분 하에서 연구할 필요가 있다.

정책변동에 관한 보다 체계적인 연구로서는 호그우드(Hogwood)·피터스(Peters), 호그우드(Hogwood)·건(Gunn) 등의 저서를 들 수 있다. 물론 서구에 토대를 둔 연구결과이므로 여타 국가의 정책변동 연구에서는 경험적 특수성을 고려하여야 하겠지만, 상당히 보편적인 이론적 틀을 제시하였다는 점에서 높이 평가된다.

최근에 와서는 일반적인 정책변동과정과 변동요인에 대한 논문들이 경제정책, 복지정책, 규제정책, 환경정책, 노동정책, 교육정책, 에너지정책, 보건정책, 농업정책, 언론정책, 관광정책 등의 분야에 초점을 맞추어 많이 나오고 있을 뿐만 아니라 정책변동에 대한 이론적인 일반화를 기하고자 하는 연구들도 행해지고 있다. 특히, 사바티어(Sabatier)는 정책변동이 외부환경적 요인과 정책지향학습(policy-oriented learning)의 작용으로 인한 정책체제나 지지연합(advocacy coalition)의 변동에 의하여 발생한다는 것을 내용으로 하는 장기적인 정책변동의 분석틀을 제시하였으나, 이 모형은 미국의 다원론적 시각에 바탕을 둔 것으로서 정책에 대한 비판과 대안 제시가 자유롭지 못한 정치체제에서는 이론적 설득력에 한계가 있다. 앞으로 모든 정책의 변동성, 정책변동의 다측면성을 염두에 두면서 정책변동에 대한 연구가 축적될 때 정책학의 체계화와 바람직한 정책결정이 가능할 것이다.

3. 정책변동의 유형

정책변동의 유형은 여러 가지 관점에서 분류할 수 있으며 여기에서는 세 가지 관점에서 살펴본다.

1) 폭발형·점증형·혼합형(Eugene Bardach)

정책종결에 소요되는 시간이라는 관점에서 사용한 분류인데 정책변동 전반에 적용될 수 있는 분류이다. 폭발형은 가장 일반적인 정책변동의 유형으로서 특정한 정책이 일시에 수정되거나 종식 또는 중지되는 것을 말한다. 이 유형의 정책변동은 단일한 권위적인 결정에 의해서 이루어지는데 이러한 결정이 내려지기까지는 일반적으로 장기간에 걸친 정치적 투쟁이 선행된다고 볼 수 있다.

점증형의 정책변동은 단일의 정책적 수준의 결정에서 오는 것이 아니라 장기간에 걸친 소요자원의 증감에 의해 이루어지는 것이다. 혼합형은 비교적 단기간에 걸친 의도적으로 집행된 단계적인 정책변동으로서 흔히 볼 수 있는 정책변동의 유형은 아니지만 폭발형이나 점증형에 비해 좋은 성과를 거둘 수 있다는 견해가 있다.

2) 변동의 양식 및 속도에 의한 정책변동 유형 (Michael Howlett & M. Ramesh)

변동의 속도가 급속한지 아니면 완만한지의 여부와 변동의 양식이 패러다임적인지 정상적인지의 조합에 의해서 '급속한 패러다임적 변동', '완만한 패러다임적 변동', '급속한 점증적 변동' 그리고 '완만한 점증적 변동'으로 구분할 수 있다. '급속한 패러다임적 변동'은 이념의 변동이 있으면서 변동이 속도가 빠른 경우의 변동이며 이념의 변동을 수반하는 패러다임적 변동이나 변동이 장기간에 걸쳐서 일어나는 경우에 '완만한 패러다임적 변동'이 된다.

이념의 변동이 없는 점증적 변동이지만 단기간 내에 변동이 일어나는 경우를 '급속한 점증적 변동'이라 하고 이념의 변동이 없는 점증적

변동이 장기간에 걸쳐서 서서히 일어나는 경우를 '완만한 점증적 변동'이라 한다.

3) 정책의 쇄신·승계·유지·종결

정책의 쇄신이란 정부가 종전에 관여하지 않았던 분야에 진출해 새로운 정책을 수립하는 것을 말한다. 정부가 새 분야에 진출하는 까닭에 기존의 조직·법률이나 예산이 있을 수가 없다. 이런 의미에서 오늘날 순수한 형태의 정책 쇄신이란 비교적 희귀하다는 견해가 있다.

정책의 승계란 동일한 분야에서 기존의 정책이 새로운 정책에 의해서 대체되는 것을 말한다. 낡은 정책이 폐지되고 새로운 정책이 등장했다는 점에서 새로운 요소를 지니는 것은 사실이나 정책의 쇄신과 달리 정부가 새로운 분야에 처음으로 진출하는 것은 아니며 기존의 정책을 수정하고 기존의 조직·법률 등을 개편·개정하는 것이다.

정책의 유지도 넓은 의미에서 정책의 변동에 포함시킬 수 있다. 인플레이션이나 생활수준의 향상에 따라 정책은 적용대상을 확대하기도 하고 급여 수준을 조정해야 하는 경우가 발생하게 된다. 정책의 유지는 기존 정책을 새로운 정책으로 대체하는 것이 아니라 본래의 정책목표를 달성하기 위해 프로그램의 산출을 조정하는 것으로 볼 수 있다.

정책의 종결은 특정한 정책을 의도적으로 종결시키거나 중지시키는 것을 말한다. 순수한 의미의 정책의 쇄신이 희귀한 것과 같이 정책의 종결도 많지 않다. 정책의 종결은 기존 조직이나 관련 법률의 폐지를 수반하게 되고 관련 예산도 전액 소멸하게 되는 것이다.

4. 정책변동의 저해요인

정책의 변동은 쉽게 일어나지는 않는다. 시대착오적이거나 불필요한 정책이 수정되거나 종결되지 않고 지속되는 예를 많이 볼 수 있는 것은 정책변동에 대한 저해요인이 작용하기 때문이다. 정책종결에 초점을 두어 정책변동의 저해요인을 살펴본다.

1) 심리적 저항

사업·정책·조직을 새로 시작하기는 쉬워도 이들을 종결하거나 감축하기는 심리적으로 어려운 일이다. 심리적인 저항감으로 인해 사업이나 정책을 종결시켜야 함에도 불구하고 끝내지 못하는 경우가 빈번히 발생한다.

2) 정부조직·정책의 항구성

정부조직이나 정책은 환경에 대한 적응능력을 지니고 있기 때문에 일단 생성되면 쉽게 소멸되지 않는다. 조직은 모든 사회집단의 경우에도 생존이라는 지상과제를 안고 있다. 이 생존의 문제 때문에 조직은 때때로 본래의 조직목표를 등한시 하거나 목표를 왜곡하기도 한다.

3) 동태적 보수주의

정책이나 조직은 동태적인 실체이다. 정책이나 조직의 목표가 달성되었거나 환경적 요인으로 목표 달성이 불가능한 경우 정책이나 조직은 새로운 목표를 찾아내거나 환경의 개조를 시도하는데 이러한 현상을 동태적 보수주의(dynamic conservatism)라 부른다.

4) 변동을 저해하는 정치적 연합

변동의 저해요인으로서 변동을 반대하는 세력의 정치적 연합을 들수 있다. 어떤 조직이나 그 조직이 담당하는 사업·정책이 변동의 위협에 직면하게 되면 조직 내부나 외부의 집단들이 그들의 자원과 전술을 동원해서 변동에 반대하는 현상이 일어나기도 한다.

5) 법률적 제약

조직·사업·정책의 변동은 법적 제약으로 인해 저해를 받는 경우가 많다. 과거 정부위원회나 정부 각 부처의 국 등의 폐지가 어려웠던 것은 정부조직법을 개정해야 하는 데에도 그 이유가 있었다.

6) 변동의 고비용

조직이나 정책의 변동, 감축은 많은 비용을 필요로 한다. 경제적 비용뿐만 아니라 정치적 희생을 요구하는 경우도 있다. 정책결정자들은 정책의 실패를 자인하기를 꺼려한다. 또한 정책사업의 종결이나 감축을 위해서는 대안을 제시해야 하는 경우가 많은데 대안의 제시가 어렵거나 비용을 유발하는 경우가 많다.

5. 정책의 승계(Hogwood & Peters, 1983)

정책의 승계(policy succession)란 동일한 분야에서 기존의 정책이 새로운 정책에 의해 대체되는 것을 말한다. 정책의 수정이라고도 할 수 있는 정책승계는 여섯 가지 유형으로 분류할 수 있다.

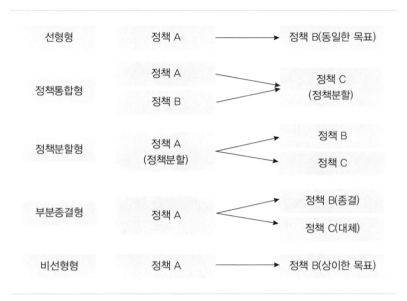

1) 선형적 승계

선형적 승계(linear succession)란 기존 정책이 전적으로 폐지되고 동일한 목표를 지닌 새로운 정책이 수립되거나 동일 분야에서 다소 다른 목표를 추구하는 새로운 정책이 수립되는 경우를 말한다. 정책승계의 여러 형태 중 가장 순수한 형태가 선형적 승계이나 비교적 희소한 형태라할 수 있다.

선형적 승계와 관련한 주요 관심사는 새로운 정책에 의해 수익자의 편익이 확대되느냐, 감소되느냐 하는 문제와 기존의 정책을 담당하던 조직이 새로운 정책도 담당할 것인가의 문제일 것이다.

2) 정책의 통합

정책의 통합이란 두 개 이상의 정책이 전체적 또는 부분적으로 폐지되고 이를 대신하는 새로운 정책이 도입되는 것을 말한다. 새로운 사업은 기존의 사업보다 영역이 확대되거나 축소될 수도 있다.

정책의 수혜자들이나 담당 행정기관들이 정책 통합에 찬성할 수도 있겠지만 반대로 저항하는 경우도 있을 수 있다. 특히 정책 통합이 담당 행정기관의 업무 조정이나 개편에 큰 영향을 미치는 경우 심한 저항에 직면할 수 있다. 이전에 두 개의 기관이 각각 담당하던 두 개의 정책이 통합되어 어느 한 기관이 담당하게 되는 경우 통합된 정책을 담당하게 되는 기관은 불만이 없을 것이나 핵심 업무를 상실하게 되는 기관은 통합에 극력 반대하게 될 것이다. 정책의 통합이 두 개의 기구의 통합을 초래하는 경우에도 두 개의 기구의 성격이 판이하다면 많은 문제를 야기할 수 있다.

3) 정책의 분할

정책의 통합과 반대되는 개념으로 한 정책이나 조직이 두 개 이상의 정책이나 조직으로 나뉘는 경우를 정책의 분할이라고 한다. 정책의 분할과 조직의 분할은 강도 높은 정책의 승계를 초래하는 경우가 많다. 새로운 조직의 설립이 정책 형성의 초점에 변동을 가져와 정책의 승계를 초래할 수 있다.

정책의 분할과 조직의 분할은 경우에 따라 수혜집단에 의한 조직의 포획을 초래할 수 있으며 이는 나아가서 수혜집단에 더욱 유리한 정책을 가져 올 수도 있다. 조직의 분할에 의한 정책의 승계가 소기의 성과를 거두지 못하고 원상 복귀되는 경우가 발생할 수도 있다.

4) 부분적 종결

정책의 일부는 지속하되 일부를 종결하는 부분적 종결은 단순한 정책의 감축과는 구별된다. 부분적 종결은 정책의 양적 변동뿐만 아니라 질적 변동까지 포함하는 것이다. 부분적 종결은 여러 가지 이유로 인해 발생한다. 정책의 완전한 종결이 저항에 직면해 부분적 종결로 끝나는 경우가 있는가하면 완전한 종결의 전 단계로서 부분적 종결이 이루어지는 경우도 있다.

정책의 종결은 폭발형, 점감형 및 혼합형으로 나눌 수 있는데 정책이 일시에 종결되는 폭발형의 경우에는 그 전 단계로서의 부분적 종결이 있을 수 없겠지만 점감형이나 혼합형의 경우에는 완전한 종결의 전 단계로서 부분적 종결이 발생한다.

5) 비선형적 승계

선형적 승계가 기존의 정책이 전적으로 폐지되고 동일한 목표를 지닌 새로운 정책이 수립되거나 동일 분야에서 다소 다른 목표를 추구하는 새로운 정책이 수립되는 경우를 말하는데 비해서 비선형적 승계의 경우에는 새로 수립되는 정책이나 사업이 기존의 정책과는 목표, 특징, 조직 형태 면에서 크게 다르다는 데에 그 특징이 있다.

6) 우발적 승계

예기치 않았던 원인 또는 계기로 인해 발생하는 정책승계를 우발적 정책 승계라고 한다.

6. 정책의 종결

특정한 정부 기능·프로그램·정책·조직을 의도적으로 종식시키거나 중지하는 것을 정책의 종결이라고 정의할 수 있다. 정책의 종결을 가져오는 원인으로 여러 가지를 들 수 있겠으나 먼저 경제적·재정적 원인을 들 수 있고, 능률성을 제고시키기 위해 정책이 종결되는 경우도 있으며, 정치적 요인과 이데올로기적인 요인으로 정책이 종결될 수도 있다. 실험적인 성격의 정책에서 볼 수 있는 현상으로 사회문제의 성격상 정책집행과정에서 예기치 않은 난관에 봉착하게 되어 정책의 실현가능성에 의문이 제기되었을 때 정책의 종결이 일어날 수도 있다.

keyword 67 정책변동의 모형[67]

정책변동의 요인이나 과정을 분석하기 위해서 제시된 모형이 정책변동의 모형이다. 여기에서는 그 중 주요한 몇 가지의 정책변동의 모형에 대해서 살펴본다.

1. Hofferbert의 정책산출변동 모형(POCF)

1) 정책산출변동 모형(POCF)의 개념

POCF는 Hofferbert가 제시한 정책변동 모형으로서, Policy Output Change Framework의 약어이며, 정책산출변동 모형이라고 할 수 있다. 이 모형은 기본적으로 정책산출에 관한 모형이나 정책변동을 설명하는 데 활용되고 있다.

Hofferbert는 정책산출에 영향을 미치는 요인으로서 역사적·지리적 조건, 사회경제적 구성, 대중정치행태, 정부기구, 그리고 엘리트행태를 들고 있다. 먼저 역사적·지리적 조건은 주로 침략을 받은 역사인지 침략을 했던 역사인지, 주로 바다에 위치해 있는지 산기슭에 위치해 있는지 등을 의미하는 것이다. 사회경제적 구성은 남성이 더 많은지 여성이 더 많은지, 나라 경제가 균형적으로 구성되었는지 쏠림으로 치우쳤는지 등을 말한다. 대중정치행태는 상향식 정치행태를 보이고 있는지 하향식 정치행태를 보이고 있는지 등을 의미한다. 정부기구는 기능주의적 행태를 나타내고 있는지 대상주의적 행태를 보이고 있는지 등을 말한다. 마지막으로, 엘리트행태는 고객지향적 행태를 나타내는지 내부지향적 행태를 보이고 있는지 등을 의미한다.

아래의 그림은 이러한 요인들이 직접 또는 간접으로 정책산출에 영향을 미친다는 Hofferbert의 주장을 도식적으로 보여준다.

✛ 그림 67.1 Hofferbert의 정책산출변동 모형(POCF)의 개념틀

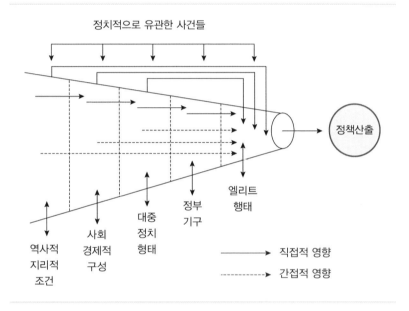

이 모형을 활용해서 정책변동을 설명한다면, 역사적·지리적 조건은 쉽게 변하지 않겠지만 그 나라의 사회경제적 구성이 변하고 대중정치행태나 정부기구, 엘리트행태가 달라짐에 따라 정책이 변한다는 것이다. 일례로, 경제발전이 이루어지고 교육수준이 향상되며 노령화가 진행됨에 따라 정책변동이 일어날 수 있다는 것이다.

2) 평가와 전망

POCF 모형은 정책산출에 영향을 미치는 요인을 역사적·지리적 조건, 사회경제적 구성, 대중정치행태, 정부기구, 그리고 엘리트행태 등으로 다양하게 제시했다는 점에서 의미가 있다고 판단된다. 하지만 전술한 요인들에 대한 정확한 개념설명이 미약하고, 어떠한 변수행태가 정책산출에 영향을 주는지에 대한 구체적인 조명이 미약하다는 한계를 갖고 있다.

2. 정책옹호연합 모형(Sabatier, 1988)

Sabatier는 1988년 자신의 논문 "정책변동의 옹호연합 모형과 정책지향적 학습의 역할(Advocacy Coalition Framework of Policy Change and the Role of Policy-oriented Learning Therein)"에서 정책변동을 위한 설명으로서 옹호연합 모형(ACF)을 제시했다. 정책옹호연합 모형(advocacy coalition model)에서는 정책체제에 영향을 미치는 외부적 요인을 비교적 안정적인 요인과 역동적인 요인으로 대별하고 이를 다시 세분하고 있다. 비교적 안정적 체제 파라미터에 속하는 것으로는 정책문제의 특성, 천연자원의 배분, 사회·문화적 가치 및 사회구조 그리고 기본적 헌법구조가 있다. 외부적 사건으로 다소 역동적인 요인으로는 사회·경제적 여건의 변화, 통치 집단의 변화 그리고 다른 하위체제로부터의 영향 및 정책결정이 있다.

정책체제 내부적으로는 활동가들이 몇 개의 정책옹호연합을 구성하는데 이들은 정책에 대한 신념과 자원을 공유하고 각각 그들 나름대로의 전략을 지니고 있다. 정책옹호연합들 간의 대립과 갈등을 중재하는 제3자를 정책중개자라고 부른다. 이러한 과정을 통하여 정부사업이 실시되며 그로부터 정책산출이 나오고 정책효과(policy impact)가 발생하게 된다.

정책변동의 요인을 살펴보면 사회·경제적 여건의 변화, 통치집단의 변화 그리고 다른 하위체제로부터의 영향 등 다소 가변적이며 역동적인 외부적 요인의 변화가 정책변동을 초래한다. 내부적 요인을 보면 특정한 정책을 둘러싼 정책옹호연합들은 비교적 안정적이나 이러한 정책옹호연합이 외부적 요인의 영향을 받거나 그 밖의 이유로 재편성되어서 다수파였던 정책옹호연합이 소수파로 전락하거나 소수파가 다수파가 되는 등의 정책옹호연합의 재편성이 일어날 때 정책의 변동이 일어난다는 것이다.

정책옹호연합 모형에서는 정책변동에 영향을 미치는 또 다른 내부적 요인으로서 정책지향적 학습(policy-oriented learning)을 강조한다. 정책학습은 정책옹호연합 내에서도 이루어질 수도 있겠으나 다른 정책옹호연합으로부터의 학습도 가능하다. 정책학습은 외국의 전례나 경험으로부터 가능할 뿐만 아니라 과거의 경험과 역사로부터도 가능하다고 할 수 있다.

아래 그림에서 보는 바와 같이 옹호연합 모형은 외적변수(external parameters), 정책옹호연합(policy advocacy coalition), 신념체계(belief systems), 정책중개자(policy brokers), 정책학습(policy learning), 정책산출(policy output), 그리고 정책변동(policy change) 등으로 구성된다.

✛ 그림 67.2 옹호연합 모형(ACF)의 구조틀

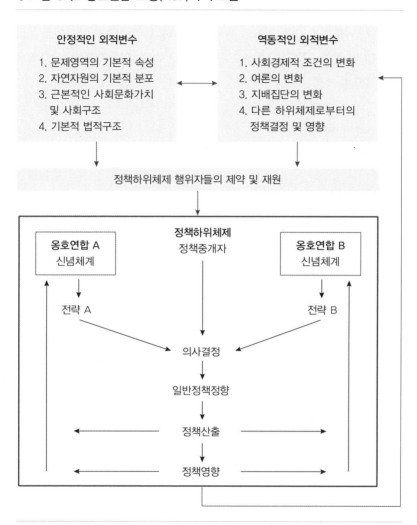

안정적인 외적변수

1. 문제영역의 기본적 속성
2. 자연자원의 기본적 분포
3. 근본적인 사회문화가치
   및 사회구조
4. 기본적 법적구조

역동적인 외적변수

1. 사회경제적 조건의 변화
2. 여론의 변화
3. 지배집단의 변화
4. 다른 하위체제로부터의
   정책결정 및 영향

정책하위체제 행위자들의 제약 및 재원

정책하위체제
정책중개자

옹호연합 A
신념체계

옹호연합 B
신념체계

전략 A

전략 B

의사결정

일반정책정향

정책산출

정책영향

1) 외적변수

장기간에 걸친 정책과정의 변동을 이해하기 위해서 본격적으로 제시된 ACF는 특정정책을 옹호하고자 정치적으로 중요한 활동을 하는 정책옹호연합을 분석단위로 상정한다. 이러한 연합의 형성과 활동에 제약을 가하거나 전략적 기회를 제공하는 결정적인 영향은 정책하위체제의 외적변수에서 비롯된다.

외적변수는 안정적인 외적변수(stable external parameters)와 역동적인 외적변수(dynamic external events)로 구성되어 있는데, 전자는 문제영역의 기본적 속성, 자연자원의 기본적 분포, 근본적인 사회문화가치 및 사회구조, 기본적인 법적구조 등이며, 후자의 경우에는 사회경제적 조건의 변화, 여론의 변화, 지배집단의 변화, 다른 하위체제로부터의 정책결정 및 영향 등을 들 수 있다. 안정적인 외적변수들은 변화가 불가능하지는 않으나 마치 종교의 개종처럼 변화의 속도가 매우 더디고 범위 또한 협소하다. 반면, 역동적인 외적변수는 정책하위체제에 단기간에 큰 영향을 미친다.

2) 정책옹호연합

정책옹호연합은 어떤 일정한 정책영역 또는 하위체제 내에서 신념을 공유하는 행위자들끼리 서로 뭉치는 이해당사자를 의미한다. 정책은 합리적 분석과 정치적 산물이다. 정책과정상의 정치적 활동에는 경쟁과 함께 협력도 중요하다. 이런 과정에서 경쟁하는 세력에 대항해서 자신들의 이익이나 선호를 옹호하기 위해 연합의 형성이나 조직화된 협력들이 일어나게 되는 것이다.

3) 신념체계

정책하위체제를 살펴보면 관련자는 몇 개의 옹호연합을 구성하는데, 이들은 기본적인 가치, 정책에 대한 인과적 인식, 정책수단에의 동의와 같은 중요한 신념체계를 공유하는 행위자들의 협력체로 구성된다. 이러한 신념체계는 규범적 핵심, 정책핵심, 그리고 도구적 측면의 계층적 구조로 구성된다.

규범적 핵심(normative core)은 신념체계 중 가장 최상위의 수준으로 자유, 평등, 발전, 보존 등 존재론적 공리가치의 우선순위를 정한다. 규범적 핵심은 연합을 형성하게 되는 가장 근본적인 시각으로 그 지향점이 광대하므로 특정정책과의 직접적인 연관성은 다른 계층의 신념보다 떨어진다.

정책핵심(policy core)은 특정 하위체제에서 실제 운용되는 정책과 밀접히 연관되어 있다. 정책에 관련되어 어떠한 특정목표가 정해질 것인지 혹은 목표달성의 필수조건들이 어떠한 것인지에 관한 인과적 인식을 말한다.

이에 비해 도구적 측면(instrumental aspect)의 신념은 가장 범위가 좁은 것으로 행정상 혹은 입법상의 운용과정에서 나타나는 정책수단, 예산의 배분, 성과에 대한 평가, 법적 개정 등이다. 이는 특정한 세부 정책에만 국한되는 것으로 가장 구체적이며 변화가능성이 다분하다.

✚ 표 67.1 정책옹호연합의 신념체계

구분	내용
규범적 핵심	규범적·존재론적 공리가치
정책핵심	실제 운용되는 정책
도구적 측면	정책수단, 예산의 배분, 성과에 대한 평가, 법적 개정 등

4) 정책중개자

정책옹호연합들 간의 대립과 갈등을 중재하는 제3자를 정책중개자라고 부른다. 정책중개자의 주요 관심은 정책옹호연합들 사이의 갈등을 줄이면서 합리적인 타협점을 찾아내는 것이다. 옹호연합들은 그들이 소유하는 재원을 동원하여 자신들의 신념체계를 공공정책으로 변화시키려고 경쟁하게 되는데, 이때 정책중개자인 제3의 행위자들, 즉 정치인과 관료 등에 의해 중재된다는 것이다.

5) 정책학습

정책학습은 경험으로부터 초래되며, 정책옹호연합의 믿음체계 변경과 관련되어서 나타나는 생각이나 행태의 변화를 의미한다. 따라서 정책학습은 정책옹호연합들의 신념체계 수정을 의미한다. 이러한 신념체계의 수정은 주로 신념체계의 계층적 구조에서 도구적 측면에 집중되며, 반면에 정책핵심에서는 변화가 일어나기 쉽지 않다. 정책핵심의 주요한 요소들을 변화시키기 위해서는 정책연구의 계도기능을 통한 장기간에 걸친 정보의 축적을 필요로 한다. ACF에서는 이러한 정책학습이 장기적이고 점증적인 변화를 촉진하는 힘으로 파악된다.

ACF는 정책옹호연합들의 신념체계 변화를 의미하는 정책학습을 유도하는 조건으로 옹호연합들 간 상당한 수준의 갈등과 논쟁을 촉진하는 전문적인 공개토론회, 공청회, 포럼 등을 들고 있다.

6) 정책산출과 정책변동

결국, 정책옹호연합들 간의 정책학습을 통해 정책이 산출되게 된다. 이것이 이전과는 다른 정책산출일 경우 정책변동이 이루어졌다고 할 수 있다. 이러한 정책형성과정의 정책변동은 정책집행과정으로 이어지게 된다.

7) 평가

Sabatier의 옹호연합 모형은 정책갈등 등 복잡한 정책변동현상을 논리적으로 조명하는데 기여를 하고 있으나, 정책변동의 명확한 시작점이 불분명하고, 상호작용이 정책학습으로만 국한되고 있다는 점에서 다양성에 한계가 있으며, 변수가 많아 시기별 분석에 문제가 있는 등 분명한 한계가 존재한다.

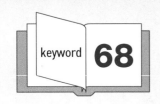

복잡계이론과 정책학[68]

1. 복잡계의 정의

복잡계(complex system)란 수많은 구성요소들의 상호작용을 통해 구성요소 하나하나의 특성과는 사뭇 다른 새로운 현상과 질서가 나타나는 시스템을 말한다. 간단히 말해서 복잡성이론은 아무리 복잡한 체제라도 단순한 규칙에 의해 지배된다는 것이다. 예를 들어 하늘을 나는 새나 바다 속의 물고기를 생각해 보면 이들은 매우 복잡한 행태를 보이면서 이동하지만 절대로 서로 충돌하는 법이 없다. 요약하면 복잡계란 체제의 개별적 특질이 상호작용하여 전혀 새로운 창발적, 자기조직화적 집단적 특질을 보이는 체제를 말한다.

복잡계는 그 특징이 구성요소들을 이해하는 것만으로는 완벽히 설명이 되지 않는 시스템이며, 상호작용을 하며 얽혀있는 많은 부분, 개체, 행위자들로 구성되어 있다. 복잡계는 무수한 요소가 상호 간섭해서 어떤 패턴을 형성하거나, 예상외의 성질을 나타내거나, 각 패턴이 각 요소 자체에 되먹임 되는 시스템이며 복잡계는 시간의 흐름에 따라 끊임없이 펼쳐지는 과정에 있는 시스템이다.

체제의 상태는 평형상태와 비평형상태로 구분할 수 있는데 일반체제이론은 주로 평형체제에 적용된 평형체제이론이었다(최창현, 2005). 사실 복잡체제이론은 이론이라기보다는 뉴튼의 기계론적 패러다임을 수정내지 보완해주는 대안적 패러다임이 더 적절하겠지만 이 글에서는 자기조직화이론이나 분기점이론 등의 이론 등에 초점을 두고 복잡계이론으로 사용한다.

최창현(1995, 1997, 2000)은 기존과학과 복잡계과학의 기본관점을 <표 68.1>처럼 자세하게 설명하고 있다. 과학적 의미에서의 복잡계는 혼동이나 혼란과는 다르다. 이는 폭발적 불안정성이 아니라 제한된 범위 내에서의 불안정성이다. 완전한 혼돈과는 다르고 일정한 법칙에 의해서 발생하는 현상들을 염두에 둔다(김용운, 1999: 65-79).

이는 불규칙적이긴 하지만, 자기유사성을 갖고 지속적으로 나타나는 일정한 형태의 패턴을 갖는 질서와 무질서, 안정과 불안정성, 예측가능성과 예측불가능성 등 패러독스들의 조합이다. 즉 어떤 시스템이 일정한 법칙에 따라 변화하고 있음에도 불구하고 그 나타나는 양상이 매우 복잡하고 불규칙하여 미래의 상태를 예측할 수 없는 것을 복잡계라 한다(최창현 역, 1996: 276).

모든 사회체제도 자연계와 마찬가지로 복잡계이다. 생성·소멸·변이·진화·갈등·대립·투쟁·협동 등의 모든 자연현상은 바로 사회적 현상이기도 하다. 따라서 복잡계이론은 종교나 사회문제를 바라보는 관점에 새로운 패러다임을 제공하는 것이다(최창현, 1995: 88-89).

✚ 표 68.1 기존의 과학과 복잡계과학의 관점 비교

전통적 과학	복잡계과학
선형적 인과관계	비선형적·순환고리관계
• 평형·균형 시스템 • 초기조건에의 둔감성	• 비평형·평형에서 먼 시스템, 불균형 • 초기조건에의 민감성(나비효과)
기계적	공진화적
예측가능성	예측 불가능성
분석적 환원주의	통합적 전일주의

출처: 최창현(1995: 80-92, 110-128)의 내용을 요약하여 재구성.

사회체제의 가장 기본적인 구성요소인 가정의 불화나 사회 내의 불화를 Newton적 관점과 복잡계이론적 관점에서 비교해 보자. 기존 과학의 관점에서는 다음과 같은 명제를 구성하고 이를 실증적으로 검증하려 할 것이다. 여기서 명제란 개념 간의 관계를 의미한다.

가정불화에 대한 선형적 인과관계 명제: 아내가 바가지를 많이 긁을수록 남편의 귀가시간이 늦어진다.

Newton적 관점에서는 남편의 귀가시간에 따른 아내의 불만정도는 반드시 일률적으로 비례하는 것은 아니지만 선형관계로 가정한다. 모든 현상에는 원인과 결과가 존재하고 그 인과관계를 규명해내면 결과를 미리 예측할 수 있다는 것이 Newton 패러다임이다. 그림으로 보면(〈그림 68.1〉), 그러나 혼돈이론의 첫 번째 특성인 비선형성을 도입하면 <그림 68.2>와 같다.

아내의 바가지 → 남편의 귀가시간

✚ 그림 68.1 선형적 인과관계

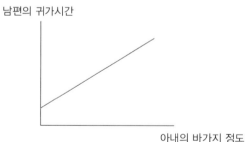

남편의 귀가시간

아내의 바가지 정도

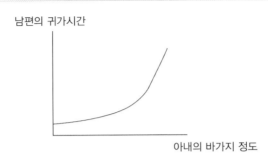

그러나 복잡계이론에서는 <그림 68.3>처럼 우주 삼라만상에는 상호인과적 순환고리가 작용한다는 것이다.

+ 그림 68.3 순환고리 인과관계

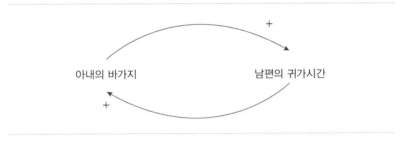

Newton 관점에서는 선형성을 가정하기 때문에 초기 조건이 조금만 변한다면 그 결과치는 별 차이가 없다는 가정에 입각해 있으나, 복잡계적 관점에서 보면 미세한 초기조건의 민감성으로 인해, 또한 앞서 언급한 비선형성과 순환고리에 의해 조그만 초기조건의 차이가 걷잡을 수 없이 증폭되어 그 결과치에 엄청난 영향을 미칠 수도 있다는 것이다. 우리가 든 예의 경우 사랑의 정도가 견고한 경우, 즉 평형체제하에 있는

경우에는 사소한 사건이 가정불화로 인한 파경으로 까지 가는 경우는 거의 없으나, 사랑의 정도가 약할 경우, 즉 비평형상태 하에 있을 경우에는 초기조건의 민감성으로 인해 사소한 사건이 발단이 되어 파경으로 까지 치닫는 경우도 있다.

다른 예도 얼마든지 찾을 수 있다.

명제: 북한의 군비증강은 한국의 군비증강에 영향을 미친다.
명제: 직무만족도 → 직무성과

우리가 든 예의 경우 조직이 평형체제하에 있는 경우에는 직무만족도가 직무성과에 일정 비율로 영향을 미친다고 보나, 조직이 불안정한 비평형상태하에 있을 경우에는 초기조건의 민감성으로 인해 사소한 사건이 발단이 되어 생산성 저하로까지 치닫는 경우도 있다.

실제 사회현상은 단순히 하나의 순환고리로 이루어진 것은 아니다. 수많은 편차증폭 순환고리와 편차상쇄 순환고리가 얽히고 얽혀있다. 예를 들어 인구증가 모형을 보자.

➕ 그림 68.4 인구증가 모형

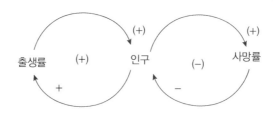

ㄹ. 복잡계이론의 역사

1960년대부터 지금까지 살펴본 체제이론을 적용한 연구는 거의 다 투입, 전환, 산출, 환류의 일부나 전부를 활용해 분석하는데 그치고 말았다. 이러한 연구의 한계는 체제 자체를 평형체제로 가정하고 있는 이론이기 때문에 환류과정을 통해 일시적 체제의 불안정성이 다시 항상성 원리에 입각해 안정적이고 질서정연한 체제 상태로 회복된다고 본다. 또한 행정체제를 포함해 정치체제, 사회체제, 그리고 경제체제 등의 모든 체제가 안정상태 하에 있거나 갈등이 없는 협동체제를 선호하는 경향이 있다.

따라서 설명력은 높지만 보수성과 정태성을 지닌다. 체제 내에 체제의 안정성을 위협하는 갈등 등의 불안정한 요소들을 체제 내의 안정화 장치를 통해 해소하거나 제거하려 한다. 조직 정의만 보더라도 일반적으로 조직이란 공통의 목적을 합리적으로 달성하기 위한 2인 이상의 협동체제(이창원·최창현, 1996)로 보나, 다른 방식으로 조직을 정의해 보면 조직이란 갈등적 상충적 목적을 합리적으로 달성하기 위한 2인 이상의 일시적으로 불안정성과 갈등을 조장하기도 하는 창발적 갈등체제라고 볼 수도 있다. 어쩌면 이 정의가 조직현상을 좀 더 현실적으로 반영한다고 볼 수도 있다. 복잡체제이론의 한 뿌리인 진화생물학이론에 따르면 모든 생명체는 질서와 혼돈의 경계(at the edge of chaos)에 위치하려고 노력해야만 멸종하지 않고 생존해 왔다(최창현, 2005). 지금까지 정책선택과 집행을 둘러싼 갈등에 대한 많은 연구들이 수행되어 왔다. 그러나 그러한 연구들은 복잡성 현상과 연계하여 체계적으로 연구하지는 못했던 것이 사실이다(노화준, 2011).

앞서 말한바와 같이 1950년대 이래 본 베르탈란피의 일반체제이론은 행정학, 정치학, 사회학, 경제학 등의 사회과학 전반의 적용되어 왔다. 그러나 체제의 상태는 평형상태와 비평형상태로 구분할 수 있는데 일반체제이론은 주로 평형체제에 적용된 평형체제이론이었다. 그 반면에 복잡계이론은 비평형체제에 적용하도록 대두된 이론이다.

ㅋ. 복잡계이론이 정책학 연구에 주는 시사점

노화준(2012)은 정책학 연구에 있어서 복잡성과학과의 융합과학적 접근의 필요성을 다음과 같이 강조한다. 뉴턴류의 관점(perspective)은 부분들을 조심스럽게 검토함으로써 모든 것이 설명될 수 있다고 가정한다. 그러나 이것은 인간형태의 많은 부분들에는 작동하지 않는다. 우리는 부분들의 합이 전체가 아니라고 하는 것을 느끼는 많은 경험을 한다.

복잡성이론의 정책체계에의 적용은 다음과 같은 정책적 시사점 (implications for the study of policy system)을 갖는다(사득환, 2003).

① 초기조건의 미세한 차이가 큰 효과를 발생시킨다. 복잡한 정책과정 속에서 초기조건의 민감성 즉, 나비효과와 비선형적 순환고리성, 경로의존성, 창발성, 그리고 공진화 개념 등의 적용범위는 매우 많다.

② 정책체제는 본질적으로 자기조직화적 비조직적 적응체제이기 때문이다. 과거의 정책결정이나 특정 사건이 반드시 미래예측을 가능하게 하지 않는다. 즉, 선형적 예측을 거부한다.

③ 특정 정책효과를 낳는 다양한 정책수단(leverage)이 존재한다. 정책체제는 자기조직화하는, 그리고 비조직화된 역학체계들의 복잡한 혼합물이다.

④ 정책영향 연구에서는 경계, 차이, 관계들이 목적달성을 위한 영향수단(levers)들이기 때문에 이들을 주요 변수로 다루어야 한다.

⑤ 복잡체제에서는 의외로 단순한 규칙이 중장기적 유형(patterns)을 결

정한다. 학습한 결과를 조화롭게 합성하여 변화의 지레장치로 사용하는 전략적 관점을 가져야 한다. 복잡체제에서는 단순한 법칙이 특정 상황의 과정을 지배하며, 적응 가능한 행동규칙이 상황적응적 행동을 낳아 전체 체제에 큰 변화를 가져온다는 명제가 성립한다.

⑥ 복잡적응체제 내에서는 긴장은 해소되지 않고 오히려 다소의 긴장상태는 혼돈의 경계에 있는 상태로 바람직한 상태이다. 자기조직화가 강한 복잡체제에서는 긴장해소보다는 긴장유지가 일상적이다. 갈등과 협조, 일방적 의존과 상호 의존, 지배와 종속 사이의 긴장은 지속적으로 공존한다. 노사관계나 남북관계연구에 매우 시사적인 현상이다.

만일 정책학을 복잡성 과학과의 융합학문으로 발전시킬 수 있다면, 지금까지 정책학이 관심을 갖지 못하였던, 또는 이론화하여 정책 실무를 발전시키지 못하였던 신천지를 개척할 수 있게 되고 정책학이론의 정책현상에 대한 설명력과 정책실무에 대한 적합성 및 효용성은 한층 더 높아질 수 있게 될 것이다(노화준, 2011).

결론적으로 정책현상을 복잡적응체계로 인식하여 새로운 관점과 분석개념과 접근방법을 적용한다면 빈번한 정책실패를 방지하고, 정책쇄신을 꾀하며, 정부개혁 및 공공관리와 정부 가버넌스 방식의 획기적인 변화를 가져올 수 있는 개념과 이론체계가 개발될 수 있을 것이다. 이러한 연구는 한국 정책학의 창조성과 토착화에 크게 기여하게 될 것으로 기대된다(사득환, 2003).

키워드별 참고자료

1 사득환·최창현·왕재선·주성돈(2019). 정책학으로의 초대. 박영사.

2 사득환·최창현·왕재선·주성돈(2019). 정책학으로의 초대. 박영사.

3 류지성(2007). 정책학. 대영문화사.

4 사득환·최창현·왕재선·주성돈(2019). 정책학으로의 초대. 박영사.

5 최창현·김흥률·왕재선(2018). 정책분석평가와 성과감사. 윤성사.

6 최창현(2017). 조사방법론. 윤성사.

7 최창현. 한국행정학회 행정학전자사전. http://www.kapa21.or.kr/data/kapa_ dic‑tionary_view.php?num=1144&page=4&term_cate=&term_word=&term _key=&term_auth=%C3%D6%C3%A2%C7%F6

8 정정길·최종원·이시원·정준금(2003). 정책학원론. 대명출판사; 온라인행정학전자사전. 신제도주의. http://www.kapa21.or.kr/epadic/epadic_list.php?page=1&term _cate=&term_word=%BD%C5%C1%A6%B5%B5%C1%D6%C0%C7&term_key =&term_auth=&x=0&y=0

9 사득환·최창현·왕재선·주성돈(2019). 정책학으로의 초대. 박영사; 한국행정학회 행정학전자사전.

10 최창현·사득환·금재덕(2019). 행정학으로의 초대. 윤성사.

11 사득환·최창현·왕재선·주성돈(2019). 정책학으로의 초대. 박영사.

12 −

13 정규서(2003). 정책기획의 수립과정에 관한 연구. 국제지역연구. 7(2).

14 사득환·최창현·왕재선·주성돈(2019). 정책학으로의 초대. 박영사; 한국행정학회 행정학전자사전. http://www.kapa21.or.kr/data/kapa_dictionary_view. php?num=786&page=1&term_cate=&term_word=%C1%A4%C3%A5%C0% C7%C1%A6&term_key=&term_auth=

15 사득환·최창현·왕재선·주성돈(2019). 정책학으로의 초대. 박영사; 최창현·김흥률· 왕재선(2018). 정책분석평가와 성과감사. 윤성사.

16 사득환·최창현·왕재선·주성돈(2019). 정책학으로의 초대. 박영사.

17 사득환·최창현·왕재선·주성돈(2019). 정책학으로의 초대. 박영사.

18 사득환·최창현·왕재선·주성돈(2019). 정책학으로의 초대. 박영사.

19 사득환·최창현·왕재선·주성돈(2019). 정책학으로의 초대. 박영사.

20 사득환·최창현·왕재선·주성돈(2019). 정책학으로의 초대. 박영사.

21 사득환·최창현·왕재선·주성돈(2019). 정책학으로의 초대. 박영사.

22 사득환·최창현·왕재선·주성돈(2019). 정책학으로의 초대. 박영사.

23 최창현·김흥률·왕재선(2018). 정책분석평가와 성과감사. 윤성사; 한국행정학회 행정학전자사전. http://www.kapa21.or.kr/data/kapa_dictionary_view.php?num=1153 &page=1&term_cate=&term_word=%C1%FD%B4%DC%BB%E7%B0%ED&t erm_key=&term_auth=

24 사득환·최창현·왕재선·주성돈(2019). 정책학으로의 초대. 박영사.

25 소영진 외(2009). 딜레마와 제도의 설계. 나남; 이종범 외(1994). 딜레마 이론: 조직과 정책의 새로운 이해. 나남출판.

26 정정길 외(2005). 행정의 시차적 접근. 박영사.

27 최창현·김흥률·왕재선(2018). 정책분석평가와 성과감사. 윤성사.

28 Sandra Mathison, ed(2005). Encyclopedia of Evaluation. Sage Publications.

29 최창현·김흥률·왕재선(2018). 정책분석평가와 성과감사. 윤성사; 노화준(2010). 기획과 결정을 위한 정책분석론. 박영사.

30 Peter Rossi & Howard Freeman(1989). Evaluation: A Systematic Approach, 4th. ed. Sage Publications.

31 노화준(2010). 기획과 결정을 위한 정책분석론. 박영사.

32 최창현·김흥률·왕재선(2018). 정책분석평가와 성과감사. 윤성사.

33 이광석·최창현(2014). 정책편차에 관한 연구. 한국거버넌스학회보. 제21권 제2호.

34 최창현 외(2005). 정책분석론. 시대고시기획.

35 김영세(2002). 게임이론: 전략과 정보의 경제학. 박영사.

36 최창현 외(2005). 정책분석론. 시대고시기획; 최창현·김흥률·왕재선(2018). 정책분석평가와 성과감사. 윤성사.

37 류지성(2007). 정책학. 대영문화사.

38 류지성(2007). 정책학. 대영문화사.

39 황성돈·최창현 외(2009). 행정제도 적정성 점검체계 구축방안. 행정안전부 프로젝트 보고서.

40 김철환(2011). 공공선택론: 정치에 응용된 경제; https://terms.naver.com/en-try.nhn?docId=3571260&cid=58780& categoryId=58780); 위키백과 공공선택론(https://ko.wikipedia.org/wiki/%EA%B3%B5%EA%B3%B5%EC%84%

A0%ED%83%9D%EB%A1%A0#중위자투표 모형)

41 네이버 지식백과. 시사상식사전. 박문각.

42 네이버 지식백과. 21세기 정치학대사전.

43 이윤식·제갈돈·김주환·김흥률·심광호·윤기석·박재신 공저(2006). 정부성과관리와 평가제도. 대영문화사; Vedung, E(1997). Public Policy and Program Evaluation, Transaction Publishers.

44 이윤식·제갈돈·김주환·김흥률·심광호·윤기석·박재신 공저(2006). 정부성과관리와 평가제도. 대영문화사.

45 Sandra Mathison, ed.(2005). Encyclopedia of Evaluation. Sage Publications.

46 Peter Rossi & Howard Freeman(1989). Evaluation: A Systematic Approach, 4th. ed. Sage Publications.

47 Peter Rossi & Howard Freeman(1989). Evaluation: A Systematic Approach, 4th. ed. Sage Publications.

48 Peter Rossi & Howard Freeman(1989). Evaluation: A Systematic Approach, 4th. ed. Sage Publications.

49 노화준(2015). 정책평가론. 법문사.

50 노화준(2015). 정책평가론. 법문사; Peter Rossi & Howard Freeman(1989). Evaluation: A Systematic Approach, 4th. ed. Sage Publications.

51 노화준(2015). 정책평가론. 법문사; Peter Rossi & Howard Freeman(1989). Evaluation: A Systematic Approach, 4th. ed. Sage Publications.

52 노화준(2015). 정책평가론. 법문사; Peter Rossi & Howard Freeman(1989). Evaluation: A Systematic Approach, 4th. ed. Sage Publications.

53 노화준(2015). 정책평가론, 법문사; Sandra Mathison, ed(2005). Encyclopedia of Evaluation. Sage Publications; Peter Rossi & Howard Freeman(1989). Evaluation: A Systematic Approach. 4th. ed., Sage Publications.

54 김흥률(2006). 성과관리를 위한 논리 모형의 개발과 활용. 한국과학기술기획평가원; Sandra Mathison, ed.(2005). Encyclopedia of Evaluation, Sage Publications.; W.K. Kellogg Foundation(2004). Logic Model Development Guide.

55 김흥률(2006). 성과관리를 위한 논리 모형의 개발과 활용. 한국과학기술기획평가원; Bond, S.L., Boyd, S.E. & Rapp, K.A(1997). Taking Stock: A Practical Guide to Evaluate Your Own Programs. Horizon Research Inc.

56 최창현·사득환·금재덕(2019). 행정학으로의 초대. 윤성사; 사득환·최창현·왕재선·주성돈(2019). 정책학으로의 초대. 박영사.

57 최창현·사득환·금재덕(2019). 행정학으로의 초대. 윤성사.

58 최창현. 한국행정학회 행정학 전자사전. http://www.kapa21.or.kr/data/ka－pa_dictionary_view.php?num＝1137&page＝2&term_cate＝&term_word＝&term_key＝&term_auth＝%C3%D6%C3%A2%C7%F.

59 노화준(2015). 정책평가론. 법문사.

60 김흥률(공저)(2010). 정부업무평가 및 성과관리에 대한 이해. 한국행정연구원.

61 국무조정실(2005). 정책품질관리 매뉴얼. 한국행정연구원.

62 최창현·사득환·금재덕(2019). 행정학으로의 초대. 윤성사.

63 http://www.hani.co.kr/arti/science/science_general/812213.html#csidxe7110a5bb6c9e13a39088a8f49e70a3; 사득환·최창현·왕재선·주성돈(2019). 정책학으로의 초대. 박영사; 최창현·사득환·금재덕(2019). 행정학으로의 초대. 윤성사.

64 Peter Rossi & Howard Freeman(1989). Evaluation: A Systematic Approach, 4th. ed. Sage Publications.

65 최창현·김흥률·왕재선(2018). 정책분석평가와 성과감사. 윤성사; 김흥률(1998). 신공공관리개혁과 성과감사. 한국행정연구 7권 3호. 한국행정연구원; OECD(1996). Performance Auditing & the Modernisation of Government.

66 유훈(2015). 정책집행론. 대영문화사.

67 유훈(2015). 정책집행론. 대영문화사.

68 사득환·최창현·왕재선·주성돈(2019). 정책학으로의 초대. 박영사; 최창현·김흥률·왕재선(2018). 정책분석평가와 성과감사. 윤성사.

공저자약력

최창현

뉴욕주립대 객원교수, RPI 테크노 경영대학원 초빙교수, 사우스 캐롤라이나대 교환교수, 관동대학교 행정학과 교수, 한국조직학회 회장, 한국행정학회 부회장, 반부패정책학회 부회장, 한국 공공관리학회 편집위원장, 대통령 자문 정부혁신위원회 위원, 국무총리실 정부업무평가위원, 지방자치단체 평가위원, 공기업 경영평가 위원, 9급·7급·5급 공무원 시험 출제위원, 문제 선정위원, 채점위원 등을 역임하였고, 정책분석평가사 1급 자격증을 취득하였다.

미국 뉴욕주립대 록펠러 행정대학원 행정학 및 정책학박사학위를 취득하였으며, 주요저서로는 「정책학으로의 초대」(2019), 「그림과 표로 보는 조직론」(2019), 「그림과 표로 보는 인사행정론」(2019), 「예술경영 조사방법론」(2019), 「행정학으로의 초대」(2019), 「정책분석평가와 성과감사」(2018), 「사회복지 조사방법론」(2018), 「조사방법론」(2017), 「사회복지행정론」(2017), 「CPND 생태계와 콘텐츠 융복합」(2017), 「Introducing Public Administration」(2016), 「영화로 보는 관광 호텔영어」(2016), 「국력이란 무엇인가」(2015), 「공무원 영어와 토익」(2014), 「좋은 정부란 무엇인가」(2012), 「새조직론」(2012), 「신과학 복잡계 이야기」(2010), 「복잡계로 바라본 조직관리」(2005), 「Chaos, Fractals, and Models」(1998) 등 40여권의 저서 및 역서, 그리고 "한국의 국력신장을 위한 국가능률성 분석"(2013), "Generalizations of the Lotka-Volterra Population Ecology Model(1997)" 등 40여 편의 논문이 있다. 현재 금강대학교 공공정책학부 초빙교수로 재직하며 후학을 양성하고 있으며, 관심분야는 조직인사, 정책, 조사방법론, 복잡성이론 등이다.

김흥률

경남대학교 행정학과 교수, 감사원 감사교육원 교수, 감사원 일반직고위감사공무원 교육운영부장, 교육원장 직무대행 등을 역임하였다. 대통령 자문 정부혁신지방분권위원회 평가전문위원 겸 정부혁신과제 점검평가단장, 국무총리 국가평가인프라구축추진단 자문위원과 제도점검팀장을 역임하였으며 정부업무평가기본법 제정 관련 유공자로 대통령 표창을 받았다. 공공감사연구회 부회장, 한국정치학회 상임이사, 한국행정학회 운영이사, 한국정책분석평가학회 연구이사 등 주요 학회 임원으로 활동한 바 있으며, 제17차 세계감사원장회의(INCOSAI) 정부대표를 역임하였다.

미국 뉴욕주립대(SUNY at Albany) 록펠러 행정대학원에서 정책분석·사업평가 전공으로 행정학박사학위를 취득하였으며, 「정책분석평가와 성과감사」(2018), 「정부성과관리와 평가제도」(2006), 「성과관리를 위한 논리모형의 개발과 활용」(2006), 「현대 미국정치의 쟁점과 과제」(1996) 등의 저서와 "공공부문의 리스크기반 감사체계 구축에 관한 연구", "공공기관 청렴성 자가진단개선 방법의 적용에 관한 연구", "The Role of Supreme Audit Institutions in Government Performance Management" 등 공공감사, 성과감사, 정책분석평가, 내부통제, 부패방지 분야 다수의 연구논문을 발표하였다. 현재 (사)한국평가감사연구원(KIEA) 부원장으로 평가감사아카데미(EA Academy)를 통해서 정부부처, 지방자치단체, 공공기관 감사와 평가 전문역량 강화 교육에 헌신하고 있다.

키워드로 보는 정책학

초판발행	2019년 8월 10일
지은이	최창현·김흥률
펴낸이	안종만·안상준
편 집	조보나
기획/마케팅	정연환
표지디자인	BEN STORY
제 작	우인도·고철민
펴낸곳	(주) **박영사**
	서울특별시 종로구 새문안로3길 36, 1601
	등록 1959. 3. 11. 제300-1959-1호(倫)
전 화	02)733-6771
f a x	02)736-4818
e-mail	pys@pybook.co.kr
homepage	www.pybook.co.kr
ISBN	979-11-303-0774-9 93350

정 가   27,000원